アフリカ
を学ぶ人のために

松田素二［編］

世界思想社

第2部　過去を学ぶ

第3部　同時代性を学ぶ

コラム

○ 首都

…… 領有権をめぐって争いが続いており国境線は未確定

アフリカ55カ国

序　アフリカの潜在力に学ぶ

松田素二

この本の目的は、アフリカを救済・援助の対象、あるいは資源の供給源としてみなしてきたこれまでのアフリカ認識を刷新し、二十一世紀の人類社会の未来に貢献するアフリカの潜在的な可能性（アフリカの潜在力）を明らかにすることにある。

五〇〇年のひずみ、二〇〇〇年のゆがみ

アフリカには、西サハラ（サハラ・アラブ共和国）を含めると五五の国がある。本書が対象にするサブサハラ地域（サハラ砂漠以南のアフリカ）だけでも四八を数える。その大半が独立を達成し、建国したのは今から半世紀あまり前のことだ（南スーダンの独立は二〇一一年である）。一九六〇年代に独立を達成したアフリカ諸国はじつに三二カ国を数える。なかでも一九六〇年には一七カ国が独立を勝ち取り、「アフリカの年」と呼ばれるほどだ。自分たちが主人公となる近代国家を建設してわずか六〇年しか経過し

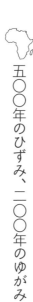

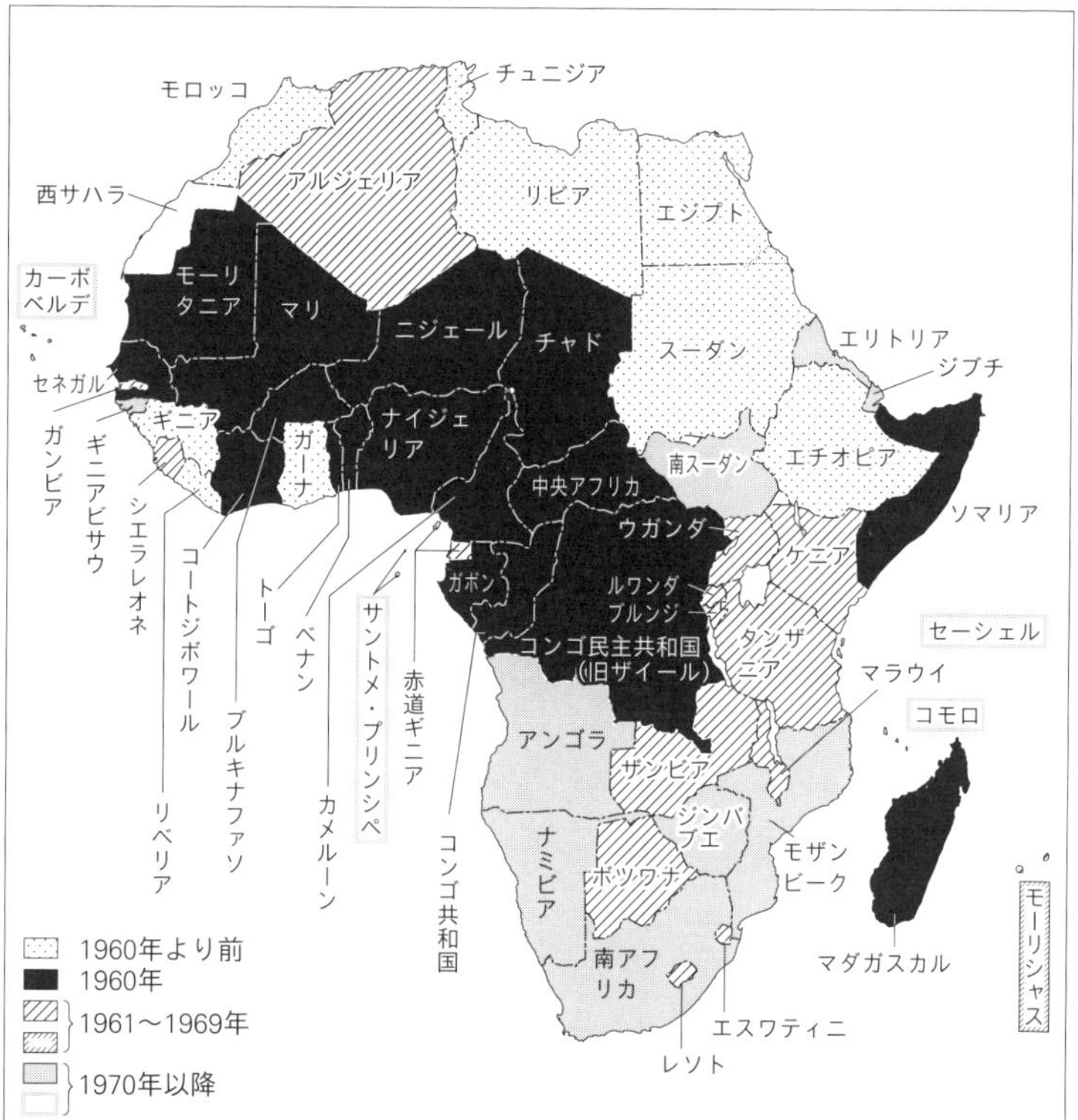

図1　アフリカ諸国の独立年

宮本・松田編［2018: 562］をもとに作成。
独立年は121頁の図3を参照。

ていないことは、今日のアフリカを考えるうえで、決定的に重要なことだ。なにゆえ、アフリカにおける近代国家の成立がこのように遅れたのか、またなにゆえ、国民をひとつにまとめるのに苦労しているのか、なにゆえ、政治、経済、社会的な不安定と混乱が継続しているのだろうか？　こうした疑問に対する答えのひとつは、アフリカ社会に外から加えられた暴力的なゆがみであり、それは一言で言うなら、奴隷貿易に端を発する「五〇〇年のひずみ」と植民地支配に起因する「二〇〇年のゆがみ」と言えるだろう。

アフリカ社会は十五世紀以降のヨーロッパとの一方的かつ暴力的な接触の結果、大陸間の組織的かつ永続的な人身売買（奴隷貿易）によって大きくゆがめられてきた。五〇〇年のあいだに、アフリカ各地から暴力的に「捕獲」され「積み出された」奴隷の数は、一二〇〇万から二〇〇〇万人にのぼり、そのうちの一割は「輸送」中に死亡・殺戮され海中に投棄されたと推定されている。こうした事態はたんに経済活動としての「貿易」ではなく、ある社会が別の社会の成員に対してなし得た人類史上最悪の加害行為であり、「奴隷貿易」という言葉に代わって「アフリカ・ホロコースト」あるいはスワヒリ語で「巨大災害」を指す「マアファ（Maafa）」と呼ぶべきと主張する研究者も多い。この五〇〇年継続したアフリカに対するホロコーストによって、アフリカ社会は自然な発達経路を徹底的に破壊され、致命的に傷ついたのである。

さらに十九世紀以降の植民地支配によって、社会の自律的発展はいっそう阻害されてきた。アフリカ社会を五〇〇年にわたってゆがめてきた「暴力」は今なお清算されてはいない。こうしたゆがみのうえに、今日のアフリカがある。たとえば、十九世紀から二十世紀にかけてアフリカは、イギリス（現一四カ国の植民地宗主国）、フランス（一七カ国）、ドイツ（四カ国）、イタリア（二カ国）、スペイン（二カ国）、ポルトガル（五カ国）、ベルギー（三カ国）というヨーロッパの七つの国の植民地とされ、人びとの基本的権利を蹂躙《じゅうりん》され、社会のしくみをゆがめられ、資源を奪われてきた。

今日、「先進国」として豊かな生活を享受し「民主主義」や「人権擁護」の教師となっているヨーロッパ列強によるアフリカ支配について、著名なケニア人歴史家はこう指摘している。「一大陸の国家がより集まって、他の大陸の分割と占領について、これほど図々しく語ることが正当化されると考えたというのは、世界史に先例がない」［宮本・松田編 二〇一八：三一六］。

五〇年前の独立は、この激しくゆがめられた社会のしくみを引き継ぐかたちで実現した。宗主国が導入した政治システムや教育制度、間接統治のための民族対立、言語政策、宗主国の利益のためのモノカルチャー経済などのしくみは、そのままヨーロッパ人の支配者からアフリカ人パワー・エリートにバトンタッチされた。したがって、私たちがアフリカを理解しようとするとき、アフリカの現実だけでなく、その見方自体のなかにすでに植民地支配の痕跡や影響が今も強く作用していることを忘れてはならない。

「絶望」の大陸から「成長」の社会へ

独立後今日に至るわずか六〇年ほどのあいだ、アフリカは激動の時代を経験してきた。一九六〇年代は、豊かで自由な未来の到来を信じた「バラ色の時代」だった。だがその後出現したのは、民族紛争や貧困・低開発に彩られた「停滞と混乱の時代」である。しかしながらアフリカは二十一世紀に入ると、世界的な資源市場の高騰を背景にして始まった「成長の時代」に突入した。この時代、アフリカは世界経済のなかでもっとも高い成長を達成した「成長の優等生」だった。そのことはこの時期年率五％を超える安定成長をつづけ、今世紀初頭の一〇年間の高度経済成長率の世界ランキング上位一〇カ国のうち半数以上の六カ国をアフリカが占めていた事実（なかでもガーナやアンゴラは一〇％を超える高高度成長を経験）が如実に物語っている。こうした成長を支えていたのは、石油や天然ガスの新規開発、鉄鉱石、ボーキサイト、ウランなどの豊富な天然資源、スマートフォンやタブレット、エコカーに欠かせない「レアアース」などの鉱物資源の存在である。これらの資源を獲得するために欧米、中国、インドなどから大量の資本が投下されていた［平野　二〇一三］。

しかしながら、二〇一〇年代後半からの米中対立、それに続く世界的な新型コロナウイルス感染症（COVID-19）パンデミックやロシアのウクライナ侵攻などに起因するグローバル経済の再編成と停滞によって、成長の勢いは鈍化し一時はマイナスになった。だが、二〇二三年の経済成長予測は、国によって差はあるものの、三％から五％台と、その回復は世界の他の地域に比べても決して低くはない。

今でこそ、経済成長について議論がなされるようになったものの、アフリカは、一九九〇年代、まったく異なるまなざしをあびていた。一九八〇年代からの二〇年間、アフリカの経済成長は実質的にゼロからマイナスに近かった。にもかかわらずこの期間に人口は倍増したので、生活環境は極度に悪化し、人びとは貧困化していった。そのうえ政治的には、軍事クーデター、民族紛争、内戦、内乱が頻発した。ソマリア、スーダン、コンゴ、ルワンダ、リベリア、シエラレオネ、コートジボワールなどで多くの犠牲者を生みだす悲劇が出現した（一九九四年のルワンダのジェノサイドの犠牲者は七〇万人ともいわれる）。さらに追い討ちをかけるようにＨＩＶ／ＡＩＤＳの蔓延が社会の存在を揺るがせた。一九九〇年代末、サハラ以南のアフリカでは九〇〇万人以上がエイズ・ウイルスに感染し、ウガンダの首都カンパラでは一九九二年には全人口の二九％が感染という非常事態となった。社会のあらゆる領域で生起するこうした危機的状況を前に、アフリカは「絶望の大陸」とみなされたのである〔武内編　二〇〇〇〕。
だが、一九九〇年代の「絶望」から二〇〇〇年代の「希望」へと、正反対のイメージでアフリカは語られるようになった。それは、日本政府が一九九三年から五年ごとに（二〇一六年の第六回から三年ごとに変更）アフリカ開発援助のためにアフリカ各国から元首級の代表を招いて開催している「アフリカ開発会議（ＴＩＣＡＤ）」の基本コンセプトや首相発言をみてもよくわかる。

第一回の一九九三年当時、アフリカは「絶望」のただなかだった。そのため会議では繰り返し「アフリカが直面する障害」という問題点が指摘され、これに取り組むための「国際社会と連携した開発支援」が謳《うた》われた。アフリカは「救済の対象」以外のなにものでもなかったのである。これに対して、二〇一三年の第五回では、「元気なアフリカをめざして——希望と機会の大陸」をメインスローガンに、宣言には「躍動のアフリカ」「力強い成長」などの言葉が氾濫した。一九九〇年代とは一変して、アフリカは日本の成長と繁栄を（資源供給と市場提供の面から）サポートしてくれる「パートナー」に「格上げ」された。その傾向は二〇二二年の第八回会議でも継続しており、岸田首相はアフリカを「共に成長するパートナー」と位置づけた。このように、「国際社会のお荷物」から「世界経済成長の牽引車」へ、日本社会との関係で言うと「援助が必要な弱者」から「（資源や市場などを通じて）助けてくれる友人」へと、アフリカに対するまなざしは極端に変わったようにみえる。

変わらない「アフリカ」認識

だがこのアフリカ認識の変化は本当なのだろうか？　たしかに「絶望の大陸」から「希望の大陸」へ

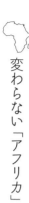

の変化は、劇的ではある。こうした変化がアフリカの一端を示していることも間違いではない。しかし、こうした見方はアフリカの表面的な現象をみているにすぎない。たとえばアフリカを「紛争」と「貧困」で代表させた一九九〇年代の「絶望の時代」は、アフリカを「未開」視し、アフリカの人びとを「野蛮」視する意識を世界的に定着させた。難民キャンプで栄養失調で横たわる可哀想な子どもたち、斧や山刀で嬉々として無差別殺戮する獣のような民兵、強制的に拉致された少年兵士や兵士の妻にされた無力な少女、この時代のアフリカに関して「アフリカ」（大半はコンテクストから切り離して編集された）映像やニュースはこうした悲惨で非人間的な「アフリカ」を次々と映し出した。アフリカは人類の文明とはまったく切り離された、暗黒の世界として再び報じられたのである。それは、十五世紀末から始まる奴隷貿易以降、アフリカ人とアフリカ社会を象徴してきた「未開と野蛮」のイメージそのものだった。つまり「絶望の時代」をとらえるアフリカ認識は、五〇〇〇年間不変の定番のまなざしだったといえる。

では「希望の大陸」像はどうだろうか。そこにおいてアフリカは石油や稀少金属のような天然資源の世界に対する圧倒的な供給者であり、一〇億の人口を抱える魅力的で巨大な市場であった。しかし十九世紀後半から二十世紀前半にかけて、アフリカはヨーロッパにとって、まさしく今日と同じように資源の供給者であり、市場の提供者であった。

ヨーロッパ列強は自国の産業革命に必要な「ゴム」（動力伝達）や「落花生」（潤滑油）、より直接的な富をもたらす金、銅やダイヤモンドなどの原材料資源を徹底的に収奪していった。農業部門では、もともとアフリカ人が主食用に栽培していたモロコシ、トウモロコシ、キャッサバなどの耕作地を取り上げて白人入植者の大農園に転換してコーヒーや紅茶などの商品作物の栽培を続けた結果、主食の生産も国民の消費を賄えないようないびつな構造をつくりだした。このようなモノカルチャー経済は、世界経済と連動してそのチェーンから抜け出せないしくみであり、それが独立後のアフリカに飢餓や経済破綻を引き起こす原因となった。この悪循環を断ち切るための産業構造転換（製造業、工業の育成）についても不可能な状態がつくられていた。植民地宗主国からは工業製品が大量にアフリカの市場に流れ込んできたため、アフリカ社会には自前の製品をつくる基盤は誕生しようがなかったのである。これが十九世紀から二〇〇年つづく植民地支配（と新植民地支配）のなかでつくられたアフリカの役割だった。たしかに今、アフリカの「希望の時代」のなかで、政治経済的なスーパー・パワーやビッグ・パワーはアフリカの資源や市場に惹きつけられている。こうした動きはかつてアフリカを植民地支配した心性（アフリカ認識）とまったく同種同根のものだろう。

　絶望であれ、希望であれ、アフリカをまなざすこうした意識は、この五〇〇年のあいだ、深層においてまったく変わらず再生産されてきたのである。本書の最大の目的は、こうしたアフリカへのまなざしを根源的に再検討することにある。

アフリカ認識の「色眼鏡」

アフリカという「地域」は、たんに地理的な「アフリカ大陸」と同義ではない。それはひとつには、世界システムの政治経済的力関係によって大きくゆがめられ、もうひとつには、それと連動しながら一方的なまなざしの力によって想像されたダイナミックな単位であった。

　アフリカという「地域」は、先に触れたように、ヨーロッパ世界から五〇〇年以上にわたって暴力的かつ体系的にゆがめられてきた。そして重要なことは、アフリカ地域に刻まれたこの歴史的ゆがみが現代世界においていまだ清算されてはいないということだ。また地域のゆがみを直視したりそれを是正したりする営みは一貫して微弱なものでありつづけた。そのことは二〇〇一年に南アフリカのダーバンにおいて空前の規模で開催された「国連反人種主義・反差別世界会議」の「成果」が皮肉にも実証している。欧米やアフリカの政権担当者が参加したこの会議で、奴隷貿易と植民地支配の責任と正義の回復が合意されることはなかった。今日、誰もが許しがたい人道に対する罪と断定する「奴隷貿易」についてでさえ、「深く残念に思う」と認めたことだけが「画期的成果」と言うほど、アフリカ地域をゆがめつづけた力への反省は欠如しているのである［松田　二〇〇九］。

この現象と連動しているのが、アフリカ地域に対するゆがめられた「認識」や「イメージ」の再生産である。今日でさえアフリカ社会で生起する事象現象は、数世紀にわたる排除と支配の歴史のなかで構築されてきた特別の「色眼鏡」をとおしてイメージされ認識される。たとえばアフリカで起こる紛争の背景をすべて「部族抗争・部族対立」で「理解」したり、アフリカでみられる困難をすべて「人道的介入」＝「人道的救済」の対象とみなしたりする認識などがその一例だ。かつてマフムード・マムダニが、同時期にほぼ同規模の大量犠牲者を生み出したイラク戦争とスーダンのダルフール紛争を例にあげ、この「アフリカ地域」をみる「まなざし」の二重基準を批判したことがある。アメリカ社会においては、前者に対して政治と歴史の背景を認め不介入（イラク戦争から手を引け）の態度が支配的となる一方で、後者（アフリカ）に対しては政治性も歴史性もない純粋の人道問題として介入（ダルフールに愛の手を）の声があげられるというわけだ［Mamdani 2007］。この意識の二重基準こそは、今日なお強固に再生産されている、アフリカ地域を（ゆがめて）表象する典型的なやり口と言ってよいだろう。

アフリカ潜在力と新しいアフリカ認識

「同情や救済の対象」でも「資源の供給源」でもない新しいアフリカ観をつくりあげることは容易なことではない。なぜなら、こうしたアフリカ認識の枠組みは世界が数世紀にわたって意識的かつ体系的につくりだしたものだからだ。このような状況に対してアフリカ認識の根源的な刷新をはかろうとする試みは、個人的な決意や良心によってなされるものではないだろう。長期間かけて支配と蔑視の「まなざし」のもとに巧妙に作成された認識を打破するためには、同じく数世紀にわたってアフリカが創造してきた知恵と実践に着目する以外にはない。こうして生まれたのが「アフリカ潜在力（African Potentials）」というアイディアである。

その発想の核心はシンプルなものだ。それは、アフリカには人びとが編み出し運用してきた知識や制度がもともと存在しており、その潜在的な能力を活用することによって直面する困難を解決することができるという視点である。この視点にたてば、たとえばアフリカを呻吟させてきた紛争についても、人びとがそれぞれの社会のなかで紛争を解決するための自前の処方箋を編み出し自律的に対処してきた経験に着目することになる。しかしながらこうしたアフリカの対応力は、これまでの現実政治や学問世界を支配してきた思想やしくみのなかでは、ほとんど相手にされず見捨てられたり、蔑まれたりしてきた。その背後には、教科書に載るような普遍的で一般的な制度や知識は、西欧近代出自のものだけという「常識」がある。こうした状況に抗して、アフリカにはもうひとつの「（複数の）普遍」、もうひとつの「社会、人間、歴史のとらえ方」をベースにした問題解決のための潜在的な「処方箋」があり、それを「アフリカ潜在力」として提唱したのである。

このように説明すると、アフリカの伝統的な制度や思考を、そのまま現代に復活させて現代世界の難問の解決をはかろうとすることが「アフリカ潜在力」の活用だとイメージされるかもしれないが、それはまったく見当違いである。「アフリカ潜在力」とは伝統的慣習を復活させて伝統的社会への回帰や賛美をはかるファンタジーとは無縁なものだ。「アフリカ潜在力」という視点は、アフリカには「伝統的」「内在的」で不変の知恵があるとか、外来の知識や制度、あるいは国際社会の介入は「外からの押しつけ」であるから不必要、という排他的で閉鎖的な主張とはまったく異質なものなのである。そうした主張とは正反対に、アフリカ社会に備わっている知識や実践がヨーロッパやアラブ・イスラームといった外部世界からの影響とつねに衝突や接合を繰り返しながら、それを融合、共存、受容、拒絶しながら変革・生成されてきたものであることを前提とするのが、「アフリカ潜在力」という視点の核心だった。すなわち、「アフリカ潜在力」とは、アフリカが外部と折衝しつつ問題対処能力を更新するための高い能力（＝インターフェースの機能）を備えていることを大前提とした開放的で動態的な視点なのである。

以上をふまえたうえで、「アフリカ潜在力」の特徴をまとめると、四つの特性に整理できるだろう。第一の特性は包括性と流動性である。たとえば民族移動の過程でよそもの（異民族）を糾合包摂し、また自集団も異文化慣習を受容しながら変容を遂げていくという集団編成のあり方は、民族間の垣根を低くすると同時に垣根（境界）自体を相対化することで相互の対立・紛争の拡大を予防する。第二の特性は複数性と多重性である。民族変更や民族への多重帰属さらには、異民族内部に自分たちとはけっして争わない「親しい」集団をもつことで、民族間の全的対立を防ぎ紛争の拡大を抑制し、和解の回路を確保するというしくみは、アフリカ的共生の知恵のエッセンスである。「アフリカ潜在力」の第三の特性は混淆性とブリコラージュ性だろう。アフリカにおいて集団編成や価値体系は、けっして静的で固定的

（不変）なものではなかった。むしろそれと正反対に、さまざまな出自・背景をもつ編成原理や価値基準が、生活の必要によって混淆（接合）されており、それが地域の論理の動態性を生み出す源泉になっているのである［松田　二〇一三］。第四の特性は、不完全性とコンヴィヴィアリティだ。これはこれまでの社会観が、複数の視点・価値観が共存するとき、相互に競合してより「強い」ものがほかのものを放逐して勝ち残り、それが「あたりまえ」という考え方を前提にしていたのに対して、アフリカ潜在力的視点によると、それぞれが「不完全」であることを前提として出発する社会認識と人間認識こそが、重要ということになる［Nyamnjoh 2017, 2019］。それは、異質なものと「共在・共生する」思想と実践なのである。アフリカ潜在力を長年共に探求してきた、カメルーン人の人類学者、思想家ニャムンジョはこれを「コンヴィヴィアリティ」と呼び、アフリカ潜在力の核心と考えた。

　このようなアフリカ潜在力を探求し、現代世界が直面する困難な課題の克服に実践的に寄与すると同時に、これまで常識とされてきた社会観、人間観、歴史観とは異なる、もうひとつの世界を認識する知の創成をこの一〇年間、日本とアフリカの研究者や実践家と協働して試みてきた。アフリカ潜在力の探求を目的とした第一期（二〇一一年～二〇一五年、代表太田至京都大学教授（当時））と第二期（二〇一六年～二〇二一年、代表松田素二）に結集した、本書の執筆者を含む日本とアフリカの研究者は一〇〇名近くにのぼり、その共同研究の成果の一端は本書に取り入れられている。

アフリカ社会と向き合う方法

こうした「アフリカ潜在力」という新たな認識枠組みをもとにして、アフリカと向き合おうというのが本書の目論見だが、そのために本書が採用したのが、「アフリカから学ぶ」という姿勢であった。それは、従来のようにアフリカを「啓蒙」や「教化」の対象とする態度とも、一方的に「利用」「活用」する態度とも異なるものだ。「アフリカの潜在力」が、日本を含む現代世界にとって、困難を解決し処理するための人類共通の資産であるという認識にたって、その力を学ぼうというのが本書の基本姿勢なのである。そのために本書が採用したのが、「五つの学び」である。第一はアフリカがもつ多様性を知ることであり、第二はアフリカの過去と向き合うことだ。そして第三はアフリカの同時代性に寄り添うことである。

アフリカは内部に夥しい異質性を包摂している巨大な複合社会である。それは生態・環境的、言語・文化的、生業・政治的といったあらゆる領域における多様性である。アフリカを学ぶには、「単一のアフリカ」観を脱してまずこの多様性を直視する必要がある。また二十一世紀の今のアフリカをとらえるためには、それを歴史的に位置づける必要があることは先述したとおりである。それは奴隷交易や植民地支配といったアフリカを歪めてきた五〇〇年の歴史だけではない。人類誕生から古王国時代も含むアフリカで生起した人びとの営みの歴史を長いタイムスパンでとらえることは、近代以降学術的にも社会的にも支配的だった「歴史なきアフリカ」観を脱するための必須要件なのである。第三のアフリカ社会の同時代性と向き合うことも、「歴史なきアフリカ」観を脱するための大切な作業の一部である。

「歴史なきアフリカ」観は、アフリカを世界のその他の地域と完全に分断孤立させる役割を果たしてきた。アフリカは、世界史における絶対的他者とみなされ排除されてきたのである。都市スラムの若者がヒップホップに熱中したり半乾燥地帯に暮らす牧童がスマホを片手にツイートしたり送金したりする姿は、こうしたアフリカ認識に対する強力な是正作用をもっている。グローバル化のもつ負の側面を見据えながら同時代性と向き合うことは、アフリカ社会を自分が暮らす社会と地続きにとらえるための第一歩だろう。

こうした準備のうえに、残り二つの「学び」がある。ひとつは、アフリカが呻吟してきた「困難を学ぶ」ことであり、もうひとつは、その対処の営みのなかに見出される「希望を学ぶ」ことである。一九〇年代以降、アフリカが「絶望の時代」を迎えたことは先述したとおりである。たしかに政治的には「一党制」から「複数政党制」への「民主化」にともない多くのアフリカ諸国で政治的混乱と内戦が勃発・激化した。経済分野では構造調整の名のもとに、国民経済の運営が国際通貨基金（ＩＭＦ）や世界銀行の手に委ねられ、合理化・民営化・市場化が推進された結果、社会の下層・最下層の人びとは絶対的な生存困難に直面することになった。それに加えて自然環境の破壊が進行し、ＨＩＶ／ＡＩＤＳなどの感染症も蔓延した。二十世紀末のアフリカは、こうした絶望的危機に直面し、それになんとか対処しようと悪戦苦闘してきたのである。

こうした営みのなかから生まれた「希望」の兆しを学ぶことが最後の課題だ。この希望の多くは欧米「先進国」社会から与えられた処方箋がもたらしたものではなかった。むしろアフリカが育んできた知恵や制度を、新しい時代や外来の思想と結びつけつなぎあわせることで新たに創造されたものだった。それを本書では、アフリカの知恵を現代的に再創造するという意味で「アフリカ潜在力」と定式化した。

先に述べたように、「アフリカ潜在力」に着目することは、けっしてアフリカの伝統的知識や制度に回帰することを呼びかけているのではない。それとは正反対に、アフリカで創造され鍛えられてきた知恵や制度を、グローバル化された現代の文脈のなかで新しく再編成、再創造していくことで困難に対処する可能性に注目しようというのである。なぜなら、その潜在力こそがこれからの人類社会が困難を乗り越えるうえで共通の財産となりうるからだ。たとえば厳しい生態環境のなかで育まれてきた「在来の知」による生業の発展、持たざる者どうしが国家や国際機関に依存せずに自助自立するための相互扶助システム、また理不尽な大量殺戮や憎悪によって引き裂かれた社会の癒しや和解の仕方や奪われた正義の回復法、さらには異なる言語、文化、価値を背景にもつ人びとが共生共存していくための技法などは、アフリカが歴史的に蓄積してきた経験や知識をもとにして、絶望的な時代を経て編み出した「希望の兆し」なのである。

アフリカの潜在力からアフリカをとらえ返す

本書がめざす新アフリカ学は、「救済の対象」か「資源の供給源」か、という従来のアフリカ認識の基本図式を乗り越えて、アフリカ社会の現場で得た発想と実感に依拠して、これまで「未開なアフリカ」観や開発一辺倒の「社会・人間観」の視野から排除されてきたものに着目する。すなわちそれは、アフリカが潜在的に有している自前の困難解決力や折衝・創造力にアフリカと人類社会の未来の希望を見出そうとする試みである。

本書は、アフリカ社会の現場で考えつづけてきたフィールドワーカーたちが、アフリカの多様性と歴史をふまえ、私たちと同時代を生きるアフリカの姿を描写したうえで、アフリカが抱える困難とそれを乗り越えるべくアフリカの潜在力がもたらす希望をわかりやすく日本の読者に伝えるためのメッセージである。それと同時に、本書が提示したアフリカ認識のための枠組みが、今後のアフリカ理解のための新たな土台になることを願っている。

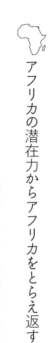

参照文献

武内進一編　二〇〇〇『現代アフリカの紛争――歴史と主体』日本貿易振興会アジア経済研究所。

平野克己　二〇一三『経済大陸アフリカ』中公新書。

松田素二　二〇一九「「アフリカ」から何がみえるか」『興亡の世界史　人類はどこへ行くのか』講談社学術文庫。

松田素二　二〇一三「地域研究的想像力に向けて――アフリカ潜在力の視点」『学術の動向』七月号。

松田素二　二〇二二「アフリカ史の挑戦――アフリカ社会の歴史を捉える立場と方法」永原陽子責任編集『アフリカ諸地域　～二〇世紀』（岩波講座　世界歴史第一八巻）、岩波書店。

松田素二・ニャムンジョ、F・太田至編　二〇二二『アフリカ潜在力が世界を変える――オルタナティブな地球社会のために』京都大学学術出版会。

松田素二・平野（野元）美佐編　二〇一六『アフリカ潜在力シリーズ第一巻　紛争をおさめる文化――不完全性とブリコラージュの実践』京都大学学術出版会。

宮本正興・松田素二編　二〇一八『改訂新版　新書アフリカ史』講談社現代新書。

Mamdani, M. 2007 'The Politics of Naming: Genocide, Civil War, Insurgency,' *London Review of Books*, 29(5).

Nyamnjoh, F. 2019 Ubuntuism and Africa: Actualised, Misappropriated, Endangered, and Reappraised, 2019 Africa Day Memorial Lecture, University of the Free State.（梅屋潔訳　二〇一九「アフリカらしさとは何か――ウブントゥという思想」『世界』九月号、岩波書店）

――――2017 'Incompleteness: Frontier Africa and the Currency of Conviviality,' *Journal of Asian and African Studies* ,52(3).

多様性を学ぶ

Part 1
Diversity

1 民族と文化

松村圭一郎

国家・言語・民族のなかの文化

アフリカ大陸の地図を広げると、五五あまりの国と地域が国境で区切られている。まっすぐに延びた国境線の多くが、かつて西欧列強による植民地支配のなかで引かれた線だ。この国家の境界にもとづく地図に見慣れると、アフリカには国ごとに固有の文化があるような印象をもってしまう。しかし、アフリカの多様な民族と文化を考えるとき、この国家の境界は、ひとつの線引きにすぎない。

言語地図という地図がある。各地の主要言語を系統ごとに区分して描かれた地図だ。これを国の地図と見比べると、ほとんど重なっていないことがわかる（図1参照）。民族のひとつの指標とされる言語という点では、まったく違う境界の引き方ができるのだ。アフリカには一〇〇〇を超える言語があるとされ、研究者によって言語の音と意味の類似をもとに系統が分類されてきた。ただし、この言語地図も、可能な線引きのうちのひとつでしかない。実際には、アフリカの多くの人びとが多言語を使って生活している。地域の言語とは別に、交易や教育制度をとおして普及した地域共通語や公用語もある。同じ場所に異なる言葉を話す人びとが隣り合って暮らしていることも、珍しくない。

民族の境界線も同様だ。西欧の植民地支配と時期を同じくして、アフリカの民族についての研究が本格化した。言語だけでなく、生活様式や同族意識などをもとに、民族の範囲が特定され、それぞれの固有な文化が研究の対象となってきた。この民族の境界も、本来は固定的でも自明のものでもなかった。互いに別の集団と考えている隣接民族に儀礼や文化的要素が共有されていることも多い。民族を超えた通婚関係や横断的紐帯が結ばれるなど、人の行き来も頻繁にみられる。またアフリカ諸国が独立を果たしてから六〇年以上がたち、「国民文化」が民族の違いを超えて形成されていることも事実だ。

　アフリカには多様な民族と文化がある。ただし、このアフリカの「多様性」は、どんな枠組みで語るかによって、数やかたちが変わってくる。本章は、国家や言語、民族といった複数の枠組みの絡まりを意識しながら、アフリカの民族と文化がたどってきた変遷を描いてみたい。まずはアフリカの言語という点から始めよう。

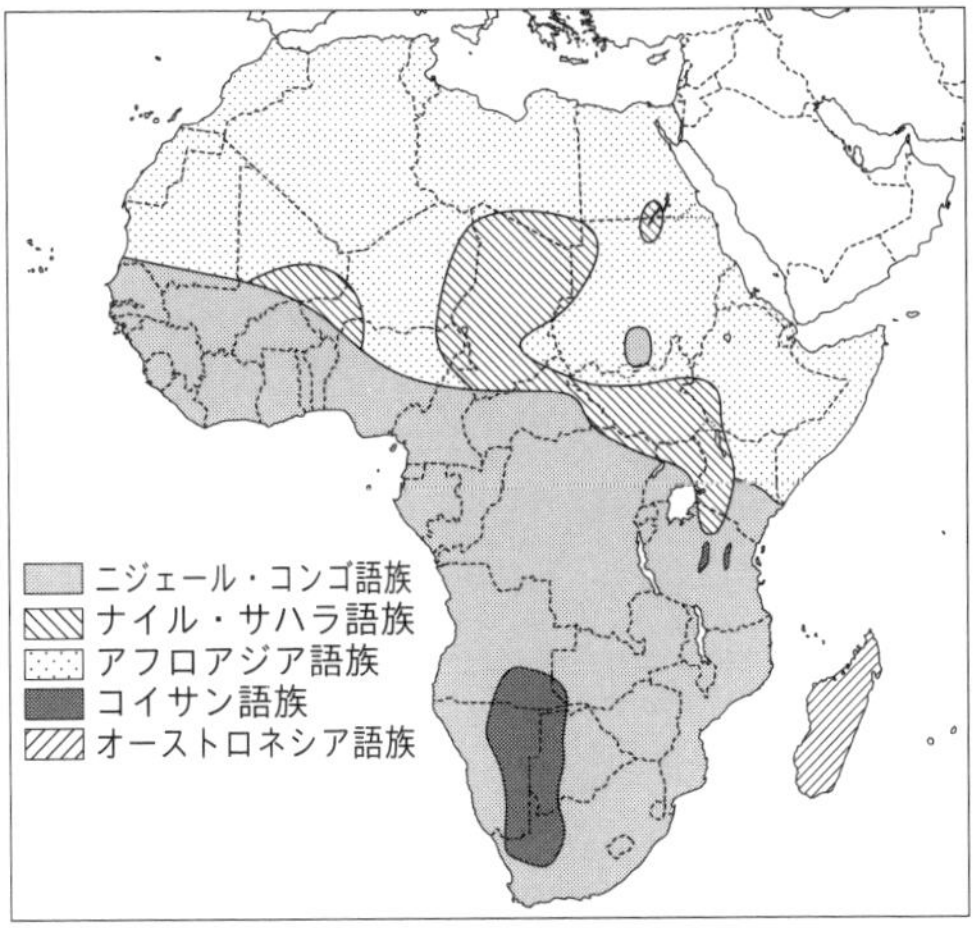

図1　アフリカの言語地図
詳細は32頁の第2章図1を参照。

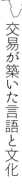

交易が築いた言語と文化

アフリカの民族と文化を語るとき、交易による文化圏の形成は見逃せない。アフリカでは、歴史的に現在の国境の範囲を大きく越える交易ルートが築かれ、商業活動をとおして言語や文化が共有されてきた（図2）。

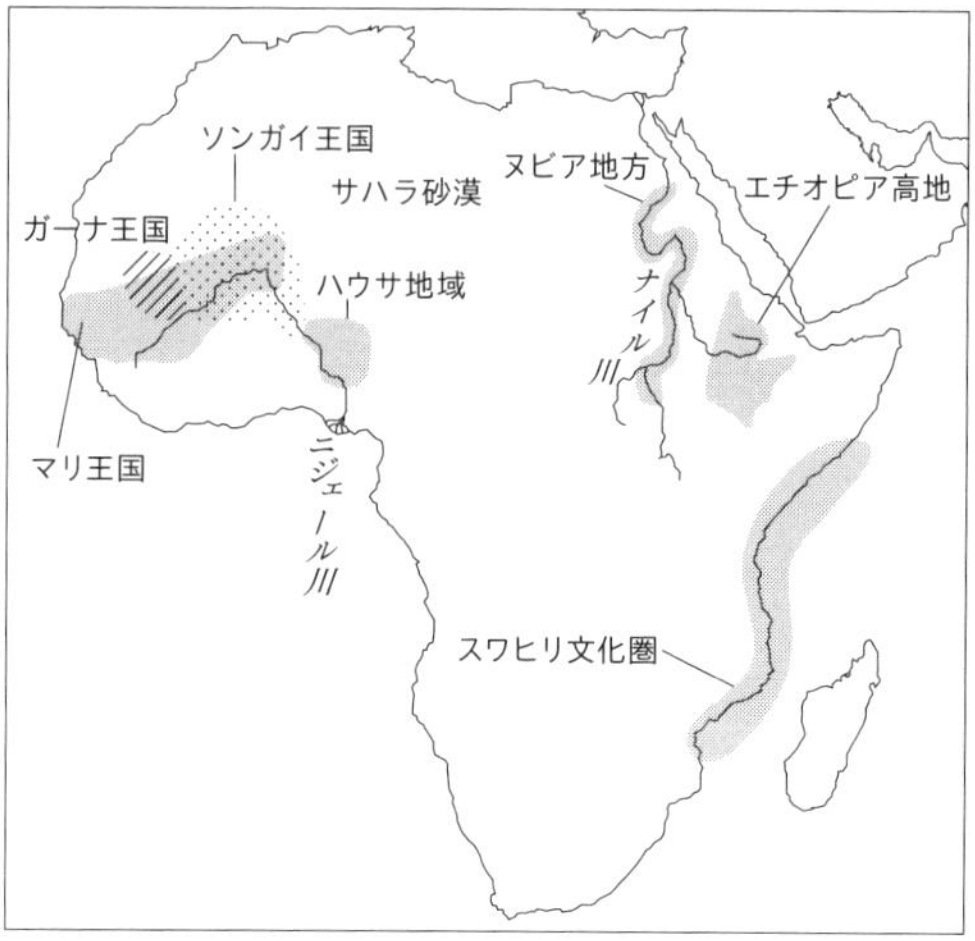

図2　交易による文化圏

紀元前六世紀から一〇〇〇年あまり続いたメロエ王朝の時代には、現在のエジプト南部から北部スーダンにあたるヌビア地方にナイル川沿いの交易ルートが発達し、エジプト文化や遠くギリシア・ローマ文化の影響が及んでいた［宮本・松田編　二〇一八］。南の熱帯アフリカからは、地中海地域やアラビア半島、ペルシアなどに金や奴隷、象牙などが供給された。この地域では、紀元後もヌビア語を話す支配者層によって複数の王国が築かれた。五世紀には、エジプト商人によってキリスト教が持ち込まれ、十四、五世紀にイスラーム勢力に滅ぼされるまで、ヌビアの諸王国によってキリスト教文化が保持されていた。

現在のエチオピア北部で一世紀に成立したアクスム王国は、アラビア半島や地中海地域との交易ルートの覇権を掌握することで栄えた。四世紀にキリスト教が国教とされ、民衆のあいだにも広まる。聖書には、古代イエメン地方の南アラビア文字から派生したゲエズ文字が使われた。ゲエズ文字は、のちにエチオピアで広く用いられるエチオピア文字の原型となり、そのキリスト教文化が、今に至るエチオピア高地の主流文化となった。

西アフリカのニジェール川流域にも、歴史的に交易で栄えた王国が築かれてきた。九世紀ごろにラクダが導入され、サハラ砂漠を越える隊商交易が盛んになると、西アフリカにイスラーム文化が浸透しはじめる。ニジェール中流域に栄えたガーナ王国、マリ王国、ソンガイ王国といった国々も、サハラ交易をとおしてイスラームを受容した。マリ王国では、豊富に産出した金やコーラの実の交易に従事する商人集団のネットワークが形成された。彼らの話すマンデ語派の諸言語は、現在も西アフリカで広く話される言語系統のひとつだ。ニジェール下流域、現在のナイジェリア北部に栄えたハウサ地域の諸王国でも活発な商業活動がみられ、今や四〇〇〇万人以上の人がハウサ語を商業言語として使用しているといわれる。こうした交易による言語や文化の共有が民族集団の形成にもつながってきた。

同じく商業言語として東アフリカ諸国で話されているスワヒリ語は、特定の民族集団を超えて普及している。かつてインド洋に面するインド西海岸からアラビア半島のオマーンやイエメン、そして東アフリカのソマリアからケニア、タンザニア、モザンビークの沿岸部にかけて、季節風を利用した帆船交易の広大な交易圏があった。早くは七世紀中ごろからアラブ系やペルシア系のイスラーム商人が港町を訪れ、十五世紀末までに広い範囲でイスラームが受容されるようになる。アラブ系の文化とバントゥー系の人びととの交流のなかでスワヒリ語が生まれ、スワヒリ文化圏が形成された。十九世紀に、ヨーロッパ人宣教師が布教のために変形アラビア文字をローマ字に置き換えたことで、内陸部のキリスト教徒にもスワヒリ語が浸透しはじめる。そして二十世紀に入り、鉱山労働者などの人の移動や都市化の過程で、スワヒリ語が広域の地域共通語として定着していった。

このスワヒリ語の浸透には、スワヒリ語を多様な民族を統合するための公用語として採用した国民国家の動きもかかわっている［宮本 二〇〇二］。タンザニアでは、憲法をはじめとする法律がスワヒリ語で起草され、ケニアでも国会の討議用の言語として英語とスワヒリ語が採用されている。とくにタンザニアでは、特定の民族語に根ざしていないスワヒリ語が国民統合の象徴となってきた。

さらに植民地支配の過程で使われはじめた英語や仏語といったヨーロッパ言語も、国家の言語として採用されることで、現在でも政治や高等教育などにおいて重要な役割を果たしつづけている。近代的な学校教育やキリスト教の普及などとともに、ヨーロッパの文化や生活様式も庶民の暮らしのなかに浸透してきた。アフリカの民族と文化を考えるとき、この植民地期の影響は無視できない。

植民地支配と民族文化

十六世紀以来、ヨーロッパ諸国にとって、アフリカ大陸は奴隷の供給地として、主に沿岸部の拠点の確保だけが重要だった［宮本・松田編 二〇一八］。十九世紀初頭に奴隷交易が廃止されると、にわかにアフリカ内陸部への関心が高まる。一八八四年に始まったベルリン会議では、一三の欧米列強がアフリカ大陸での勢力範囲と実効支配の原則を取り決めた。「アフリカ分割」のはじまりである。その後、二十世紀初頭にかけて、アフリカ人の王国が次々と列強の軍隊によって制圧され、保護領とされた。沿岸部から権益を拡張させていた西欧諸国は、互いに内陸部の領土分割についての条約を交わし、境界を画定させていった。それが現在の国境線の基礎となった。

一方、植民地のなかでは、民族の境界が定められた［松田 二〇〇〇］。とくにイギリスの植民地では、「部族」を行政単位としてコントロールする「間接統治」がおこなわれ、それまで明確ではなかった「部族」の領域が地理的に確定された。領域内の人びとが同一の「部族民」とされ、その変更が禁止された。固定的な領域と成員をもった民族集団が、こうして植民地行政によってつくりだされたのだ。

この植民地支配と時期を同じくして、アフリカの民族に関する人類学的調査が本格化する。なかでも間接統治をおこなっていたイギリスでは、植民地の民族の社会構造や政治・法体系への関心が高く、人類学調査の果たす役割への期待もあった［田中 二〇〇一、Moore 1994］。一九二六年、ロンドンに国際アフリカ言語文化研究所が設置され、機関誌『アフリカ』が刊行される。研究所のメンバーには人類学者だけでなく、言語学者や宣教師、植民地行政官なども含まれていた。研究所は、人類学者のマリノフスキーが『アフリカ』誌で提唱した「実用人類学」の方針にそって、植民地政策とアフリカの発展に資する研究をめざした。

一九三八年には、英領北ローデシア（現ザンビア）にアフリカで最初の人類学調査の拠点となるローズ・リヴィングストン研究所が創設された。この研究所の初代所長を務めたのが、マリノフスキーのもとで人類学を学んだゴドフリー・ウィルソンだった。ウィルソンは、英領のタンガニーカ（現タンザニア大陸部）やニヤサランド（現マラウイ）でも、現地社会の急速な社会・経済的な変化に注目する研究をおこなった。一九四二年に所長となったマックス・グラックマンは、マンチェスター大学に新設された人類学科の教授に就任したあとも、リヴィングストン研究所を拠点とする多くの人類学的研究を主導し、「マンチェスター学派」と呼ばれる人類学者たちを世に送り出した。いずれも民族の伝統的な社会構造や都市化といった新たな社会変化についての緻密な現地調査で知られる。

こうした人類学者の研究は、植民地政策に直接的な影響を及ぼすことはなかった。ただし、数多くの人類学者が自国の植民地に赴いて現地社会を調査するとき、基本的に「民族」が記述の単位となってきた。それは植民地行政によって固定化された民族のイメージを再生産し、アフリカの文化＝民族文化という図式を強化してきた。しかし、アフリカの文化は民族だけに帰属するものではない。民族の違いを超え、より普遍性をもった〈アフリカ性〉を復権し、創造しようという動きが一方にはあった。

〈アフリカ性〉の希求と創造

植民地支配によるヨーロッパの政治的、文化的遺産とどう向き合うべきか。それはとくにアフリカのエリート層にとって、きわめて重要な課題だった。欧米の言語や文化によって教育を受けてきた知識人たちは、西洋近代の優越という桎梏《しっこく》のなかで、いかにして自立したアフリカ人としての尊厳を回復するのか、模索してきた。

ヨーロッパ中心の価値観への対抗文化として一九三〇年代に始まった「ネグリチュード運動」も、そうした模索のなかで展開した［土屋　一九九四］。この文学運動は、のちにセネガルの初代大統領となるサンゴールがマルチニック出身のエメ・セゼールらと留学先のパリで出会ったことに始まる。彼らは、フランスの植民地政策である同化政策を拒否し、黒人の劣等性神話を打破する文学の創設をめざした。サンゴールらが一九四七年にパリで創刊した文芸誌『プレザンス・アフリケーヌ』は、アフリカ人の連帯と自立をめざしたパン・アフリカニズムとともに、アフリカの独立運動に大きな影響を与えた。

一九五〇年代に植民地からの独立が現実味を帯びてくると、抽象的な「黒人性」を前面に打ち出すネグリチュード運動は勢いを失っていく。かわって、ナイジェリアや南アフリカ、ケニアといった英語圏での文学活動が活発になる。ナイジェリアの小説家コレ・オモトシヨは、「もはや第三者に、〈黒人は美しい〉と宣伝することは不必要である。私たちは、私たち自身に、〈私たちは何ものか〉を語らなくてはならない」と語る。ヨーロッパ文化への「対抗」という軛《くびき》を脱して、主体的な〈アフリカ性〉の模索と創造が始まった。

ナイジェリアの小説家エイモス・チュツオーラは、ヨルバの神話や伝承文学を取り入れながら熱帯の森の怪奇的世界を描いて、ヨーロッパで一躍脚光を浴びた。アフリカにもヨーロッパに劣らぬ文学作品が存在し、その文学を支える文化的土台があることを知らしめた。ただし、彼の作品は非歴史的な神話の世界ではない。物語の時代背景には、白人との奴隷交易によって繁栄を誇ったヨルバのオヨ王国の崩壊という十九世紀初頭の混乱があった。アフリカ文学の多くが、こうした西洋との接触によって生じたさまざまな社会不安や葛藤を題材にしてきた［ゴーディマ　一九七五］。

世界的な名声を博したナイジェリアのチヌワ・アチェベの小説は、白人支配に始まる文化的屈辱と民族受難の歴史を描き出している。ケニアのグギ・ワ・ジオンゴは、キクユ人が植民地支配に抵抗したマウマウの反乱を時代背景に、伝統的生活の価値観と白人支配によって押しつけられた価値観との葛藤を描いた。南アフリカのアパルトヘイト反対闘争の中心メンバーだったアレックス・ラ・グーマは、亡命後も人種差別体制の冷酷さや非人道性を告発する作品を発表しつづけた。アフリカが経験してきた歴史のなかの困難な生そのものが、英語や仏語の文学表現をとおして普遍性を獲得してきたのだ。

アフリカの文学は、〈ヨーロッパ〉という経験、その言語や表現形式を介しながら、〈アフリカ性〉に根ざした文化的伝統の価値を再興し、みずからの苦難の歴史に向き合ってきた。この「ねじれ」は、アフリカ諸国が独立を果たし、ヨーロッパ由来の近代国家という体制のなかで国民文化を形成してきた過程にも現れている。

国家・言語・民族の絡まり――エチオピアの経験

植民地遺制としての「国民国家」は、アフリカの民族と文化を大きく左右してきた。エチオピアは、一九三六年から五年間のイタリア統治を除いて独立を保ってきたことで知られる。しかし、このエチオピアの「国家」も、ヨーロッパ列強との関係のなかで形成されてきた［Bahru 1991; Marcus 1995］。十九世紀末、エチオピアは、英領のスーダンや東アフリカ（ケニア）、伊領エリトリア、仏領ソマリランド（現ジブチ）などに囲まれていた。中央高地のショワ地方を拠点にイタリアとの協力関係のなかで皇帝の座についたメネリク二世は、一方でフランスなどの支援を受け、エリトリアから進攻したイタリア軍を一八九六年のアドワの戦いで撃破する。同時に、資源が豊富な南部の諸民族の征服を進め、外交交渉で欧米諸国にその領域を承認させた。こうしてヨーロッパ列強との関係のなかで形成された「エチオピア帝国」は、他のアフリカ諸国と同じく、一国のなかに八〇あまりの民族を抱える多民族・多宗教国家となった。そして、国民国家の統合というアフリカ共通の課題に直面してきた［石原　二〇〇一、Turton (ed.) 2006］。

一九四一年のイタリアからの解放後、皇帝ハイレ＝セラシエ一世を頂点とする封建的な体制下では、北部アムハラを中心とするキリスト教文化が支配的な地位を占め、南部へのキリスト教徒の入植や教会の建設が進められた。それはアムハラ文化への同化によって国家統合が進められた時代でもあった。一九七四年に軍部による「革命」で皇帝が廃位され、社会主義を掲げる軍事独裁のデルグ政権が樹立されたあとも、アムハラ語が国家の言語として政治や教育に重要な役割を果たしつづけた。一方でこうした同化政策は、抑圧されたオロモやティグライなどの民族意識を高揚させることにつながった。内戦の末、一九九一年に新政権が樹立されると、エチオピアは民族自治にもとづく連邦制へと移行する。一九九四年に制定された連邦憲法は、すべての民族の自決権を認め、分離独立の権利も明記された。州ごとに独立した議会や行政機関、裁判所が設置され、民族言語による教育も始められた。テレビやラジオの番組も、時間帯を区切ってアムハラ語やティグリニア語、オロモ語、英語など複数の言語で放送されている。

多民族の融和と統合を模索してきたアフリカにあって、このエチオピアの試みは大きな挑戦だった。

連邦制移行から三〇年以上がたち、当初の理念はさまざまな試練に直面している。民族自治という名のもとでティグライ人民解放線戦（ＴＰＬＦ）が主導する政権与党が地方行政まで掌握するなど、中央集権的な支配体制が継続した。多数の民族集団で構成される南部諸民族州では、「民族」の認定を受けて独立した自治単位になろうとする動きが相次ぎ、混成言語の導入が暴力的反発を招くなど混乱が続いている。行政での民族言語の使用も、新たに正字法を開発したオロミア州やアファール州、ソマリ州などでは業務能率の悪さが深刻化した。民族言語の教育も、移民の多い地域でアムハラ語のコースが復活したり、複数の民族がいる州では公平さの観点からアムハラ語教育が継続されるなど、多民族が入り交じって暮らす現実との齟齬《そご》が表面化してきた。州境や州内の民族間の境界をめぐる対立や抗争も頻発している。それらはいずれも、植民地期のように「民族」が固定的な境界と成員から構成され、固有の文化を保持する集団として実体化されてきたことの弊害でもある。

一九九八年には、エチオピアから一九九三年に独立したエリトリアとの国境紛争が起きた。エリトリアは、言語や宗教など民族的にはエチオピア北部のティグライとほぼ同じにもかかわらず、六〇年以上もイタリアやイギリスの統治下にあり、独自のアイデンティティが形成されてきた。一九五二年にエチオピアとの連邦制に入り、一九六二年にエチオピア領として併合されると、分離独立運動が活発化し、一九七〇年にはエリトリア人民解放戦線（ＥＰＬＦ）が結成される。ＥＰＬＦは、新政権の中枢を担うことになるＴＰＬＦと協力してデルグ政権を打倒し、エリトリア独立を実現させた。ところが一九九八年五月に国境の小さな町の帰属をめぐる軍事衝突から二年あまりつづいた紛争では、両国で約一〇万人の死傷者と多数の難民が生じるなど甚大な被害が出た。

二〇一八年四月、エチオピアの新首相に就任したアビィ・アフマドは、緊張関係がつづくエリトリアとの和平合意を実現し、翌年にはその功績からノーベル平和賞を受賞した。オロモ人の地域出身で、オロモ自治州の要職も経験したアビィ首相は、民族融和を掲げ、ティグライ人中心の政権運営からの転換をはかった。二〇一九年一一月、アビィ首相は、党首を務める与党連合、エチオピア人民革命民主戦線（ＥＰＲＤＦ）を解散し、一二月に繁栄党（Prosperity Party）を結成。そこにＴＰＬＦは参加しなかった。政権から排除されたＴＰＬＦは、政府が新型コロナウイルス感染症の影響を理由に延期した二〇二〇年の総選挙をティグライ自治州で独自に実施するなど、政府との対決姿勢を強めた。二〇二〇年一一月には、ＴＰＬＦが主導するティグライ防衛軍と連邦政府軍との戦闘が起きた。政府軍はエリトリア軍の協力も得てティグライ自治州の州都メケレを制圧する。だが政府軍の撤退後、ティグライ軍がアムハラ州やアファール州の一部に侵攻して内戦状態に陥った。二〇二二年一一月に締結された停戦合意のあとも、先行きは不透明なままだ。多民族国家エチオピアは、他のアフリカ諸国と同じく、民族と国家の統合という困難な課題を突きつけられている。

一方、この民族の差異は対立や分断を生んでいるだけではない。民族の多様性が「国民文化」のなかに位置づけられる動きも加速してきた。テレビなどのメディアをとおして、今や多くの人が民族ごとの「伝統的」な歌や踊りの特徴を知っている。都会で活動する歌手や舞踊団が主要な民族の歌や踊りを舞台用に典型化して演じるようになり、それがエチオピアの豊かな地方文化として受容されるようになったのだ［遠藤　二〇〇一］。近年では、ヒップホップなどの歌謡曲が民族言語で歌われるケースも増えてきた。欧米風のミュージック・ビデオがつくられ、街角でも盛んに流されている。二〇〇九年には牧畜民であるハマル出身の歌手のラップ・ソングが大ヒットし、話者が五万人にも満たないハマル語の歌詞が都会の人びとに口ずさまれるまでになった。こうした若者世代の新たな文化創造は、エチオピアに限らず、アフリカの都市生活の重要な一部を占めている［鈴木　二〇〇〇］。

ハマルのラップ・ソング「ミソ・ナガヤ」のミュージック・ビデオの一場面
（http://www.youtube.com/watch?v=cByDjVIs8cc　2013年9月25日閲覧）

アフリカの民族と文化をとらえるとき、純粋な土着の民族文化と西洋の影響を受けた外来文化といった二分法を使うことはできない。文化はけっして固定的な民族の伝統という容れ物に保存されてきたわけではない。アフリカの文化の「多様性」は、交易や戦争、支配や抵抗といった外部世界とのダイナミックな歴史のなかで、むしろそれらを創造性の源泉にして育まれてきたのだ。

参照文献
アチェベ、C. 二〇一三『崩れゆく絆』（粟飯原文子訳）光文社古典新訳文庫。
石原美奈子 二〇〇一「エチオピアにおける地方分権化と民族政治」『アフリカ研究』五九号。
遠藤保子 二〇〇一『舞踊と社会――アフリカの舞踊を事例として』文理閣。
グギ・ワ・ジオンゴ 一九八一『一粒の麦――独立の陰に埋もれた無名の戦士たち』（小林信次郎訳）門土社。
ゴーディマ、N. 一九七五『現代アフリカの文学』（土屋哲訳）岩波新書。
鈴木裕之 二〇〇〇『ストリートの歌――現代アフリカの若者文化』世界思想社。
田中雅一 二〇〇一「英国における実用人類学の系譜――ローズ・リヴィングストン研究所をめぐって」『人文学報』八四号。
チュツオーラ、A. 二〇一二『やし酒飲み』（土屋哲訳）岩波文庫。
土屋 哲 一九九四『現代アフリカ文学案内』新潮選書。
松田素二 二〇〇〇「日常的民族紛争と超民族化現象――ケニアにおける一九九七～九八年の民族間抗争事件から」武内進一編『現代アフリカの紛争――歴史と主体』日本貿易振興会アジア経済研究所。
宮本正興 二〇〇二「ことばと社会の生態史観――アフリカ言語社会論序説」宮本正興・松田素二編『現代アフリカの社会変動――ことばと文化の動態観察』人文書院。
宮本正興・松田素二編 二〇一八『改訂新版 新書アフリカ史』講談社現代新書。
ラ・グーマ、A. 一九九二『まして束ねし縄なれば』（玉田吉行訳）門土社。
Bahru Zewde 1991 *A History of Modern Ethiopia, 1855–1974*, James Currey.
Marcus, H. G. 1995 *The Life and Times of Menelik II: Ethiopia 1844–1913*, Red Sea Press.
Moore, S. F. 1994 *Anthropology and Africa: Changing Perspectives on a Changing Scene*, University Press of Virginia.
Turton, D. (ed.) 2006 *Ethnic Federalism: The Ethiopian Experience in Comparative Perspective*, James Currey.

2 言語

小森淳子

アフリカの言語分布

世界の言語の数は、多く見積もって約七〇〇〇という数をあげることができる。そのうちアフリカ大陸では約二〇〇〇という数字があげられている。これは世界中の言語をリストアップしている「エスノローグ」のウェブサイトに記載されている数字であるが、この数字は言語学的な基準にもとづいて、客観的に数えられた言語の数を表しているのではない。そもそも言語というのは、言語学的な基準によっては数えることのできないものであり、それを話す民族集団や話されている地域、国家などの政治的な区分によってしか、切り分けて数えることができない。

アフリカでは「民族」の区分でもって「言語」の区分とすることがふつうにある。南アフリカのズールー語とコサ語、ウガンダのンコレ語とチガ語、タンザニアのジタ語とルリ語などは、基礎語彙の類似度が九〇％以上であり、言語学的にみれば各ペアはひとつの言語であると断言できるが、別々の言語として数えられている。逆に、ケニアのラム島で話されているスワヒリ語とタンザニアのザンジバル島（ウングジャ）で話されているスワヒリ語は、類似度が七〇％程度であるが、ひとつの言語の「ラム方言」と「ウングジャ方言」というようにリストされている。このような例はアフリカの各地にみられる。

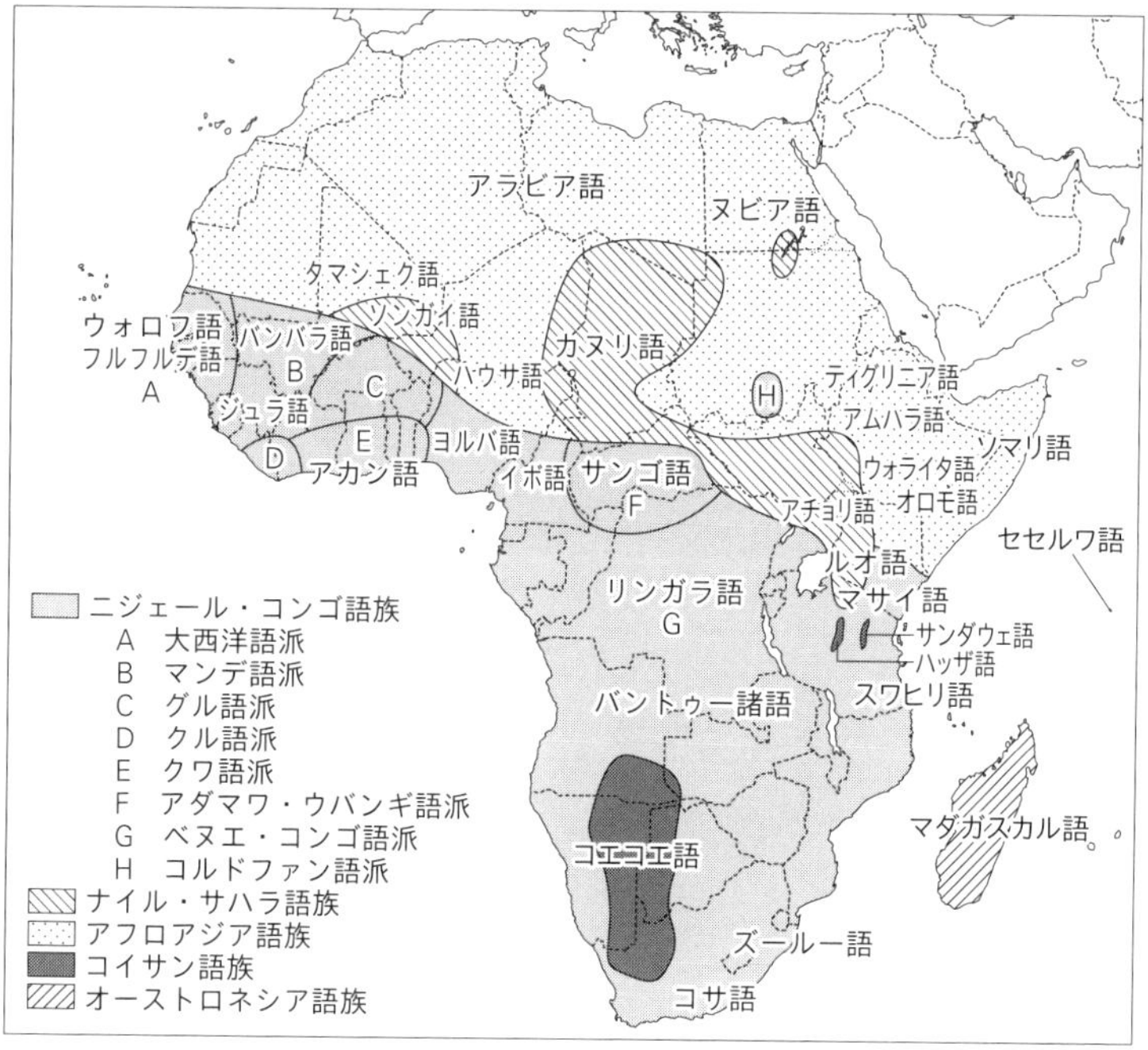

図1　アフリカの言語分布

アフリカの諸言語は、おおよそ図1のように、五つの語族に分けて系統分類されるが、この広大な大陸にこれだけの数の語族しか見出せない、あるいは逆に言えば、広域に分布する多くの言語が同じ系統であると認められるのは、アフリカ大陸における民族の移動とそれにともなう言語の拡散が比較的新しいものであったことを物語る。とくに有名なのはバントゥー諸語であり、およそ一五〇〇年の短いあいだに赤道以南のほぼ全域に広がったが、その広い分布域にもかかわらず、お互いによく似ている。

各語族の主要な言語名をあげておこう。ニジェール・コンゴ語族には、西から大西洋語派（A）のウォロフ語・フルフルデ語、マンデ語派（B）のバンバラ語・ジュラ語、クワ語派（E）のアカン語、アダマワ・ウバンギ語派（F）のサンゴ語、ベヌエ・コンゴ語派（G）のヨルバ語・イボ語・バントゥー諸語（スワヒリ語・リンガラ語・ズールー語・コサ語など）がある。

ナイル・サハラ語族では、ニジェール川湾曲部のソンガイ語、チャド湖周辺のカヌリ語、エジプト・スーダン間のヌビア語、そして東アフリカの話者数の多いルオ語・マサイ語・アチョリ語などをあげることができる。

アフロアジア語族では、セム語派のアラビア語・アムハラ語・ティグリニア語、クシ語派のソマリ語・オロモ語、オモ語派のウォライタ語、ベルベル語派のタマシェク語、そしてチャド語派のハウサ語が主要な言語である。

コイサン語族は、タンザニアのサンダウェ語とハッザ語以外は南部アフリカに分布し、もっとも話者数が多いとみられる言語はナミビアのコエコエ語である。コイサン語族の言語は「クリック子音（吸着音）」をもつことで有名であり、またこの特徴によってひとつの語族としてまとめられている。

マダガスカル語はインド洋を越えて渡ってきたオーストロネシア語族の言語であり、大陸部の言語とは系統的には関係ないが、マダガスカルがアフリカの一部であるなら、言語もその重要な一部である。

さらに、手話言語の存在も記しておく必要があるだろう。手話言語は音声ではなく手指動作や顔の表情などが言語の構成要素となっているが、コミュニケーションに用いられる記号の体系という点で音声言語と変わるところはない。手話言語は音声言語の分布とは基本的には無関係で、ろう者が地域特有の手話言語を地域ごとに共有している。そのため「ナイジェリア手話」や「ケニア手話」などといった国別の名前がつけられていることが多いが、国ごとに均質的な手話言語があるわけではなく、複数の手話言語が分布していたり、ひとつの手話言語内に方言差がみられることもある。アフリカの手話言語はおよそ三〇言語が数えられている［亀井 二〇一一］。

以上はアフリカ固有の言語の概略であるが、これらに加えて、十七世紀の終わりから南部アフリカに渡ってきたオランダ語起源のアフリカーンス語、そして植民地支配の遺制とも言える英語、フランス語、ポルトガル語、スペイン語の存在がアフリカの言語状況に大きくかかわっている。とくに、英語、フランス語、ポルトガル語などは、これらの言語を母語とする人はわずかでありながら、多くの国において公用語となっており、アフリカの言語問題を理解するうえでたいへん重要である。

多言語の共存と多言語使用

アフリカの言語状況について広く共通して言えることは、「多言語の共存と多言語使用」ということである。それぞれの地域固有の民族語は折り重なるように分布しており、さらに地域の共通語、公用語が重なって分布する。個人のレベルでみると、各人は生まれ育った環境によって複数の言語能力を有し、場面や相手に応じて言語を使い分ける状況が一般的である。

たとえばタンザニアをみてみると、固有の民族語はおよそ一二〇言語を数え、スクマ語やハヤ語、マサイ語などのように話者数の多い大言語から、ハッザ語のような数百人程度の小言語までさまざまである。タンザニアの地方都市においては、その地域の主要民族語が有力で、共存する少数民族は自分の母語に加えて主要民族語も身につける。たとえば北東部のルショト県では、主要民族語はシャンバー語であり、共存する少数民族のマア人は誰もがシャンバー語を習得しており、シャンバー人と話すときはシャンバー語を用いる［安部　二〇〇二］。北西部のウケレウェ県では、主要民族語のケレウェ語とジタ語が拮抗した状態で共存しており、ウケレウェ県のネイティブであれば、出自に応じてどちらかの母語を身につけ、もうひとつの言語も、少なくとも聞いてわかる程度以上に習得している［小森　二〇〇二］。さらに、これら大小の民族語に加えて、タンザニアの公用語であるスワヒリ語が使い分けられている。

タンザニアでは植民地以前からスワヒリ語が通商用の言語として普及していたが、独立以降の政治的な努力により、公用語としての機能を高め、農村の生活場面にまで浸透している。スクマ語のような大言語であれば、村落部の年配者のなかにはスクマ語しか話せないというモノリンガルの話者もいるであろうが、現在のタンザニアにおいてはそのような例はまれで、若年層であればスクマ語よりむしろスワヒリ語のほうが得意であったりするし、ダルエスサラームのような都市では家庭内においてもスワヒリ語を用いることが多い。また、スワヒリ語と並んで英語も公用語として用いられており、都市部では教育を受けた人びとが職場やあるいは日常生活においても、英語を用いる状況がみられる。このようにタンザニアでは、社会的状況においても、個人の頭の中においても、民族語、スワヒリ語、英語という多言語状況と多言語使用が常態化している。

多言語使用は対話する状況や場面、相手によって言語を変えるという使い分けのみならず、一つの会話の中においてさえも言語が切り替えられるという状態を生じさせる。「コード・スイッチング」と呼ばれるこのような言語使用のあり方は、言語自体の変化をうながす契機ともなりえるのである。

アフリカ言語のダイナミズム

言語というものはつねに変化し、新しいかたちが生成されつづけるものである。一般に「スワヒリ語」や「英語」と言って私たちが静的にとらえているものは、言語のあるひとつの局面を静止させた状態のものであり、標準化され、文法書に書かれた形態のものである。言語は日々の実践の中でつねに揺れ動き、変化していく。多言語状況が常態であるアフリカにおいては、そのような事例には事欠かない。たとえばケニアの首都ナイロビでは、キクユ語やルオ語、マサイ語やカンバ語など各人の民族語に加えて、ケニアにおいても古くからの共通語であるスワヒリ語、そして公用語である英語が用いられ、個人は状況に応じて母語である民族語やスワヒリ語、そして能力に応じて英語を使い分ける。このような使い分けは「コード・スイッチング」を生じさせ、その結果、複数の言語が混淆した言語が生じてくる。個人が二、三の言語を恣意的に混ぜ合わせて使う段階から、共通する語彙や新たな文法まで獲得していく段階になると、新言語の誕生を予感させる。

このようにして生まれたナイロビのスワヒリ語ベースの混淆語は「シェン語」と呼ばれ、もともとは若者言葉であったが、やがて幅広い世代に、そして他の都市部にも広まり、マスメディアに用いられるに至っている。シェン語の文例をひとつみておこう。

Mkivaa *mawig, make sure* umechana nywele 「カツラをつけるときは髪を梳かすのを忘れずに」

〔品川　二〇〇九〕

地の文はスワヒリ語で、イタリック体の部分が英語になっている。「正しい」スワヒリ語や英語の話者からみると、眉をひそめたくなるような混淆ぶりである。しかし、このようなわかりやすい単語の入れ替えの段階から、単語の使われ方や意味が変化し、他のバントゥー諸語から文法要素や単語が混入し、新たな文法形式が構築されてくると、もはやそれは「スワヒリ語」としては理解できない新しい言語になっていく。

ナイロビ発のシェン語はスワヒリ語をベースにしているが、大航海時代から植民地支配に至る歴史を考えれば、このようにして生まれる言語はヨーロッパの言語をベースにしたものが多い。このような混淆語も子どもたちに母語として獲得されれば、「クレオール」と呼ばれる新言語となる。アフリカのクレオールには、カーボベルデやギニアビサウのクリオル語（ポルトガル語ベース）、ガンビアからシエラレオネ、リベリアにかけてのクリオ語やナイジェリア・ピジン語（英語ベース）、セーシェルのセセルワ語やモーリシャス語（仏語ベース）などの名前をあげることができる。

近年注目されるアラビア語ベースのクレオールには、南スーダンの首都ジュバを中心に広く用いられているジュバ・アラビア語がある。また、コートジボワールのアビジャンで話される民衆のフランス語が「ムサ・フランス語」と呼ばれ、アビジャンのストリート・ボーイたちが話すフランス語ベースのスラングが「ヌゥシ語」と呼ばれる［鈴木　二〇〇九］とき、そこにはつねに新しい言語の萌芽を見つけることができるのであり、アフリカの各都市において、現在もさまざまな言語をベースとした新言語が生成されつづけていることが理解できよう。

言語の階層性と書き言葉

言語はつねに変化し、新しく生成されつづけるものであるが、その一方で、言語は固定的にとらえられ、評価され、価値づけされるものでもある。シェン語やジュバ・アラビア語、ナイジェリア・ピジン語やヌゥシ語の生成過程や構造にたいへん興味を示し、称賛するのは言語研究者くらいで、これらの言語はその誕生時には「くずれた」「汚い」「教養のない人の言葉」として軽蔑され、侮蔑的に扱われた。歴史的にみれば、誕生時には侮蔑的に扱われたクレオールも、セーシェルのセセルワ語のように憲法に「国語（national language）」と規定されるまでにその地位を高めることもある。しかしそれでさえ、同じく国語に規定されているフランス語や英語に比べれば、地位の高さという点においては及ばない。

アフリカに数多くある言語には厳然とした序列がある。言語の序列は「威信（prestige）」という用語をもって表される。日常のコミュニケーションに用いられる民族語や地域の共通語であれば、話者数が多いほど、また通用範囲が広いほど、威信は高くなる。国の公用語や国語に規定されている言語の威信はさらに高くなるが、そのなかでも英語やフランス語などのヨーロッパ言語がもっとも高い。タンザニアであれば、少数民族語の上に大民族語、その上にスワヒリ語、そして英語という順で威信が高くなる。このような言語の階層は社会の階層と直接つながっている。威信の高い言語にアクセスできる者が、より強い政治力や経済力をもつことは想像に難くないであろう。

威信の高さは、その言語が書記化されているかどうか、つまり「書き言葉」としてどの程度確立されているかということも関係してくる。書き言葉として確立され、普及した言語の威信は絶大である。英語やフランス語などが最上位にくることも、このことと無縁ではない。

アフリカの長い歴史においては、伝統的に「無文字社会」と呼ばれるような状態が一般的であり、文字による伝達や契約に重きがおかれてこなかったのは事実である。しかし、文字と無縁であったわけではない。古くはアラブとの交流があった地域において、スワヒリ語やハウサ語、フルフルデ語やウォロフ語、マダガスカル語などがアラビア文字によって表記されてきたし、アムハラ語はゲエズ語からの伝統を引き継いだエチオピア文字で書記化されてきた。十九世紀には、キリスト教伝道のために宣教師たちによって各地でアフリカ諸語のローマ字表記がおこなわれ、アラビア文字で表記されていた言語もローマ字で表記されるようになった。主要なアフリカ諸語による小説や読み物はアフリカの各地に見つけることができる。とくに植民地期から独立後にかけては、多くの出版物が出され、教科書が作られ、初等教育や成人の識字教育に用いられた。

国の公用語や国語に規定された言語は、正書法が定められ、標準語化され、語彙や文法が整備され、普及への努力が払われる。それは政治的な熱意と努力が必要な作業である。タンザニアにおけるスワヒリ語はそのような熱意と政治力をもって整備され、普及することに成功した言語であり、アムハラ語の整備と普及はエチオピア統一国家建設の礎であった。アフリカ諸語の多くは「書き言葉」として確立され、各地の主要な言語は十分に実用的に機能するレベルである。しかしそれでも、実際の公用語としての地位を英語やフランス語に譲っているのが実情であり、そこにアフリカの言語問題が存在するのである。

アフリカの言語問題

アフリカの言語問題は、たとえばひとつの国家に五〇も一〇〇も言語があるというような多言語状況にあるのではない。多言語状況はアフリカの多様性の象徴であり、人間の知性の無限の可能性である。アフリカに住む人びとは、異なる言語を話す隣人とコミュニケーションし、共存する知恵を育んできた。多言語の共存と多言語使用という状況はアフリカの人びとの共生の基盤である。問題は、独立後に果たされなければならなかった近代国民国家建設のための言語政策であり、植民地支配の構造をそのまま引き継いだ言語の階層構造である。

近代国民国家というのは、ヨーロッパで誕生した「一国家＝一民族＝一言語」という枠組みを前提としており、その「一言語」として、独立後のアフリカ諸国は旧宗主国の言語であった英語やフランス語、ポルトガル語を引き継いだ。独立後の国家を運営していく指導者たちは、旧宗主国の言語で教育を受けたエリートたちであり、その言語でもって国家を運営していくことに彼ら自身、問題がなかっただけでなく、それこそが植民地支配から権力を譲り受けたことの象徴であり、支配層の地位と権益を守るものであった。

独立後の国家運営に必要な公用語を選択するのに、「何十とあるアフリカの言語のなかからひとつを選ぶことは、民族対立の原因ともなりかねないので、中立的なヨーロッパの言語が選ばれた」という言説が今でも多くの人に信じられている。しかしそれは、植民地支配の体制をそのまま引き継ぎ、権力を移譲されたアフリカ人エリートたちの権力保持のための言い訳にすぎず、また、独立後もアフリカ諸国を新植民地主義の支配体制のなかにおいておきたかったヨーロッパ諸国の思惑でもあった。この「一言語」の選択はけっして「中立的」な選択などではなく、旧宗主国世界と強く結びつく一部のエリート層と、その言語を適切に運用できない大多数の国民という階層の分断を招くものであった。そして、現在に至るまで支配層はその言語を手放そうとはしていないし、一部の支配層に権力が集中するいびつな権力構造も保持されたままである。

タンザニアほど、アフリカ固有の言語が公的な言語としての高い地位と普及度を獲得した国もないといわれる。どこへ行ってもスワヒリ語が通じるし、マスメディアでもスワヒリ語の有用性は高い。それにもかかわらず、大学はおろか中学校以上の教育用言語は英語なのである。中学校教育もスワヒリ語で、という独立時にめざした方針は達成されるどころか、現在は小学校の教育用言語も英語にしようとする動きが本格化している。タンザニアにおいてさえこの状況である。他のアフリカ諸国の公的な言語が、実質的には旧宗主国の言語である英語やフランス語、ポルトガル語でありつづけている状況は容易に想像できよう。

こういった状況は、たとえば日本で、グローバル化に臨んだ企業が「社内の公用語を英語にします」と宣言するとか、国際化したい大学が「英語で受けられる授業を増やしました」と宣伝する、というのとはわけが違う。初等教育から大学に至るまで、日本語で教育を受けることができ、日本語でマスメディアにアクセスすることができ、日本語で政治に参加することができたうえでの「英語志向」である。高等教育、いや初等教育にさえアクセスするのに、自分が慣れ親しんだ言語とはまったく違うヨーロッパの言語を習得しなければならないということが、どれほど社会のなかに断絶を生み、格差を生じさせ、社会の階層化を再生産するか、という問題である。そしてこの問題は、このような格差と階層を保持したい政治家や官僚の権力志向によって、意識的にも無意識的にも放置されつづけているのである。

もちろん、どのような為政者にとっても、アフリカ固有の言語はアイデンティティの拠り所であり、国家の象徴である。マダガスカルの憲法には「マダガスカル語が国語である」と高らかに謳われているし、コンゴ民主共和国では、リンガラ語、コンゴ語、スワヒリ語、ルバ語の四つが、セネガルではウォロフ語、フルフルデ語、ジョラ語、マンディンカ語、セレール語、ソニンケ語の六つが、国語であると規定されている(二〇〇一年には「セネガルのすべての言語が国語」と規定されたようである[砂野 二〇〇九])。

しかし、これらの国々では、フランス語でしか高等教育を受けることができず、フランス語でしか政治にアクセスすることができないのである。フランス語なしに社会的な上昇を望むことができないような言語状況のもとで、これらのアフリカ諸語が「国語」としての地位を与えられたとしても、それは何の「利益」とも結びつかない象徴的なものにすぎないであろう。

アフリカ諸国が独立を果たしてから半世紀あまりがたつ。しかし、国民の大多数が十分に理解、運用できないヨーロッパの言語でもって、一部のエリート層が国を支配するという構造は変わらないままである。少なくとも国民のための民主的な国家づくりをめざすのであれば、国民の大多数が理解できる言語で教育や政治がおこなわれるべきであり、そのことにもっと多くの注意と努力が払われるべきであろう。本気でそのような言語政策をめざすなら、どの国においても、ヨーロッパの言語に替わるアフリカの言語は必ずそこに見つかる。それは必ずしも各人にとっての母語である必要はない。地域の主要な民族語であったり、古くからの通商用の言語であったり、また、ナイジェリア・ピジン語やシェン語、ジュバ・アラビア語のような「新興の」リンガ・フランカであったりするだろう。異なる言語を話す人びとと共生するための言語をアフリカの人びとは育んできたし、そのような言葉を自分たちの言葉として用い、使い分ける柔軟さと知恵を、アフリカの人びとはもっている。広く通用している「話し言葉」が日常生活で十分に機能していることに満足するのではなく、「書き言葉」としての威信と公的な機能をもたせ、国の運営にまでもっていく熱意と政治的な努力が求められるだろう。

しかし、そのようなことに本気で取り組む為政者がいないばかりでなく、多言語状況を常態としてきたアフリカの人びとにとっては、旧宗主国の言語もまた、そこに「共存している」のであり、社会的上昇のために、子どもたちには少しでも英語やフランス語を身につけてほしいと望んでいることもまた、事実なのである。

参照文献

安部麻矢　二〇〇二「マアの人々の言語使用の実際」稗田乃編『言語間の接触において生じる言語現象』文部科学省特定領域研究(A)環太平洋の「消滅に瀕した言語」にかんする緊急調査研究 B002 成果報告書。

亀井伸孝　二〇一一「アフリカ講座　アフリカの言語」の第五節「手話言語」『アフリカ研究』七八号。

小森淳子　二〇〇二「多言語社会の言語選択――タンザニア・ウケレウェの事例から」宮本正興・松田素二編『現代アフリカの社会変動――ことばと文化の動態観察』人文書院。

品川大輔　二〇〇九「言語的多様性とアイデンティティ、エスニシティ、そしてナショナリティ――ケニアの言語動態」梶茂樹・砂野幸稔編『アフリカのことばと社会――多言語状況を生きるということ』三元社。

鈴木裕之　二〇〇九「ストリートで生成するスラング――コート・ジボワール、アビジャンの都市言語」梶茂樹・砂野幸稔編『アフリカのことばと社会――多言語状況を生きるということ』三元社。

砂野幸稔　二〇〇九「拡大するウォロフ語と重層的多言語状況の海に浮かぶフランス語――セネガル」梶茂樹・砂野幸稔編『アフリカのことばと社会――多言語状況を生きるということ』三元社。

3 生態環境

伊谷樹一

熱帯収束帯とアフリカの気候

強い日差しに暖められた大気は上昇気流となって赤道付近に多量の雨を降らせる。赤道に沿って帯状に延びるこの低気圧帯を熱帯収束帯という。上昇気流は上空で南と北に分かれ、亜熱帯地域で下降気流となって地表に乾いた風を吹きつけ、大地の湿気を奪いながら熱帯収束帯に戻る。こうして大気は熱帯収束帯を境にして南と北でそれぞれ循環している。熱帯収束帯に吹き込むこの地表の風が貿易風で、地球の自転の影響を受けて東寄りの風となり、熱帯収束帯の北側では北東風、南側では南東風となる。西アフリカでは冬に熱帯収束帯がギニア湾岸まで南下すると、サヘル（サハラ砂漠の南縁地域）一帯に乾いた北東風が吹き荒れる。サハラ砂漠の細かい砂塵を含んだこの貿易風を「ハルマッタン」といい、それは市民生活にさまざまな弊害をもたらすが、その一方でハルマッタンが運ぶ多量の砂塵は農地の貴重な養分となっている。

地球は地軸が傾いた状態で公転しているため、地球上で太陽エネルギーをもっとも強く受ける場所は一年間に南北の回帰線（南緯および北緯二三度二七分）のあいだを往復し、それにともなって熱帯収束帯も南北に移動する（図1）。ただし、大気の温度は海上よりも陸地のほうが上がりやすく、上昇気流は

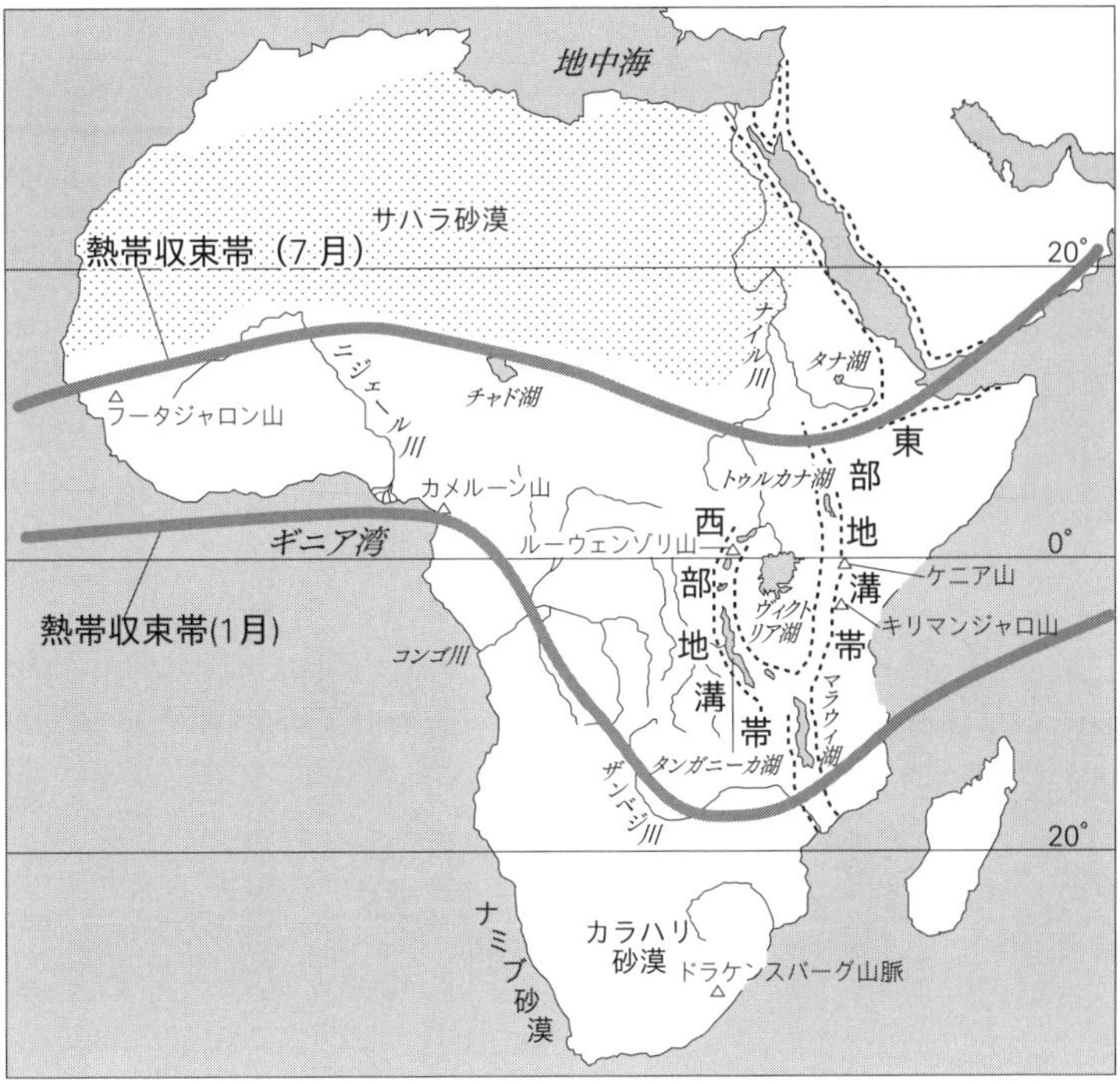

図1　アフリカの地形と熱帯収束帯

主に陸地でより多く発生するため、西アフリカでは冬でも熱帯収束帯はギニア湾岸付近までしか南下しない。一年をとおして熱帯収束帯の影響を受ける地域では熱帯雨林気候になることが多い。

西アフリカでは熱帯収束帯の季節による移動幅が小さく、また大西洋から吹き込む湿った南西季節風の影響もあって、ギニア湾沿岸からコンゴ盆地一帯が熱帯雨林気候になっている。一方アフリカ東部では、熱帯収束帯が北はアラビア半島から南はモザンビークやマダガスカル周辺まで大きく振幅する。熱帯収束帯の大きな振幅や湿った西風を遮る大地溝帯（後述）の影響で、東アフリカは赤道直下でも雨季と乾季が明瞭に分かれたサバンナ気候となっている。また、インド洋北部では夏に東アフリカからアラビア半島やインド方面に向かって南西の季節風が吹き、冬にはその逆の北東風が吹く。アラブやアジアとの帆船交易を支えたこの季節風もアフリカ東部の気候に大きな影響を与えている。

インド洋の季節風や大地溝帯は東アフリカの気候を複雑にしているが、基本的にアフリカの気候は赤道付近の熱帯雨林気候帯から南と北で緯度が高くなるにつれて乾燥が進み、サバンナ気候からステップ気候へと規則的に配置され、緯度二〇〜三〇度付近の亜熱帯地域には熱帯収束帯から流れてきた乾いた風が吹きつけ、そこにサハラ砂漠やナミブ砂漠、カラハリ砂漠を形成した。

大河と大地溝帯

東西五六〇〇キロ、南北一七〇〇キロという世界最大のサハラ砂漠は、中世にベルベル人らによるラクダ・キャラバンの往来はあったものの、地中海世界と熱帯アフリカの交流を隔てるには十分な過酷さと広さを備えていた（図1）。南北を砂漠に挟まれた熱帯アフリカには乾いた原野が広がり、そのなかに聳《そび》える山々は湿潤な山地林に覆われている。山地林に蓄えられた雨水は小さな流れとなり、やがて大河となって乾いた大地を潤しながら流域に肥沃な氾濫原《はんらんげん》を形成している。

ナイル川は、ヴィクトリア湖に注ぐ多数の水系を源とする白ナイルと、エチオピアのタナ湖から流れ出る青ナイルがスーダンで合流してエジプトを流れ、巨大な三角州をつくりながら地中海に注ぐ。この世界屈指の大河は肥沃な河畔にエジプト文明を生み出した。コンゴ川がつくるコンゴ盆地は、日本の陸地がすっぽりと入ってしまうだけの広さがあり、全域が熱帯雨林に覆われ、その深い森にはゴリラやボノボをはじめとする多様な森林性の野生動物が棲息している。コンゴ川流域では、コンゴ王国やルバ王国などアフリカを代表する王国が誕生した。西アフリカを流れるアフリカ第三の大河ニジェール川は、ギニア湾に近いギニア国中部のフータジャロン山地を水源とし、乾燥したサヘル地域を大きく迂回してナイジェリア南西部にアフリカ最大のニジェール・デルタをつくっている。ニジェール川の豊富な水は乾燥地域に独自のサバンナ農耕文化を生み出した。またザンビア北西部からジンバブエ、モザンビークを経てインド洋に流れるザンベジ川は、その流域にグレート・ジンバブエをはじめとする数多くの王国を成立させた（2-2「古王国」参照）。このようにアフリカ大陸を流れる大河は、その流域に肥沃な大地と豊かな自然を育みながら、文明や農耕文化、王国が成立する地盤をつくったのである。

アフリカを特徴づける地形のひとつに、大陸東部を南北に走る大地溝帯がある。地溝帯は地面にできた二つの断層の中央が落ち込んでできた陥没帯であるが、アフリカ大地溝帯の場合はそれが大地の隆起帯に形成されているという特徴がある。大地溝帯は、地下深部からの集中的な熱の供給によって大地が隆起し、さらにマグマの上昇流が二つに分かれて反対方向の力が働くことで地殻に二つの平行な断層が生じ、その中央部が陥没することで形成される［諏訪　一九九七］。

アフリカ大地溝帯には、エチオピアのアファール三角地帯、ケニアのトゥルカナ湖を通ってタンザニアに至る東部地溝帯と、ウガンダのアルバート湖の北からエドワード湖、タンガニーカ湖、マラウイ湖を経てモザンビークでインド洋に達する西部地溝帯があり、その総延長は六〇〇〇キロ以上にもなる（図1）。この大地の裂け目は今でも年間数ミリずつ広がっている。

大地溝帯には三〇〇〇メートル級の山々が連なり、そのなかにはキリマンジャロ山やケニア山、ルーウェンゾリ山のように赤道直下でありながら頂に雪をたたえる五〇〇〇メートル級の高山もある。地溝帯周辺は火山活動が活発で、隆起帯には数多くの火山が点在している。タンザニア北部にあるオルドイニョ・レンガイ山の二〇〇八年の噴火はまだ記憶に新しい。キリマンジャロ山やケニア山は溶岩や火山灰が堆積した成層火山で、その肥沃な山麓は世界有数のアラビカ・コーヒーの産地となっている。

地溝帯には、その底部に雨水がたまってできた大湖も連なっている。エチオピアとケニアの国境付近にあるトゥルカナ湖のように、東部地溝帯の湖には流れ出る川をもたない内陸湖が多く、一方、西部地溝帯の湖には大河とつながっているものが多い。東西の地溝帯に挟まれた巨大な水たまりヴィクトリア湖は、世界第三位の広さを誇り、その豊富な水産資源は周辺国に貴重なタンパク質を提供している。西部地溝帯には世界でもっとも長いタンガニーカ湖（全長約六五〇キロ）があり、その水深はバイカル湖についで世界で二番目に深い。西部地溝帯の南端に位置するマラウイ湖も大地の亀裂にできた深い湖である。この二つの古代湖には多様な淡水魚が棲息し、その多くが独特の生態をもつ固有種である。

大地溝帯を望む（タンザニア・ルクワ地溝帯）
断崖を覆うミオンボ林と地溝帯底部のアカシア林

同心円状に広がる植生

植生は、主に温度、水環境、土壌、動植物との関係、人為的な攪乱《かくらん》などによってさまざまな変異をみせる。

熱帯の高山は日中と夜間の気温差が大きく、標高三五〇〇〜四五〇〇メートル付近にはジャイアントロベリアやジャイアントセネシオといった、昼夜の大きな気温差にも耐えうる生理・形態的特性をもつ植物が生えている。標高二〇〇〇〜三五〇〇メートル付近の湿潤な山地には、苔むした湿性山地林が形成されている。こうした山地林は、大地溝帯周辺の山々のほか、カメルーン山脈からギニア湾の島々を含むカメルーン火山島列、南アフリカのドラケンスバーグ山脈などでもみることができる。そして、アフリカ大陸の大半を占める標高二〇〇〇メートル以下の大地には森林や草原が広がっている。

湿性山地林（タンザニア・ウルグル山地）

図2は、一九五八年にオックスフォード大学が作成したアフリカの植生図を、伊谷と寺嶋［二〇〇二］が配色などを改訂し、さらにそれを筆者がいくつかの植生区分に統合したものである。これによると、黒く塗りつぶした熱帯雨林帯は西のギニア山地からギニア湾岸に沿って東に延び、コンゴ盆地のほぼ全域を覆って西部地溝帯で終わっている。図2では熱帯雨林帯をひとつの植生と

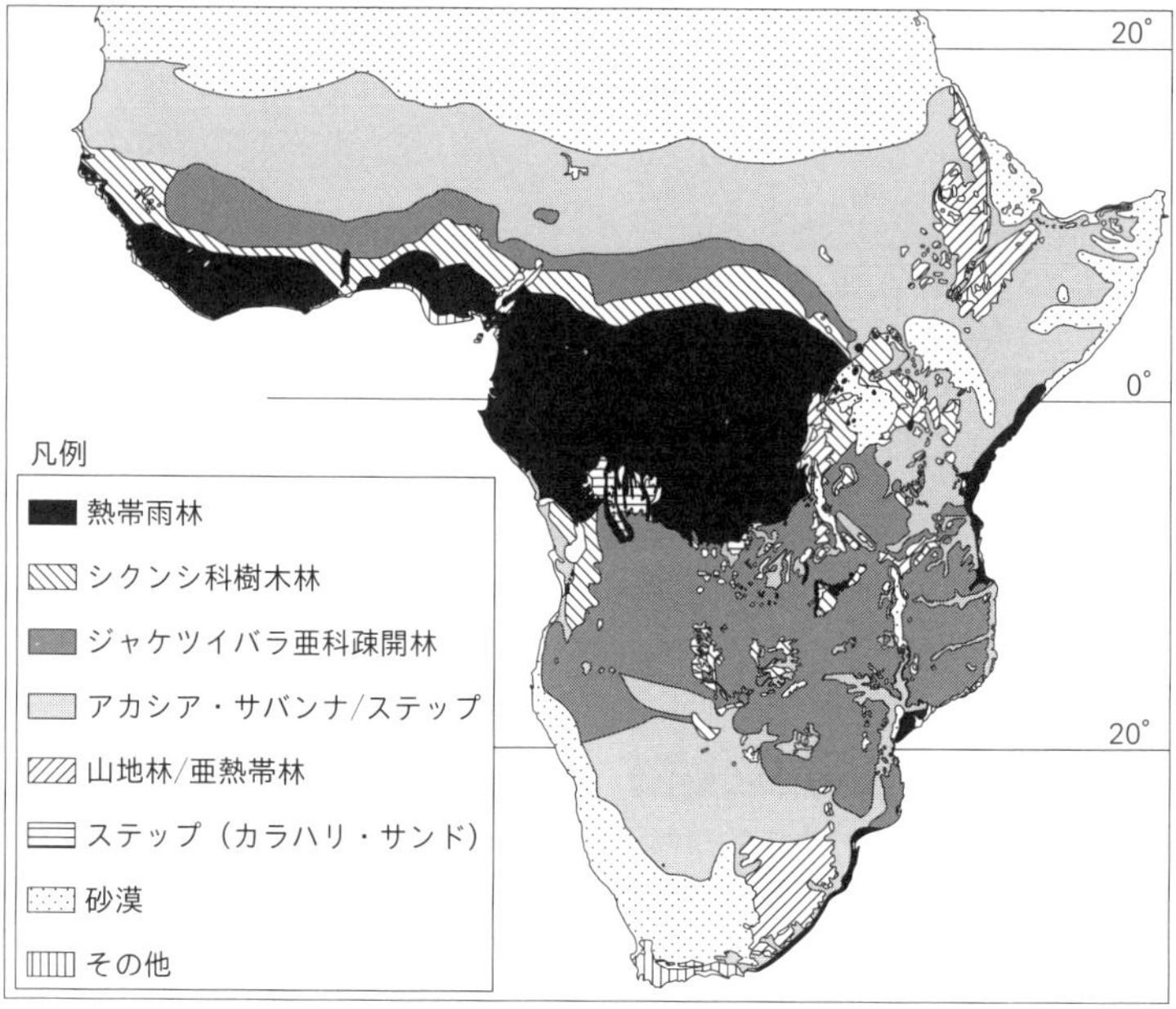

図2　アフリカ大陸の植生図

してまとめてしまったが、原図では赤道近くを覆う常緑林とそれを縁取る半落葉性樹林とに色分けされている。年間降雨量は一五〇〇〜二〇〇〇ミリほどで、一年をとおして高温多湿である。

アフリカの熱帯雨林も複層構造をしているが、東南アジアの森のように樹高が七〇メートルを超える巨高木はなく、もっとも高い木でもせいぜい五〇メートル程度である。林の最上層を構成するのは、マメ科ジャケツイバラ亜科、ニレ科、シクンシ科、センダン科、クワ科、アオギリ科などの樹木で、そのなかには商業的に伐採される樹木も多い。熱帯雨林の住人たちは森の多様な恵みを利用し、また焼畑を開いて料理用バナナ、キャッサバ、タロ、アメリカサトイモなどの根栽類を栽培してきた。

熱帯雨林には一般に多種多様な植物が複雑に混ざって生えている。ところが、コンゴ盆地の中央部には比較的樹高の低いジャケツイバラ亜科ジルベルティオデンドロン属の樹木がほとんど純林をつくっている［Letouzey 1986; 伊谷　一九九六］。また、熱帯雨林には所々にステップ植生も点在している。こうした湿潤地に点在する純林やステップの形成には、気候や地形ではなく、土壌環境が深くかかわっているのであろう。アフリカ大陸の南西部に広がるナミブ砂漠にはカラハリ・サンドと呼ばれる砂が厚く堆積しているが、この砂地帯はナミブ砂漠にだけ存在するのではなく、ボツワナ・ザンビア・アンゴラにも分布していて、北はコンゴ盆地の中央部にまで達している［Thomas & Shaw 1991］。広範なカラハリ・サンドがどのように堆積したのかは明らかでないが、アフリカの熱帯雨林帯のなかに分布する特殊な植生がカラハリ・サンドの堆積と深く関係していることは間違いないだろう。

熱帯雨林帯（正確には半落葉性樹林帯）に接する植生としては、シクンシ科樹木の林が北半球では熱帯雨林の北側を東西に細長く延び、南半球ではアンゴラの西部を南北に延びている。北半球のシクンシ科林の北側には、ジャケツイバラ亜科の落葉性樹林帯がマリの南西部から東部地溝帯まで続いている。さらにその北側には、アカシア・サバンナとアカシアの灌木がまばらに生える草原がアフリカ大陸を横断し、それは東アフリカで南下してタンザニアに達する。北半球では、これらの植生が赤道とほぼ平行に並んでいる。大地溝帯の東側では、インド洋岸の一部の地域を除いて熱帯雨林は存在せず、全体的に乾燥していて、草原や、アカシア、シクンシ科樹木、ジャケツイバラ亜科の落葉性樹木が優占する疎開林がパッチ状に混在している。

熱帯雨林帯の南側は、ジャケツイバラ亜科の数属の樹木を主要な構成種とする熱帯乾燥疎開林と接している。この疎開林はミオンボ林と呼ばれる植生で、赤道以南アフリカのほぼ三分の一を占める。その南側には、やはりジャケツイバラ亜科のモパネやバイキエア・プルリジュガの純林帯とアカシア・サバンナ帯が東西に並んでいる。その南はさらに乾燥し、ステップ、そしてカラハリ砂漠やナミブ砂漠へとつながっている。

このようにアフリカ大陸の原植生は、赤道付近の熱帯雨林を中心として、緯度が高くなるにつれて乾燥するという層状構造をしているが、アフリカ東部では熱帯収束帯の大きな季節移動と大地溝帯、季節風がその規則性を乱し、アフリカ大陸全体としては同心円状の構造になっている。

ミオンボ林とアカシア林

こうしてみてくると、アフリカ大陸のほぼ全域にジャケツイバラ亜科の樹木かアカシアが生えていることがわかる。そこで、これらの樹種の特性について東アフリカの植生を例に説明してみたい。

ジャケツイバラ亜科の樹木は、熱帯雨林にサイノメトラ属やジルベルティオデンドロン属などの半落葉性の高木が分布し、半乾燥地域にはブラキステギア属、ジュルベルナルディア属、イソベルリーニア属の樹木が広大なミオンボ林をつくり、さらに乾燥した地域ではモパネやバイキエアが純林をつくるなど、降雨量が五〇〇〜二〇〇〇ミリの広い範囲に分布している。ミオンボ林は、標高が八〇〇〜一六〇〇メートルほどの比較的冷涼で、一年が乾季と雨季に分かれてはいるが、毎年一〇〇〇ミリ前後の雨が安定して降る地域に分布している。樹高一〇〜二〇メートルほどの疎開林には低木層は発達せず、明るい林床は風通しがよい。この林には、ゾウ、バッファロー、ライオン、各種アンテロープなど、大小さまざまな野生動物が棲息し、そこに暮らす人びとは動物を狩りながら焼畑でシコクビエなどの穀物を育てきた。

アカシアは、マメ科ネムノキ亜科アカシア属樹木の総称で、アフリカには約一三〇種が分布している［Dharani 2006］。葉は細かい小葉からなる羽状複葉で枝には鋭いトゲがある。気温の適応範囲は広く、海岸から標高二〇〇〇メートル以上の山地にまで生育する。乾燥に強く、サヘル地域やアフリカ南部をみてもわかるように、砂漠に接する乾燥地域に広く分布している。

丘陵地に広がるミオンボ林（タンザニア・ムベヤ州）

沖積地のアカシア林（タンザニア・ルクワ湖畔）

植生図を概観すると、ミオンボ林とアカシア林は降雨量の多寡に従って分布しているが、細部をみると、ミオンボ林帯のなかにもアカシア植生が混在しているのがわかる。この二つの植生は同じ気候条件下で隣接しうるが、それぞれの主要な樹種がひとつの林のなかで混ざることはなく、明瞭な境界をもってすみ分けている。このすみ分けは土壌の違いによる。ミオンボの樹種は排水性の悪い土壌を嫌い、水はけのよい丘陵や岩稜を覆う。一方アカシアは、耐乾性と同時に耐湿性にも優れていて、極度に乾燥する土地や一時的に雨水が滞留するような土地でも大きな群落をつくる。アカシアは土壌の水環境よりも、むしろ粘土の堆積した肥沃な沖積地に分布する。こうした生理特性の違いから、二つの植生は土壌や微地形の変異に応じて分布域が細かく、かつ明瞭に分かれているのである。

シクンシ科の樹木は、ミオンボ林とアカシア林のどちらの植生にも現れるが、シクンシ科樹木だけが優占する植生も点在していて、そこはミオンボもアカシアも生育できない、たとえば砂が厚く堆積するような特殊な土壌環境だとみてよいだろう。

人間活動と林の荒廃

一九七〇年代前半、サヘル地域は厳しい旱魃《かんばつ》に見舞われ、一九七七年にはナイロビで国連砂漠化防止会議が開かれた。それ以降、アフリカの砂漠化・乾燥化が頻繁に報じられるようになり、とくにサハラ砂漠の拡大は世界の関心を集めるようになった。しかし、サハラ砂漠は太古の昔から拡大と縮小を繰り返していて、過去一世紀のあいだにも一〇〜数十年の周期で乾燥期と湿潤期を繰り返してきたのである［諏訪　一九九七］。現在、気候変動によってサハラ砂漠が拡大しているかどうかを判断することは難しいが、サヘル地域での活発化する人間活動によって植生が失われ、また人口の増加によって人の居住域が乾燥地域にまで拡大したことで、旱魃の被害が大規模化しているのは確かである。

人間活動の影響をもっとも強く受けているのは半乾燥地域の疎開林帯であろう。この二〇年あまりのあいだにも、ミオンボ林やアカシア林はずいぶん後退したように思う。ミオンボ林は耐火性に優れ、野火くらいでは枯れることはなく、また再生力も旺盛で、焼畑によって幹が切り倒されても切り株や根から速やかに萌芽してくる。ところが、ミオンボ林の樹種には種子を火などで熱しないと発芽しないものもあり、火を使わない常畑耕作では林の再生が抑えられてしまうこともわかってきた［伊谷　二〇一二］。常畑を造成するために木々を抜根してしまえば、ミオンボ林はたちまち草地化してしまうのである。また、排水性の悪さゆえにこれまでほとんど農地として利用されてこなかったアカシア林地も、市場経済化にともなう水田稲作の普及によってにわかに脚光を浴びるようになり、土壌養分や家畜飼料の供給源であったアカシア林は急速に失われている［神田　二〇一一］。

林を荒廃させているのは農業だけではない。都市人口が増えるのにともなって木炭の需要も高まり、それによる樹木の伐採が林の劣化に拍車をかけている。アフリカの都市部では調理に木炭を使うのが一般的である。木炭は煙が出ないので家屋が密集する住宅街でも調理に使えるうえ、土器のコンロがあれば長時間の煮込み料理に付き添っている必要がなく、忙しい都会の生活には欠かせない燃料となっている。各国の政府は環境保全の観点から不法な炭焼きを厳しく取り締まっているが、慢性的な燃料不足のなかでは規制にも限界がある。

ただ、人間活動がつねに森林の荒廃をもたらしてきたわけではない。コンゴ盆地の西部に広がる半落葉樹林で調査してきた市川［二〇一〇］は、アオギリ科やシクンシ科の大木がつくる熱帯雨林は焼畑などの人為的な攪乱によってできた森であることを示唆したうえで、現在の熱帯雨林における動植物相の多様性も過去における人為の関与によって生じた可能性を指摘している。かつてアフリカの森林は、人間活動を受け入れ吸収するだけの再生力と規模をもっていた。森林の利用と再生の均衡が保たれているうちは人為の肯定的な関与もありえたのだが、今のアフリカのように人口が急速に増え、経済活動が活発化して森林への負荷が高まってくれば、厳しい自然環境のなかで森林は一気に荒廃の方向へ進んでしまうのである。

人は、直接・間接的に植生に蓄えられた太陽エネルギーを利用して生きてきた。アフリカの植生も、程度の差はあるにせよ、そのほとんどはなんらかのかたちで人為の影響を受けてきたと考えてよい。気候・地形・土壌はその地域に特有の植生をつくり、人はそれに復元の余地を与えつつ自然の恵みを利用することで、多様な価値を有する人為植生をつくりだしてきた。植生の利用と保全の両立は現代アフリカが抱える重要な課題であるが、自然と人との長い関係性を表象する人為植生は、人が生態環境とどのように向き合い、付き合っていくべきかを教えてくれるはずである。

温暖化と生態環境

二〇一三年、気候変動に関する政府間パネル（ＩＰＣＣ）は地球温暖化への対策として、二〇五〇年までに世界全体の炭酸ガス排出量を二〇一〇年の四〇～七〇％に削減しなければならないという具体的な数値目標を示した。先進諸国も厳しい排出削減に取り組む姿勢を示しているものの、削減できない部分についてはカーボン・オフセットに頼らざるを得ないのが現実であろう。カーボン・オフセットとは、自国内で削減できない温室効果ガス分を、それに見合った排出量を削減できる他国の活動に投資することで帳消しにするという考え方である。
世界の森林の動向をみると、森林面積が減少している大陸はアフリカと南米であって、それは経済の低迷や人口増加と強くリンクしている。政策として森林開発を推し進めてきたブラジルとは対照的に、アフリカ諸国は環境保全・砂漠化防止を主要な環境政策として植林をサポートしていて、炭酸ガスの排出を削減できない先進国にとっては絶好のパートナーといってよい。コンゴ盆地を覆う広大な熱帯雨林はクレジットの原資としては申し分ない。二〇二一年六月には、ガボン政府が世界最大規模のカーボン・クレジットの発行を発表している。環境保全の新しいかたちとして期待するところもあるが、熱帯雨林のなかにはカーボン・クレジットなどとはまったく関係のない人びとの暮らしがあることを私たちは忘れてはならない。

参照文献

伊谷樹一　二〇一一「ミオンボ林の利用と保全」掛谷誠・伊谷樹一編『アフリカ地域研究と農村開発』京都大学学術出版会。
伊谷純一郎　一九九六『森林彷徨』東京大学出版会。
伊谷純一郎・寺嶋秀明　二〇〇一「アフリカ植生図・一試案の提示」『人間文化H＆S』一五号。
市川光雄　二〇一〇「アフリカ熱帯雨林の歴史生態学に向けて」木村大治・北西功一編『森棲みの生態誌――アフリカ熱帯林の人・自然・歴史I』京都大学学術出版会。
神田靖範　二〇一一「半乾燥地における水田稲作の浸透プロセスと民族の共生」掛谷誠・伊谷樹一編『アフリカ地域研究と農村開発』京都大学学術出版会。

諏訪兼位　一九九七『裂ける大地　アフリカ大地溝帯の謎』講談社選書メチエ。
Dharani, N. 2006 *Field Guide to Acacias of East Africa*, Struik.
Letouzey, R. 1986 *Manual of Forest Botany*, Centre Technique Forestier Tropical.
Thomas, D. S. G. and Shaw, P. A. 1991 *The Kalahari Environment*, Cambridge University Press.

4 生業

曽我 亨

生業の内在論理

アフリカの生業を概観すると、太陽光を遮る熱帯雨林帯では狩猟採集がおこなわれ、太陽光が差し雨にも恵まれる疎開林帯では農業が営まれ、作物が育たない乾燥帯では牧畜または狩猟採集がおこなわれている（図1）。

生業を深く研究していくと、それはたんに食物を獲得するための手段というだけでなく、特有の「生き方」や「考え方」と強く結びついていることがわかる。アフリカ社会を知るためには、まず生業に内在する彼らの論理を深く知る必要があるだろう。

近年、アフリカでは気候変動、民主化や国家政策、グローバルな市場経済の浸透などにより、これまで比較的自律的な暮らしが可能であった地域においても、生業は大きく変化している。こうした変化は、「生き方」の変更をも引き起こす可能性がある。逆に、アフリカの人びとは、生業を大きく変化させながらも、生業に内在する論理を活用して変化に対処している可能性もある。本章では、アフリカの生業の変化を考える際に、アフリカの人びとの主体的な行動に着目し、生業の変容と内在論理との関連を探ることにしよう。

平等を志向する狩猟採集民

狩猟採集生活は人類史のなかでもっとも古い生業様式であり、かつてはアフリカ全域でおこなわれていた。しかし農耕や牧畜が始まると、狩猟採集だけで生計を立てる人びとは減っていった。現在ではアフリカ中央部の熱帯雨林帯に住むピグミーや、南部アフリカの乾燥帯に住むブッシュマンなどが狩猟採集を営むにすぎない（このブッシュマンという呼び方は蔑称であるが、近年は植民地主義の暴虐や白人への抵抗の歴史をあらわす呼び方として、むしろ誇りを込めて使おうとする立場がある。本書もその立場に賛同し、「ブッシュマン」の呼称を使う）。

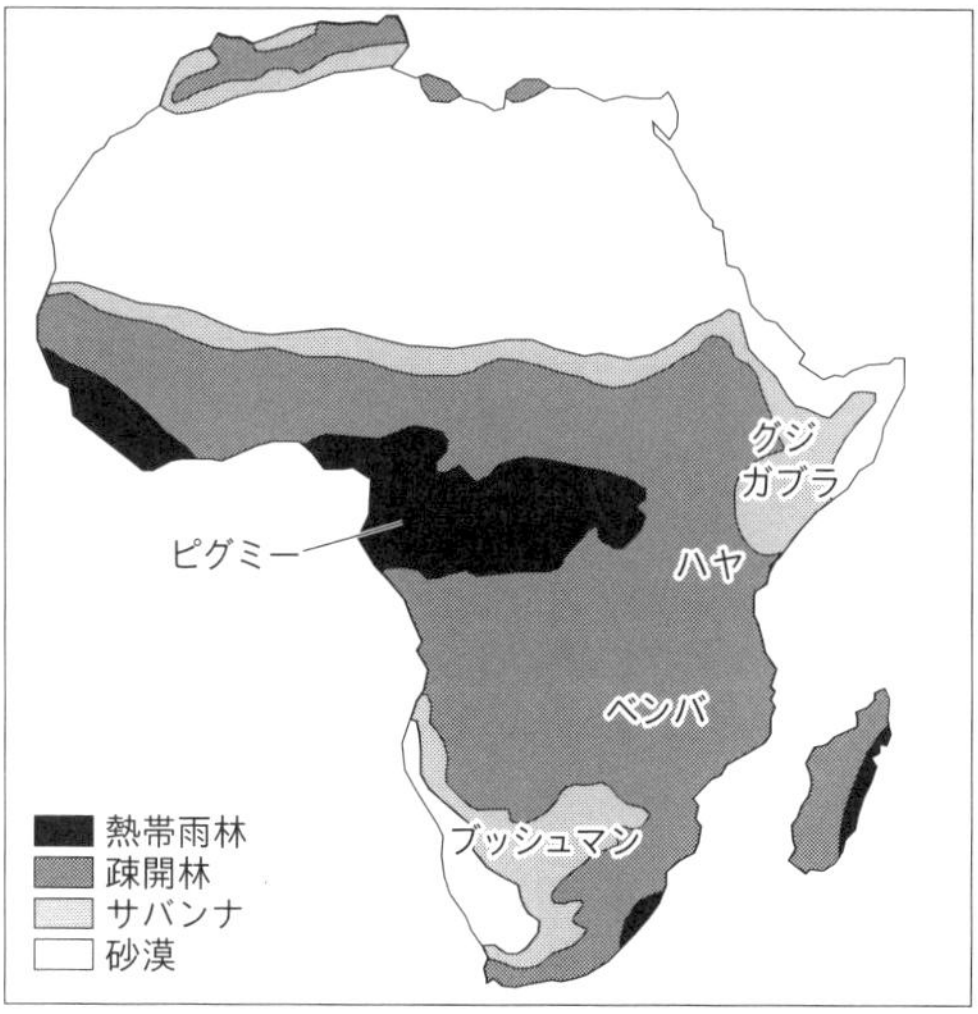

図1　アフリカの植生と，本章に登場する民族

　ピグミーの場合、森林のなかに約五〇人からなるキャンプを作り、男たちは集団で網猟をおこなっている。この網猟は、一五人ほどが長さ約五〇メートル、幅約一メートルの網を持ち寄り、これをつないで約五〇〇メートルにわたり森林を大きく取り囲む。次に大声をあげたり物音を立てたりして、森林に隠れるダイカーなどの小型動物を驚かせ、ネットの側に逃げるように追い出していく。ネットにかかった動物は、槍や棍棒で殺す。

こうした網猟を一日に何回も繰り返すのである。一方、女たちは野生のイモや果実などを採集する［市川　一九八二］。

ブッシュマンも、かつては数家族（約五〇人）がキャンプを作り、砂漠帯を遊動していた。一九六〇年代、彼らは弓矢猟や罠猟をおこなっていた。弓矢猟では、毒を塗った矢を射かけ、翌日、仲間とともに集団で獲物を追跡する。毒が回った獲物にとどめをさし、肉を集落に持ち帰るのである。一方、女性は集団で、野生のスイカやメロン、豆類、根茎類などを採集する［田中　一九七一］。

これらの狩猟採集社会は、いずれも強い平等への志向によって特徴づけられてきた。彼らは狩猟によって得た肉を、集落のなかで徹底的に分配するのである。ピグミーの場合は獲物がかかった網の持ち主が肉を分配し、さらに分配を受けた者が他の者たちに分配する。ブッシュマンも同様に、獲物をしとめた矢の持ち主が肉を分配し、さらに分配を受けた者が他の者たちに分配することで、集落の全員に肉が行き渡るようにしているのである。

定住化への応答

こうした狩猟採集社会にも大きな変化が起きている。北西［二〇一〇］によると、ピグミーが住む地域では、木材伐採地域の拡大により野生動物が大きく減少している。一九九〇年代、アフリカの多くの国では、世界銀行による構造調整計画が実施され、通貨も大幅に切り下げられた。その結果、外国籍の木材伐採会社にとって輸送費や人件費が安くなり、以前にはコスト高で採算がとれなかった奥地まで伐採が進むことになったのである。さらに伐採にともない労働者が流入してきた。獣肉への需要が高まり、また交通事情が改善されたため、獣肉が都市部にまで流通するようになってきた。こうして野生動物は大きく減少したのである。

国家や国際機関、自然保護団体、開発・人権擁護・先住民運動のNGOなどの介入も強まっている。政府や先住民運動のNGOは、それぞれ異なる思惑をもちながらもピグミーの定住化を進めてきた。定住したピグミーのなかには、畑を切り開き、バナナやキャッサバなどの栽培を開始する者も出てきた。また換金経済の浸透にともない、従来であれば分配の対象となっていた獣肉やナッツなどが、お金と交換されるようにもなってきつつある。

定住地で働くブッシュマン（写真提供　丸山淳子）

ピグミーと同様、ブッシュマンの生活も大きく変化している［丸山　二〇一〇］。彼らの多くが住むボツワナでは、国家が強力にブッシュマンの定住化を進めてきた。国際的な先住民保護運動にもかかわらず、一九九七年、ボツワナ政府はブッシュマンを居留地から強制的に移住させ、定住地に住まわせた。当然、狩猟採集はできなくなり、ブッシュマンは定住地で、建築作業や商業に携わり、洋服の仕立てやパン焼きなどの現金収入創出プロジェクト、大農場への出稼ぎ、工芸品の制作や、給与労働などに従事するようになってきた。無償で供与されたヤギを飼育したり、スイカやササゲ、トウモロコシ栽培などの農耕を営んだりする者も出てきた。町の定住地には一五〇〇人もの人びとが住む。それまで小集団を作り、原野のなかに離散して暮らしてきたブッシュマンにとって、多くの人が一カ所に集住する生活はストレスが多いものであった。過度な飲酒などの問題も生じるようになり、ブッシュマンの生活は変わり果ててしまったかのようであった。

けれども丸山によると、ブッシュマンは変化をただ受容してきたわけではないという。彼らのなかには、定住地に居を構えつつも、定住地の外に「マイパー」と呼ばれる不法居住キャンプをこっそり作り、かつての生活を再現するように暮らす人びとが出てきた。定住地では、行政官が機械的に住む場所を割り振ったため、見知らぬ人びとと隣接して暮らすストレスがあったが、マイパーはもともと同じ地域に暮らしていた顔見知りが固まるように作られていた。彼らは、いわば定住する前の地域集団を再構築したのである。マイパーでは、トビウサギ猟やスティーンボックの罠猟をしたり、野生のマメやスイカを採集したり、政府から与えられた家畜の世話をしたりしている。かつてのように獲物の肉を、見知った者どうしで分配するようになってきた。

マイパーでかつての暮らしを取り戻す
（写真提供　丸山淳子）

定住地に一方の拠点をおいて政府の配給や援助団体の支援を享受しつつ、マイパーでかつての生業を営み、平等な分配を続けるブッシュマンのやり方は、暮らしが大きく変化しても、従来の内在論理が、新たな装いのもとで再生産されるこ

とを示唆している。

粗放農業と集約農業

次に農耕社会をみていこう。農耕社会は、コンゴ大森林を取り巻く疎開林帯を中心に広がっている。アフリカの農耕には大きく二つの形態がある［掛谷 二〇〇二］。ひとつは粗放で非集約的な農業であり、頻繁に移動しながら焼畑を切り開いていくタンザニアのトングェや、ザンビアのベンバなどがこれにあたる。もうひとつは集約的な農業であり、バナナを栽培するタンザニアのハヤや、エンセーテ（偽バナナ）を栽培するエチオピアのアリ、シコクビエなどを栽培するタンザニアのマテンゴなどがこれにあたる。

火入れ前のチテメネ
伐採地から集められた枝葉が積み上げられている
（写真提供　大山修一）

ザンビアのベンバを例に、非集約的な農業をみていこう。ベンバは「チテメネ」と呼ばれるユニークな焼畑農業をおこなっている。チテメネは、まず男たちが立木に登り、枝葉を切り落とすことから始まる。天日乾燥させたあと、女たちが枯れた枝葉を集め、伐採地の中央部に運んでいく。枝葉は半径約三〇メートルの円形に積み上げていく。高さ一メートルほどに積み上げたら完成だ。雨季の直前に火をつければ、厚い灰に覆われた焼畑ができあがる。焼き入れの高温によって雑菌が死滅するほか、土の活性が高まり、大量の灰は肥料になる。ベンバはチテメネに一年目はキャッサバとシコクビエ、二年目にはマメ類などを播種する。シコクビエやマメ類は播種した年から収穫され、キャッサバは三年目に収穫する。その後、チテメネは放棄され、休耕地にされるのである。

これに対し、タンザニアのハヤは集約的なバナナ農業を営んでいる［丸尾 二〇〇二］。ハヤの生活域は家屋敷を取り囲むように作られたバナナの常畑と草原からなる。バナナには四〇以上の品種があり、人びとは主食用のバナナを中心に、軽食用のバナナや酒造用のバナナを作っている。バナナを栽培するうえで、ハヤの人びとは土壌の管理に気をつけている。草原で放牧されたウシの糞尿をバナナ畑に施肥したり、草原で刈り取った草を堆肥にしたりして、バナナ畑を肥沃に保っている。また、病虫害からバナナを守るために、枯れた古い葉を刈り取ったり、収穫後の根茎を破砕したりしている。けっして肥沃とは言えない土地で、集約的なバナナ栽培を営むことが可能になったのは、ハヤの人びとが主体的に自然に介入しているからである。草原とウシをバナナ畑に結びつけたことで、彼らは労働集約的な農業を可能にしたのである。

加速する商品作物栽培

伝統的なアフリカの農耕社会においては、生産の増大をめざすというよりは、むしろ食べていくのに必要なだけ耕作したり、過度な生産をつつしんだり（最小生計努力）、生産した作物を来客に惜しみなく振る舞ったりする（食物の平均化）など、生存そのものを目的とするような論理にもとづいた農業がおこなわれてきた。

ところが近年、農耕社会も大きく変貌を遂げつつある［杉山・大山 二〇一一］。たとえばザンビアでは、一九八〇年代から一九九〇年代にかけて経済が停滞すると、世界銀行が主導する構造調整政策が導入されるようになった。また農産物の流通が自由化された結果、農村社会は市場経済の影響を強く受けることになった。さらに農業立国をめざすザンビア政府の政策により、商品作物栽培が強く推進されていった。こうしてベンバの人びとのあいだにも、新たに「ファーム耕作」が始まった。ファーム耕作は、化学肥料を使った常畑であること、生産性は高いが自家採種できないハイブリッド種トウモロコシを植え付けるなどの点で、伝統的なチテメネ耕作とは異なっている。

ベンバ社会の場合、性による分業ストラテジーがあり、自給用の食料を確保する活動は女性によって、現金収入を獲得する活動は男性によって担われてきた。商品作物を作付けするファーム耕作は、男性が推進することになった。すると男性労働力が多い世帯と、寡婦のように男性労働力が得られない世帯のあいだに経済格差が生じるようになってきたという。平準的な暮らしを志向してきた農村社会にも経済格差が生じるようになってきたのである。

こうした変化のなかで、アフリカ農民の主体性はどのように発揮されているのだろうか。そのひとつに「変わり身の早さ」があげられる。先にあげたファーム耕作もそうだが、農民は新しい品種ややり方に興味を示し、まずやってみる。周囲の者たちは観察し、可能性を見出すや否やすぐに参入する。一方、アフリカでは経済環境や政策が急に変わることもある。たとえばザンビアでは、市場経済化が進展するなかで、補助金が撤廃され化学肥料の供給も停止された。すると、ベンバの人びとはすぐにタバコや大豆、ヒマ、パプリカなど他の換金作物の栽培を始めたり、ブタやヤギを飼育し始めたりした。新しい作物に手を出したり、あるいはすぐに栽培をやめたりする「変わり身の早さ」は、イノベーションを引き起こすアフリカ農民の主体性のひとつであると同時に、めまぐるしい変化に対応するひとつの戦術となっている。

また農耕社会には、拡大する経済格差を、ふたたび平準化するような手だてが備わっているようである。たとえばベンバの場合、寡婦世帯は、最初、商品作物栽培に参入できなかったが、すぐに男性労働力を調達することに成功し、ファーム耕作に乗り出した。彼女らは、まず酒を作り、村内の裕福な男性世帯に売ることで資金を得、その資金で男性労働力を調達したのである。こうしたことが可能になる背景には「富者は気前よくあらねばならない」とするベンバ社会独特の論理が潜んでいる。裕福な男性たちは、寡婦の酒を積極的に飲むことで、富を村内に還元しているのである。

とはいえ、こうした主体性が、これからも首尾よく発揮できるかどうかはさだかでない。二〇〇〇年代以降、アフリカ諸国は構造調整政策の延長として経済の自由化政策を推し進め、中国をはじめとする外国資本を積極的に導入してきた。国家の支援を受けた外資系企業や役人・退役軍人などは、土地を大規模に収奪（ランドグラブ）して大農場（プランテーション）を作ったり、住宅地や工業団地を開発したりした。今や農民はチテメネを開墾できなくなりつつあり、人びとの生活を支える基盤が揺らいでいる［大山　二〇一五］。こうした大規模で急速な変容に、農民はどのように立ち向かえるのか、注意深く見守っていく必要があるだろう。

弱体化する牧畜社会

最後に牧畜社会についてみていこう。牧畜社会は、西アフリカと東アフリカの乾燥帯、および南アフリカの高緯度地域に広がる乾燥帯に分布している。なかでも多くの牧畜社会がひしめく東アフリカに焦点をあてよう。

東アフリカの牧畜経営の特色は、多種類の家畜を飼育していることにある。たとえば西アジアの牧畜民はヒツジだけを飼育しているし、ヨーロッパのアルプスではヤギだけを飼育する牧畜民がいる。これらの単一種の家畜を飼育する牧畜経営とは対照的に、東アフリカではヤギ・ヒツジ・ウシ・ラクダなど多くの種類の家畜を飼育しているのである。彼らは、成長が早く出産間隔の短いヤギやヒツジを生活の基盤におきつつ、旱魃《かんばつ》には弱いが雨季には多くのミルクを出すウシや、出産間隔は長く成長も遅いが旱魃に強いラクダをあわせて飼育することで、過酷で気まぐれに変動する東アフリカの気候に対応しているのである。

また牧畜社会は、もともと移動性が非常に高かった。とくに旱魃が起きたり疫病が流行したりすると、より良い牧草地や安全な場所を求めて、非常に広い範囲を移動した。たとえば現在、エチオピア南部に暮らすボラナは、十九世紀末にはソマリア北西部にまで広く移動していたといわれている。こうした移動が可能であったのは、牧畜民が土地や水場を排他的に占拠するのではなく、異民族にも利用を認めていたからである。たとえばボラナの場合、エチオピア南部において非常に深い井戸を「所有」し、厳格なルールのもとに管理をしていたが、ガブラやガリといった異民族に対しても一定のルールのもとで水の利用を認めていた。家畜のために水を汲むのは重労働であり、ボラナにとっても異民族が一緒に水を汲んでくれれば、大助かりだったからである。牧畜民の移動性の高さは、こうした生態資源をめぐるゆるやかな管理と相互協力を背景に成立していたのである［曽我　二〇〇七］。

　そんな牧畜社会の変容をみていこう。まず生態学的環境に生じる変化であるが、放牧地の減少が大きな問題になっている。国立公園や動物保護区、開発をめざして導入された大牧場（ランチ）、外国資本が主導して建設を進めた綿花や切り花などの大農場などによって放牧地は大きく減少してしまった。また近年、牧畜民のなかにも農耕をおこなう者が増えてきたが、これにより放牧地はさらに減少している。さらに近年、旱魃が頻繁に起きたり、大雨が降ったりしているが、これにより家畜の頭数も大きく減ってしまった。旱魃で家畜が減るのは当然だが、大雨の年も疫病の流行で家畜の頭数は大きく減ってしまうのである。家畜を失った牧畜民は、援助物資の供給に頼るようになり、町の周辺に定住するようになりつつある。

難民生活を送る牧畜民
援助物資が入っていたダンボールの家に暮らしていた（2006年，モヤレ）

　こうした生態学的問題に加え、牧畜社会が抱える大きな問題として、激化する民族紛争がある［佐川　二〇一一］。国家の周辺に位置する牧畜社会には、近隣諸国の内戦などによって大量の銃器が流入している。牧畜社会では伝統的に、家畜の奪いあい（レイディング）が頻繁におこなわれてきたが、自動小銃の流入により、紛争が激化している。

また、稀少化する牧草地や水場などをめぐって紛争が生じることも少なくない。こうした紛争の背後には、選挙での議席獲得をめざす政治家の煽動《せんどう》などもみられ、問題をより複雑にしている。常態化する紛争の余波を受けて、難民化する牧畜民も少なくない。社会的にも牧畜民は厳しい環境におかれているのである。

牧畜社会の潜在力

弱体化が進行する牧畜社会だが、新たな可能性も生まれている。最後に私が調査しているエチオピアを例にとり、牧畜民の潜在力をみていこう。

牧畜社会には、近年、新たな連帯が生まれつつある。前の節で述べたように、かつて牧畜民は、旱魃や疫病を避け、あるいはより良い牧草地を求めて、広い範囲を頻繁に移動していた。異なる牧畜民が住む地域にも進出し、牧草地や水場を共同で利用していた。こうした共同関係は、近代的民族意識の高まりと民族紛争の結果、切断されていった。しかし、家畜市場のグローバル化にともない、異なる牧畜民どうしの紐帯が復活しつつある。

私が調査しているエチオピア南部に暮らす牧畜民ガブラと農牧民グジの共同についてみていこう。彼らはもともと、居住地を重複させながら共同で放牧地を利用するなど友好的な関係を保ってきたが、二〇〇六年に行政区の境界をめぐって激しく敵対した。この紛争で、多くの人びとが難民となったり、農地を奪われたりしたのである。ところが二〇〇九年ごろから、家畜市場のグローバルな発展にともない、新たな共同関係が作られてきた。アラブ諸国の旺盛な経済発展により、東アフリカのラクダの価格は大きく上昇した。交易ルートの中継点に位置する南部エチオピアは家畜の集積地となり、「ラクダの積み降ろし」業が誕生した。この仕事をめぐり、ガブラとグジは新たな共同関係を構築したのである。

ラクダは非常に扱いにくい動物で、トラックに積んだり降ろしたりするのは非常に難儀な仕事である。しかしガブラの人びとは、もともとラクダを中心に飼育しており、その扱いに慣れていた。そこでガブラが中心となってラクダの積み降ろしに従事するようになってきた。一方、トラックの手配を担ったのはグジの人びとである。彼らは携帯電話を駆使してトラックの運転手と交渉し、ガブラの人びとと協力してラクダの積み降ろし業を営むようになってきた。

こうした共同関係は、かつての共同関係を現代的な枠組みのなかに甦らせるものである。放牧地や水場の稀少化が進行し、さらに政治的思惑から敵対関係を煽《あお》ろうとする動きのなか、ガブラとグジの関係を改善するのは容易なことではない。しかし、紛争の予防に貢献するアフリカの潜在力として、こうした生業に基盤をおいた共同関係は重要である。互いに利益をもたらしながら日常的な友好を促進する、こうした営みを発見し、評価し、支援していくことが重要ではないだろうか。

参照文献
市川光雄　一九八二『森の狩猟民——ムブティ・ピグミーの生活』人文書院。
大山修一　二〇一五「慣習地の庇護者か、権力の濫用者か——ザンビア一九九五年土地法の土地配分におけるチーフの役割」『アジア・アフリカ地域研究』一四巻二号。
掛谷　誠　二〇〇二「アフリカ農耕民研究と生態人類学」掛谷誠編『アフリカ農耕民の世界——その在来性と変容』京都大学学術出版会。

北西功一　二〇一〇「アフリカ熱帯雨林とグローバリゼーション」木村大治・北西功一編『森棲みの生態誌――アフリカ熱帯林の人・自然・歴史1』京都大学学術出版会。
佐川　徹　二〇一一『暴力と歓待の民族誌――東アフリカ牧畜社会の戦争と平和』昭和堂。
杉山祐子・大山修一　二〇一一「ザンビア・ベンバの農村」掛谷誠・伊谷樹一編『アフリカ地域研究と農村開発』京都大学学術出版会。
曽我　亨　二〇〇七「〈稀少資源〉をめぐる競合という神話――資源をめぐる民族関係の複雑性をめぐって」松井健編『自然の資源化』弘文堂。
田中二郎　一九九〇『ブッシュマン』思索社。
丸尾　聡　二〇〇二「バナナとともに生きる人びと――タンザニア北西部・ハヤの村から」掛谷誠編『アフリカ農耕民の世界――その在来性と変容』京都大学学術出版会。
丸山淳子　二〇一〇『変化を生きぬくブッシュマン――開発政策と先住民運動のはざまで』世界思想社。

仔羊を運ぶ幼女と見守る姉

アフリカのなかのアジア

マダガスカル

アフリカ大陸の東に位置するマダガスカル島。広さはアフリカ大陸の五〇分の一にすぎず、小さな島のように思われがちである。しかしこれは、広大なアフリカ大陸と比較するからであって、じつは日本の全島を合わせた面積より大きく、一・六倍にのぼる。グリーンランド島、ニューギニア島、カリマンタン（ボルネオ）島に次いで、マダガスカル島は、地球上の島として四番目に大きい。気候も、多雨林から半砂漠に至るまで、多様性に富んでいる。

この島は、海で大陸と隔てられてきたため、歴史や文化が大陸部とはさまざまに異なっている。それを詳しく述べると、一冊の本ができるだろう。ここでは、アフリカの東端にあるこの島が、アジアの西端という一面ももっていることを紹介しよう。

とくにはっきりしているのは、言語である。島にはさまざまな在来言語があるが、すべてマダガスカル語（マラガシ語）の方言とみなすことができる。そしてこの言語にもっとも近縁な言語は、アフリカ大陸ではなく、遠くカリマンタン島の山間部に見出される。言語系統の分類でいうと、マダガスカル語は、オーストロネシア語族という大きいグループに属する。このグループは、東南アジアや台湾、オセアニアなどに広く分布する。つまりマダガスカルは、太平洋とインド洋をまたにかけて広がる言語文化圏の、もっとも西に位置するといえるのだ。

どのような経緯で、マダガスカルがインド洋の東側と結びつくようになったのか。これについては、言語学や考古学、東洋史学、遺伝学などの立場からさまざまな説が出されてきたが、詳しいことは十分明らかにはされていない。確かなのは、インド洋の東側から、まとまった数の人たちが移住したことだろう。考古学者らの説によると、狩猟採集に依存する集団が、紀元前二〇〇〇年よりも前にマダガスカルに渡来したという。しかし、彼らが現代マダガスカル人の直接の祖先だったとは考えにくい。また、移住の波が何回ほどあったのか、それぞれの波はどれほどの期間にわたったのか、どのような経路をたどったのかなど、わからないことはまだ多い。

ある言語学者の説によると、最初の大規模な移住は紀元七世紀ごろに起こったという。考古学的な証拠をみると、長期にわたって使われた住居址《あと》として、八世紀ごろに始まるものが見つかっている。ただし、人口（遺跡の数）が増えはじめるのは十一世紀以降からである。

興味深いことに、この人口増加の時代と前後して、西アジアからマダガスカルに向けて移住があったという伝承が残っている。ただし、大規模だったかどうかはわからない。十二世紀から十三世紀ごろにかけての時代に、アラブの一族がメッカから島に到着し、島の者とのあいだに子孫をもうけたというのである。この伝承が記された文書は、マダガスカル語で記されているが、現在のようなラテン文字（アルファベット）表記でなく、アラビア文字表記である。伝承の真偽はさだかではない。しかし、ラテン文字が普及する十九世紀よりも前の時代に、アラビア方面の歴史や文字体系が輸入されていたことは確実である。

曜日の呼び名も、おそらくは同じ時期に輸入されたのだろう。アラハディ（日曜日）、アラツィナイニ（月曜日）……といった呼び名は、アラビア語の曜日や数詞と対応している。また、季節の呼び名のなかには、サンスクリット由来とされるものもある。こうした西アジアや南アジアの言語や文化は、直接マダガスカルに渡来したのではなく、東南アジアまたは東アフリカを経由してもたらされたのかもしれない。いずれにせよ、マダガスカルとインド洋の東との関係は、複雑で謎めいている。

（飯田　卓）

過去を学ぶ

Part 2 History

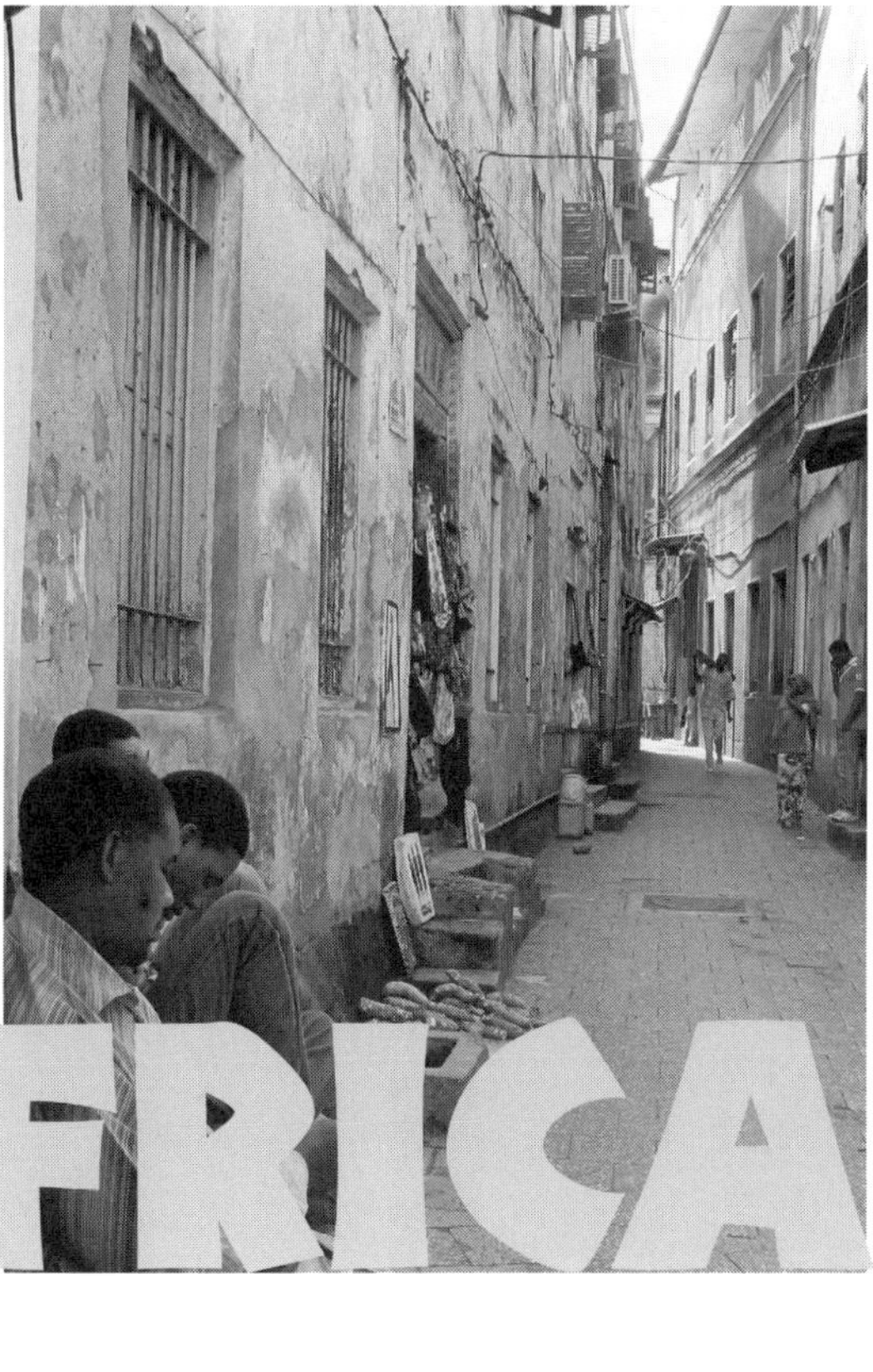

AFRICA

1 人類誕生

中務真人

アウト・オブ・アフリカ

一九八七年、「ミトコンドリアＤＮＡと人類進化」と題する論文が発表された［Cann et al. 1987］。いくつかの問題点が批判を浴びたものの、ホモ・サピエンスの進化過程を大筋において適切に描いた先駆的論文として評価されている。そこに提示された学説は、今日、「アフリカ起源説」「アフリカのイブ説」などと呼ばれている。

その要旨を紹介しよう。細胞中に無数に存在する小器官ミトコンドリアは、核ＤＮＡと異なる独自のミトコンドリアＤＮＡをもつ。これは、ミトコンドリアの由来が、太古、細胞に侵入した細菌だからである。私たちの体細胞に含まれるすべてのミトコンドリアは母親の卵細胞に由来する。したがって、ある個人のミトコンドリアＤＮＡは基本的に母親と同一である。つまり、ある母系（本人、母、母方祖母、……）は、同一ミトコンドリアＤＮＡを継承する。ところが、卵細胞中のミトコンドリアＤＮＡは低頻度だが突然変異を起こす。それが有害なものでなければ、突然変異が蓄積し、時間経過とともに、同一母系でも異なったミトコンドリアＤＮＡ配列が誕生し継承されるようになる。しかし、ミトコンドリアＤＮＡは、核ＤＮＡのように父母の遺伝子が混ざることはないため、突然変異がどのように蓄

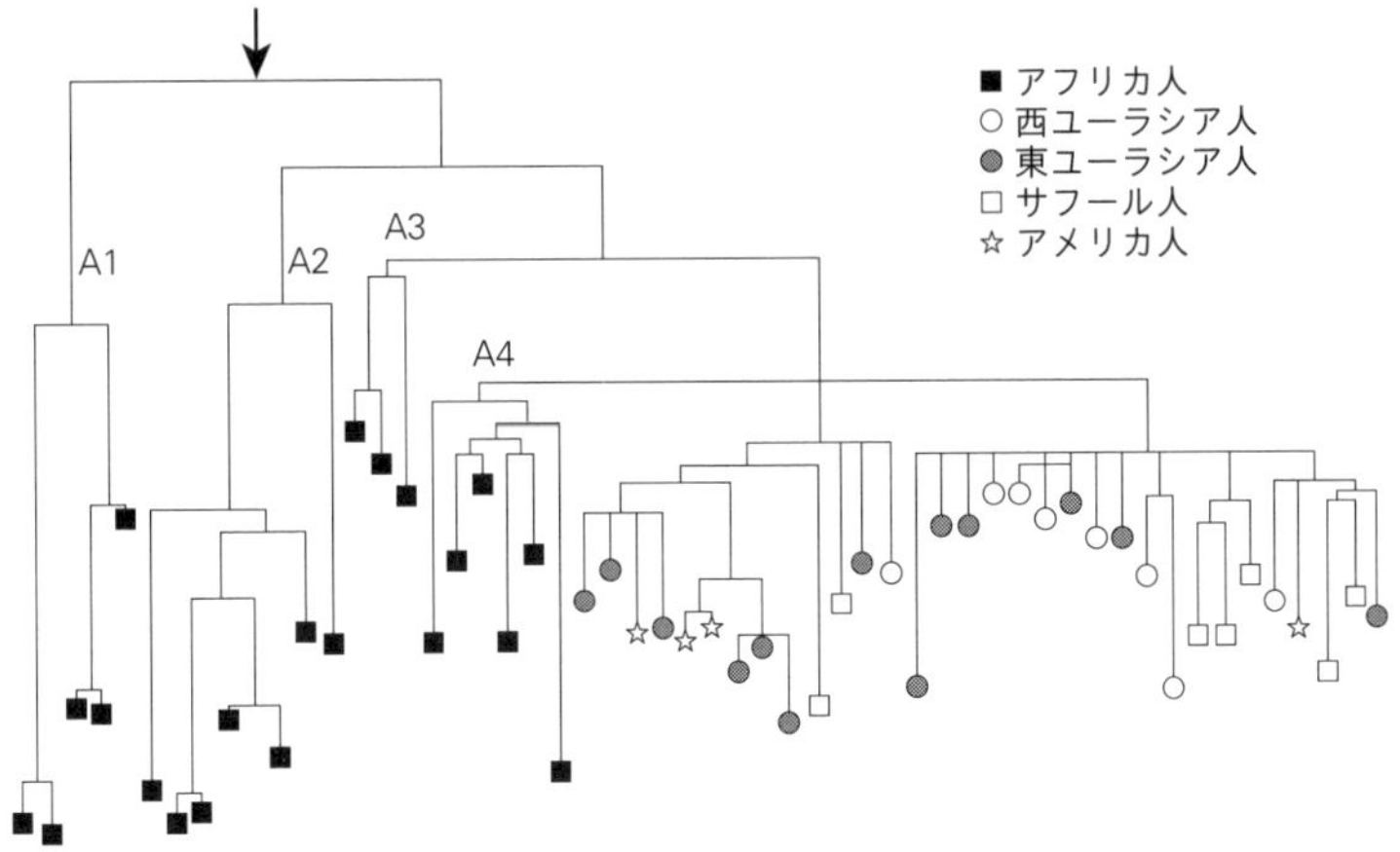

図1　ミトコンドリアDNAの塩基配列についての現代人53人の系譜図
「サフール」は、オーストラリア・ニューギニアとその周辺地域。
Ingman et al.［2000］を改変。

積したかをたどることは比較的容易である。世界各地に住む現代人がもつミトコンドリアＤＮＡの系譜図を描いたとしよう（図1）。これは母系の系譜を再現する。この系譜図においては、アフリカ集団のなかに古い時代の分岐が多くみられ、一方、アフリカ以外の集団（ユーラシア、アメリカ、サフール）はアフリカのサブグループとともにひとつのグループに含まれる。これらのことは、アフリカ以外の地域に住む現代人は、比較的新しい時代まで共通のミトコンドリアＤＮＡプールをもっていたこと、それはアフリカ内にあったことを強く示唆する。

　ところで、すべての集団のルーツに位置する矢印は、何を意味するのだろうか。これは、すべてのミトコンドリアＤＮＡ多型のもとになる突然変異が発生した女性である。ただし、この女性が、現代人すべての単一祖先というわけではない。一〇〇世代前の祖先は、最大、二の百乗、女性はその半分いる。実際には祖先の系譜が何度も交差するため、そこまで多くなることはありえないが、各個人が夥しい数

図2　ミトコンドリアDNAの収斂
各世代に一定数の女性を仮定した。
Wilson & Cann［1992］を改変。

の祖先をもつことは自明である。

図2は仮想的にミトコンドリアDNAの流れを示している。娘をもつ／もたないという偶然に左右され、世代とともに一五人の女性のミトコンドリアDNAの多くは消滅し、最終的に、ある女性に由来するミトコンドリアDNAだけが残る（黒線）。逆方向に（下から上へ）特定の遺伝的指標の多型の起源をたどれば、このように必ずひとつに集まる（収斂）。ヒトしかもっていない遺伝的指標の多型であれば、それは人類の系統のどこかに収斂する。ミトコンドリアDNAとは異なる遺伝的指標に注目すれば、それは異なる個人に収斂する。さて、収斂の時代だが、ミトコンドリアDNAの場合、突然変異率を仮定しておよそ二〇万年前となる。このもとになった突然変異ミトコンドリアDNAを獲得した女性を「ミトコンドリア・イブ」と呼ぶ。

二〇万年前、アフリカの外にも人類はいた。しかし、現代人の遺伝的特徴は、アフリカ由来の新人の遺伝的特徴を非常に強く受け継いでいる。新人がアフリカから世界各地に拡散していった過程を「アウト・オブ・アフリカ（アフリカからの拡散）」と呼ぶ。気づかれた読者もいるだろうが、この用語は、イサク・ディネセンの小説『アフリカの日々』の原題に由来する。現代人が実質的にアフリカ起源と呼べることは、さまざまなメディアを通じ、現在では、広く認知されているだろう。グレート・ジャーニーと名づけ、冒険家が南米最南端からタンザニアまで（逆方向に）踏査したこともあった（新人の拡散は旅ではなく、世代を超えて動きつづけた生活圏の移動によるのだが）。しかし、「拡散」は、新人段階だけではなく、霊長類の進化過程で繰り返し起きた。アフリカがその位置になければ、人類の誕生がなかったばかりか、現生霊長類の大半もみられなかったであろう。前置きが長くなったが、アフリカが人類の進化にどのようにかかわってきたのかを振り返ってみよう。

アフリカが揺りかごになるまで

ヒトを含む分類群である霊長目は、原猿亜目と真猿亜目に二分される（図3）。これらの分岐を七七〇〇万年前と推定する分子生物学的研究もあり、現生霊長類の共通祖先は、恐竜が繁栄を続けていた時代にいた可能性が高い。そこまで古い化石証拠は発

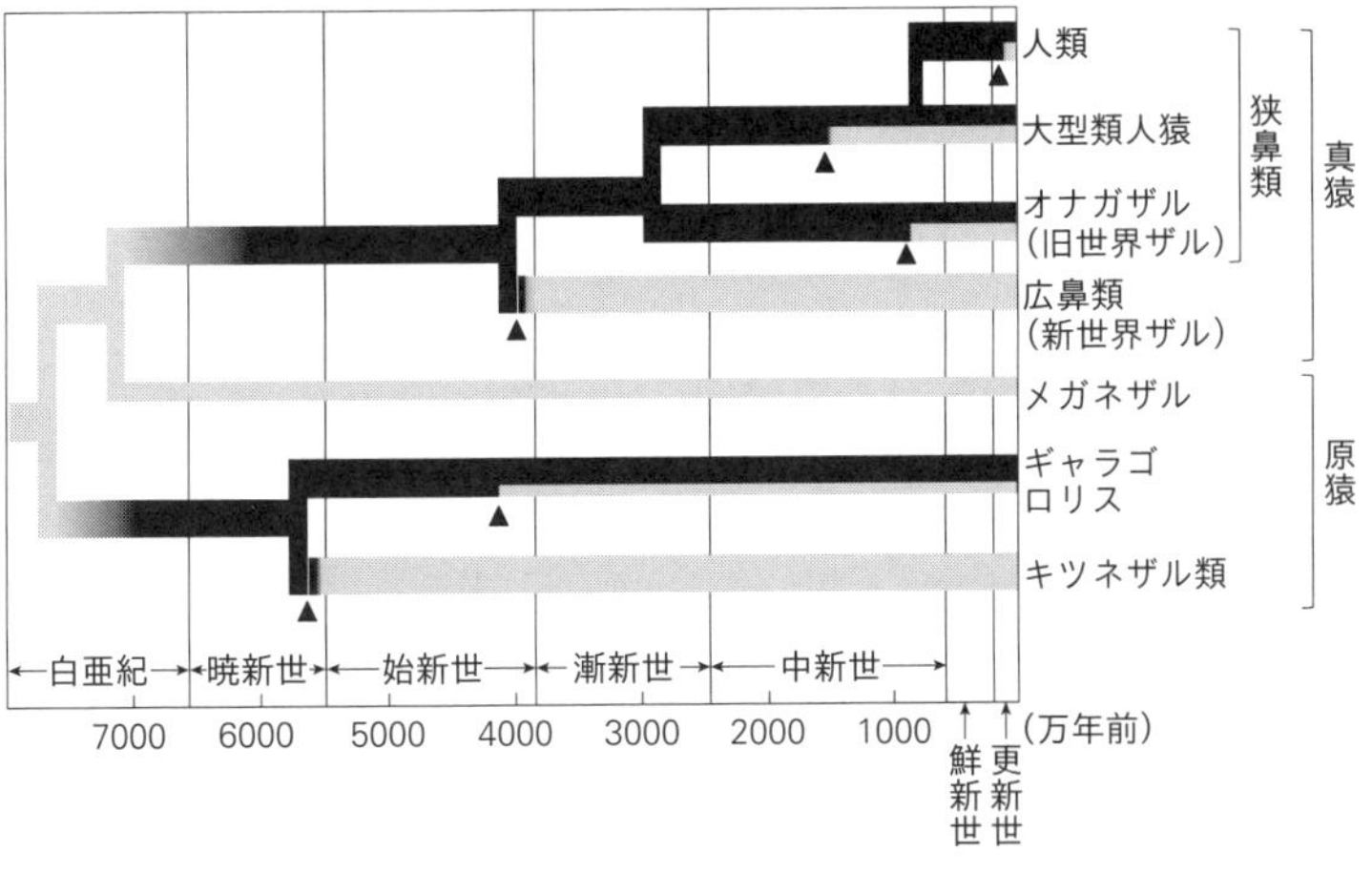

図3　霊長類の系統進化

アフリカ内の系統は黒，アフリカ外の系統は灰色の帯で示した。三角は主な「拡散」。

見されていないが、五五〇〇〜四〇〇〇万年前の原猿類、真猿類の化石は北米とヨーロッパを中心に多く発見されている。現在、これらの地域に野生霊長類は分布していない。しかし当時、世界の平均気温は現在より一〇度以上高く、これらの地域も森林に覆われていた。また、大陸の配置が現在と異なっていた。恐竜が繁栄した中生代には、主要な大陸がひとつにつながりパンゲア超大陸を形成していた。これはやがて南北に分かれ、それぞれゴンドワナとローレシアになった。ゴンドワナはさらに分裂し、アフリカ、オーストラリア、南米、南極、インドがつくられ、ローレシアから北米とユーラシアがつくられた。霊長類はローレシアで誕生した。アフリカはゴンドワナのなかでもっとも北に位置し、分裂後は北のユーラシアと接触と分離を繰り返す絶妙な位置にあった。六〇〇〇万年前までにはアフリカへ原猿が侵入した。のちに、その一部はマダガスカルに（おそらく倒木か浮島によって）漂流し、キツネザル類の祖先となった。初期真猿類の化石は、東アジア、インド、アフリカで見つかっているが、起源は旧世界だと考えられる。おそらく、メガネザルの棲息するアジアが起源であろう。

ところが、四〇〇〇万年前に大事件が発生した。南極大陸と南米のあいだの地峡が途絶えた結果、南極を取り巻く周極流が発生し、暖流の流れ込みを防ぎ海表面の温度を下げはじめた。その結果、南極大陸に氷床が形成された。白い氷は太陽光を反射し熱吸収を阻害する。その結果、さらに氷床が発達するというスパイラルが開始したのである。それにより、地球全体が寒冷化し、より高緯度にあったユーラシアでは、メガネザルなど一部を除きほとんどの霊長類が絶滅した。これ以降、アフリカが霊長類の揺りかごになった。現在アジアに棲息する原猿ロリスは、その後、始新世が終わる前までにアフリカから出て行った原猿の子孫である。アフリカに閉じ込められた真猿類は、現在生きているすべての真猿類、すなわちアジア・アフリカの狭鼻類、中南米の広鼻類の共通祖先を誕生させた。

繰り返される「拡散」

人類以外の真猿類は、少なくとも三度、主要な「拡散」を果たした（図3）。最初は中南米に棲息する広鼻類である。分子生物学では、広鼻類と狭鼻類は四〇〇〇万年前ごろに分かれたと推定されている。これを支持する化石証拠は、エジプトやリビアの化石産地から得られている。四〇〇〇万年前に迫るこれらの産地では、初期の狭鼻類とともに、広鼻類よりも原始的な特徴をもつ真猿類が発見されている。つまり、これらの中間的特徴をもつ霊長類が、大西洋を漂流し南米にたどりつき広鼻類を誕生させたのである。

次の「拡散」は類人猿である。アフリカに留まった真猿類は、二つの現生群を生みだした。ひとつはヒト上科（人類と類人猿）、もうひとつはオナガザル上科（アジア、アフリカの現生サル）である。サルから類人猿、そして人類とはしごを登るように進化が起こったと誤解されやすいが、中新世（二三〇〇万〜五〇〇万年前）の初め四分の三は、類人猿がオナガザル類よりも多様で繁栄していた。大型類人猿は一七〇〇万年前に、ユーラシアへ「拡散」した（化石証拠は皆無だが、小型類人猿テナガザルの祖先はさらに古い時代にアフリカを出たはずである）。この大型類人猿は、西ヨーロッパから中国南部まで広がり、さまざまな種に進化した。しかし、ユーラシア類人猿の繁栄は長続きせず、寒冷化による森林の後退と草原の拡大につれ、大半が七〇〇万年前までに絶滅した。その末裔がオランウータンである。

アフリカでも一〇〇〇万年前以降、類人猿の衰退が始まった。化石エナメル質の炭素安定同位体分析によれば、この時期に東アフリカでサバンナの拡大が始まった。アフリカ類人猿の衰退には、オナガザル類との競合が関与している。オナガザル類は森林の辺縁部や疎開林に分布した狭鼻類から進化した。

このような環境は気候の変動によって変化しやすく、また捕食圧が高い。その結果、オナガザル類は、早い成長、地上を素早く走る能力、葉や種子に含まれる有害な二次代謝産物への耐性を進化させた。サバンナの拡大とともに類人猿とオナガザル類の生息域が重複するようになった結果、二次代謝産物に対する耐性をもった旧世界ザルは、完熟していない果物を消費するうえ、一時的な環境悪化からの立ち直りが早いため、類人猿よりも優位に立った。オナガザル類がユーラシアへ最初に「拡散」したのは、八〇〇万年前である。西ユーラシアのサルは更新世氷河期に絶滅したものの、東ユーラシアに分布したサルは、初期の疎開林適応のおかげで、今日に至るまで繁栄を続けている。

人類の誕生

一二〇〇万～六〇〇万年前まで、アフリカ類人猿化石は著しく乏しい。わずか、エチオピアのチョローラ、ケニアのサンブル丘陵とナカリで大型類人猿化石が発見されているが、現生アフリカ類人猿と人類との最後の共通祖先像を推定するには断片的すぎる。一方、最初期の人類（猿人）には、オロリン・トゥゲネンシス（六〇〇万年前、ケニア）、サヘラントロプス・チャデンシス（～六〇〇万年前、チャド）、アルディピテクス・カダバ（五八〇〇～五五〇〇万年前、エチオピア）、アルディピテクス・ラミダス（四四〇万年前、エチオピア）が知られる。これらが互いに似たようなものであったとすれば、以下のような特徴をもっていたであろう。体格は雌雄ともにチンパンジー程度、犬歯が退縮し武器としての機能を失い、顕著な性差がみられない。二足性だったが、足の親指が横方向を向いて関節を形成し、木登りに必要な把握能力を維持していた。そのため、足のアーチ（縦弓）がなく、親指で地面を蹴り出す力が弱かった。地上では二足歩行をおこなったが、樹上運動も日常的におこなっていた。

四二〇万年前に登場したアウストラロピテクス属は、足の把握能力を失うかわりに足のアーチを獲得した。いっそうの二足歩行適応は、地上での活動時間と移動距離の増加を示唆する。しかし、二四時間を地上だけで生活することは無理だったのかもしれない。中新世中期以降、アフリカとユーラシアは陸続きであったが、猿人はアフリカから「拡散」できなかった。初期のアウストラロピテクスは東アフリカに限定され、アナメンシス（四二〇〜三九〇万年前）、アファレンシス（三七〇〜三〇〇万年前）が知られている。アウストラロピテクスは三〇〇万年前から南部アフリカに分布を広げた。南アフリカからはアフリカヌス（三〇〇〜二五〇万年前）、セディバ（二〇〇〜一八〇万年前）が知られている。これらの猿人の体格はチンパンジー程度、頭蓋容量はそれを若干上回る程度である。

ホモ属の進化

更新世に世界は氷河期を迎え、東アフリカではサバンナが拡大した。この環境変化にともない、鮮新世の猿人から、巨大化した咀嚼《そしゃく》器官をもち、食物処理能力を著しく高めた頑丈型猿人が進化した。一方で、東アフリカに奇妙な行動を始めた猿人が現れた。石器製作である。石器の使用痕が残された哺乳類の骨は、肉食動物の食べ残した死骸を解体する目的に石器が用いられたことを示す。この時代の石器はオルドワン石器と呼ばれ、二六〇万年前以降より知られる。オルドワン石器の最初の石器製作者候補とされているのは、エチオピアのアウストラロピテクス・ガルヒである。頭蓋容量は先行する猿人と変わらない。石器製作の開始には格段に大きな脳は必要なかったのかもしれない。なお、二〇一五年には、ケニア北部の三三〇万年前の石器が報告された［Harmand et al. 2015］。地面上の台石を用いて割られた大型の石器で、ロメクウィアン石器と名づけられた。左右それぞれの手に握った石を互いに打ちつけてつくるオルドワン石器以前にこのような技法が用いられたことは十分にありうるが、一例しか報告がない。

アウストラロピテクス・ガルヒ登場後、時間をおかずホモ・ハビリスが現れた。おそらくアウストラロピテクス・ガルヒから進化したのであろう。エチオピア、ケニア、タンザニア、マラウイから知られ、棲息年代は二四〇～一四〇万年前である。頭蓋容量をはじめ、解剖学的特徴に変異が大きなことから二種説もあるが、筆者は、種内変異が大きい単一種だったと考えている。オルドワン石器を用い、頭蓋容量はチンパンジーの一・五倍以上あった。しかし、ホモ・ハビリスもアフリカを出ることはなかった。

一九〇万年前、東アフリカにホモ・エレクタスが登場した。ホモ・ハビリスに比べ、臼歯・顎が小型化する一方、脳と体格が大型化し、現代人的な体型も獲得した。咀嚼器の小型化には、食べ物の質の変化と口腔外の食物処理が関係している。頭蓋容量は現代人の六割に達した。脳の拡大は食性の転換を示唆する。脳は大量のエネルギーを消費する。それを埋め合わせるため、栄養価が高く、かつ消化効率のよい肉食に依存し、エネルギーを消費する消化管を縮小したのであろう。一八〇万年前から、ホモ・エレクタスはアシューリアン石器を作りはじめた。これは、対称性をもった両面加工の大型定型石器で、動物の解体をはじめさまざまな用途に用いられた。オルドワン石器とアシューリアン石器の段階をアフリカでは「前期石器時代」、ユーラシアでは「前期旧石器時代」と呼ぶ。

ホモ・エレクタスは一七〇万年前からユーラシアへ広がりはじめた。人類最初の「拡散」である。更新世は、寒冷期と温暖期が繰り返し到来した時期であり、環境変動が、食料資源を求めて移動するホモ・エレクタスの地理的分布を広げる要因となったのだろう。その後も人類は、変動する環境に翻弄されるように、繰り返しユーラシアへ「拡散」した。

ホモ・サピエンス

八〇万年前、アフリカでホモ・エレクタスから古代型ホモ・サピエンスが進化した。この段階で、頭蓋容量は現代人の八～九割に達した。古代型ホモ・サピエンスは誕生後、時間をかけないでユーラシアへ「拡散」した。ヨーロッパへアシューリアン石器を伝播させたのはこの拡散である。火の管理をおこなっていたと確証をもって言えるのもこの時代である。火の管理は捕食されることを防ぐ目的があったと考えられる。つづいて調理が始まった。調理は、栄養吸収効率の上昇、感染防止に効果がある。また、暖をとることも、より高緯度地域への拡散で効果的であったと考えられる。

二〇万年前、解剖学的特徴においてほぼ現代人と同じ人類（新人）が誕生した。古代型ホモ・サピエンスにせよ新人にせよ、アフリカで誕生した背景には、アフリカの外へ拡散していた集団の人口が、あまりに希薄だったためであろう。といっても、アフリカのなかが新人で沸き返っていたわけでもない。現代人の祖先の有効集団サイズは、チンパンジー・ヒト共通祖先のそれに比べ、五分の一以下と推定されている。つまり、人類は進化の過程で強い人口収縮を経験している。それゆえ、ミトコンドリアＤＮＡ多型の収斂する時期が新しいのである。一二万～七万年前の温暖期には、新人はアフリカから中東やペルシア湾岸まで広がった。しかし、遺伝的な研究によれば、この「拡散」は、現代人に大きな遺伝的影響を与えていない。実際、温暖期が終わる前に中東から新人の痕跡は消えた。

最後のアウト・オブ・アフリカは六万年前に起こった。ミトコンドリアＤＮＡ研究からは、アフリカのなかで誕生した新しい型が、バブ・エル・マンデブ海峡を越えアラビア半島へ広がり、東進、やや遅れながら北方に拡散したと推定されている。現在、研究の主流は、父母双方の系譜をたどれる核DNAを用いたものになっているが、基本的に同じ結果が得られている［たとえば、Nielsen et al. 2017 を参照］。アフリカ以外の地域における現代人の主要な遺伝的起源となったのはこの拡散である。この「拡散」はかなり小さな集団によるものだったと考えられている。アフリカ起源の新人の遺伝子は世界の人類の遺伝的地図を大きく塗り替えていったが、完全に塗りつぶしたわけではない。ヨーロッパで得られたネアンデルタール人の化石のゲノム解析で、ネアンデルタール人から現代人へ向かっても遺伝子流動が存在したことが明らかにされた。おそらく、同様のことはアジアでも起こったであろう。しかし、より高い人口増加率をもった新人は、少数だった在来の非アフリカ集団を、比較的短い時間で同化吸収してしまった。

文化の中心

アフリカは人類文化の中心だった。アフリカで三〇万年前に発明された調整石核技法（一定の形をした剝片《はくへん》が得られるように、石核を前加工して剝離をおこなう：中期石器時代）は、数万年遅れてヨーロッパで用いられるようになった（中期旧石器時代）。この技術によって、長い刃をもった薄い小型の定型剝片を石材から効率的に製作できるようになった。装柄技術も現れた。人類学上、芸術・装飾品、埋葬、石刃技法、骨や角などの生体材料の加工、遠距離の資源交換、大型哺乳類の効率的捕獲、魚や鳥の捕獲、生存に向かない地域への進出、大海を渡る技術などを総称して「現代的行動」と呼ぶ。これらは時を同じくして現れたわけではない。南アフリカでは、一六万年前に、新人が貝類などの海産物利用、顔料利用、石刃石器の製作を始めていた。七万七〇〇〇年前には、抽象的な図像も作られている。中期石器時代を通じてさまざまな新しい発明が誕生、消失、再登場を繰り返したようである。人口学的な条件が整ってはじめて、こうした発明が蓄積的に継承され、発展するようになったのだろう。

そして、四万九〇〇〇年前、アフリカで後期石器時代が始まった。長い石刃、小型の尖頭器が主要な構成要素となった。後者の登場は、装柄後、発射して用いる道具が出現したことを意味する。道具の原材料の種類も増え、弾性のある骨、歯牙が積極的に使われはじめた。骨で作った針（骨針）の存在からは、腱やはぎとった皮の利用も推測される。こうした文化は最後の「拡散」により世界へ広がった。ヨーロッパへは四万五〇〇〇年前から広がりはじめた（後期旧石器時代）。楽器、装飾品、人形、洞窟壁画など、動物本来の欲求を満たすことに直接は関係ないものまで作られるようになった。

アフリカと古人類学研究

人類の進化を研究するフィールドとしてのアフリカの重要性は、人類化石が集中するいくつかの国（エチオピア、ケニア、タンザニア、南アフリカ）では、比較的認知度が高いと思われる。しかし、南アフリカを除けば、現地国の研究者の数は少ない。科学者の理屈から言えば、貴重な化石資料は普遍的価値をもつ人間の共有財産である。しかし、研究者層の薄いアフリカの国々の発掘現場へ入り込んでいく私たち外国人研究者は、思慮と道義的義務感をもって、現地国との研究協力に尽くすことを忘れてはならない。でなければ、「研究の自由」を「資源の略奪」と呼ばれても仕方ないであろう。同じようなことは現地国内でも起こりうる。たとえば、私が調査をおこなっているケニアでは、二〇一〇年、憲法が改正され、従来よりも地方の権限が大きくなった。これまで、発掘された化石はすべて中央の博物館へ集められていたが、将来、発掘地を抱える地方が「自分たち」の化石の権利を求める可能性も考えられる。資料の保全と研究の便宜を考えれば、化石の集中管理は合理的な選択である。しかし、研究活動は現地に何も残さなくてよいのだろうか。それを考え、なすべき努力を果たすことは、僻地の荒野でおこなわれる発掘作業を下支えする現地社会への義務であろう。

アフリカの代表的な古人類学関連研究機関・組織

エチオピア　エチオピア国立博物館　National Museum of Ethiopia
ケニア　ケニア国立博物館　National Museums of Kenya　https://museums.or.ke/
　トゥルカナ盆地研究所　Turkana Basin Institute　https://www.turkanabasin.org/
タンザニア　タンザニア国立博物館　National Museum of Tanzania　https://www.houseofculture.or.tz/
南アフリカ　ウィットウォーターズランド大学　University of the Witwatersrand　https://www.wits.ac.za/
　トランスバール自然史博物館　Transvaal Museum of Natural History
東アフリカ古人類古生物学会　Eastern African Association of Palaeoanthropology and Palaeontology　https://eaappinfo.wordpress.com/

参照文献

Cann, R. L., Stoneking, M., and Wilson, A. C. 1987 'Mitochondrial DNA and Human Evolution,' *Nature*, 325.

Ingman, M., Kaessmann, H., Pääbo, S., and Gyllensten, U. 2000 'Mitochondrial Genome Variation and the Origin of Modern Humans,' *Nature,* 408.
Wilson, A. C. and Cann, R. L. 1992 'The Recent African Genesis of Humans,' *Scientific American,* 266.
Harmand, S., Lewis, J. E., Feibel, C. S., et al. 2015 '3.3-million-year-old stone tools from Lomekwi 3, West Turkana, Kenya', *Nature*, 521.
Nielsen, R., Akey, J. M., Jakobsson, M., et al. 2017 'Tracing the peopling of the world through genomics', *Nature*, 541.

2 古王国

アフリカにおける国家の誕生

竹沢尚一郎

サハラ以南アフリカで（以下、「アフリカ」と記す）、最初に国家が誕生したのはいつか。国家の誕生をうながした条件は何か。これらの問いはアフリカ史や人類学の分野で長く問われてきたものである。ここでは主として考古学の知見によりながら考えていこう。

歴史学は文字資料を重視する傾向があるが、アフリカの古王国に関する最初の記述が現れるのは九世紀前半である。メソポタミアで活躍した地理学者フワーリズミーは、西アフリカにファッザーン、ザガーワ、カウカウ（＝ガオ）、ガーナという都市ないし国家があると記している。情報がより正確になるのは九世紀の後半になってであり、インドからエジプトまでを旅したヤックービーは、西アフリカの諸王国について次のように書いている。

> 西に移動したスーダーンの人びと〔アラビア語史料では「黒人」の意〕は、いくつかの国を横切って、複数の王国を築いた。その最初の国家はカーニムという所に住むザガーワである。彼らの家は葦でできた小屋で、町と呼べるほどのものはない。……それからカウカウ王国があり、これはスーダーンの地でもっとも大きく、もっとも重要で強力なものだ。その王にすべての国家が従っている。カウカウとは都市の名だ。近くにたくさんの王国が

あり、それぞれ王を戴いているが、みなカウカウの王の権威を承認し、忠誠を誓っている。……それからガーナの王国があり、この王もとても強力だ。この国には金の鉱山があり、どこでも金がとれる。

［Levtzion & Hopkins 1981］

九世紀の半ばまでに西アフリカに多くの王国が誕生していたことは、以上の記述から確実だ。これ以降もアラビア語文献は、ガーナ、ガオ、マリなどの諸王国の特徴や長距離交易、イスラームの浸透などについて語っている。こうした記述や、アラビア語を刻んだ墓碑、石造建造物からなる都市遺構、大量の考古学出土品、王国について語る口頭伝承、トンブクトゥやジェンネといった今日まで続く「中世」都市などを根拠として、西アフリカはアフリカ史のなかで特権的地位を与えられてきた。最初の国家が誕生したのは西アフリカのサヘルやサバンナ地帯であり、そこでアフリカ特有の文明が築かれたというのだ。

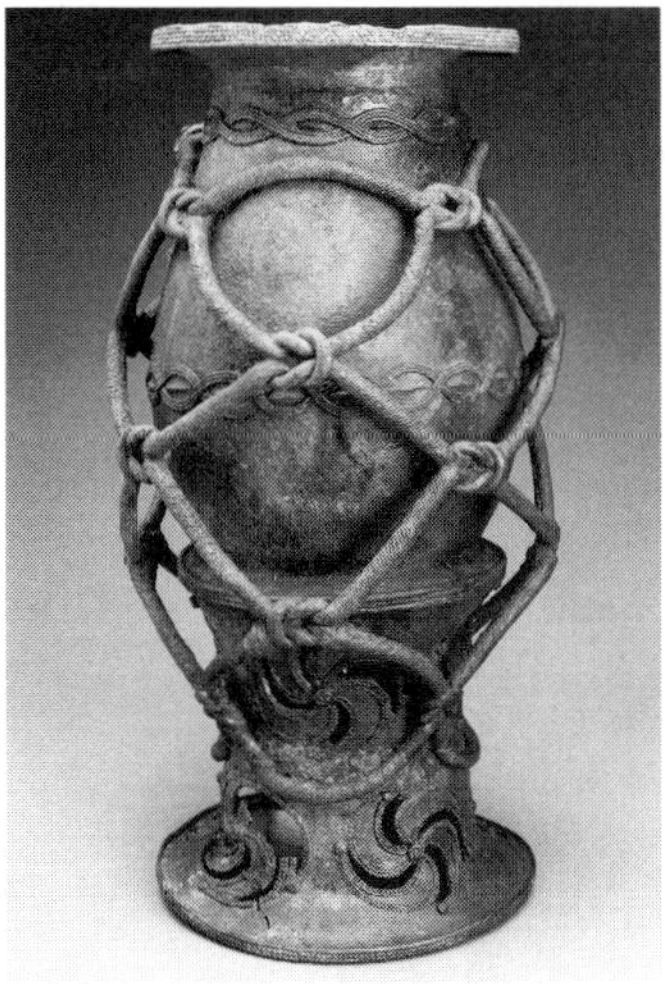
イグボ・ウクウの青銅器

事実がそれほど単純ではないことは、発掘の成果をみれば容易にわかる。ニジェール川の河口近くにイグボ・ウクウという遺跡がある。一九五〇年代におこなわれた発掘調査からは、約一五万点のガラス製ビーズと、ロストワックス法（蠟で型をとり金属を流し込む技法）で作られた六〇〇点以上の青銅器が発見されている。青銅器のうちのいくつかは、写真にあるように他に類を見ないほど見事なものであり、あまりに完成されているために、その作者について多くの解釈が寄せられてきた。曰く、地中海地方からの交易品である。曰く、ポルトガルの交易品が紛れ込んだに違いない。しかし、原料の化学分析や放射性炭素の分析から、銅が西アフリカ産であること、遺跡が十世紀前後のものであることが、今日では確認されている。

このイグボ・ウクウの遺跡は多くの謎をもたらしてきた。これほど高度な技術と製品への需要が存在したとすれば、王国ないし社会的階層化の存在を考えるのが適切であろう。ところが、王国に関する口頭伝承は存在しないし、現在のこの地方は無国家社会の典型とされるイボ人の居住地である。しかも、ガラスはサハラ以南では製作されなかったというのが定説なので、ビーズは地中海地方から運ばれていたはずだが、いったい誰が、何を目的として、ギニア湾に近いイグボ・ウクウまで運んできたのか。

これらの謎はいまだに解決されていない。しかし、イグボ・ウクウの例から推察されることがある。アフリカの各地に、過去にはいくつもの国家が成立していたが、その多くは痕跡を残すことなく消えていったのではないか。そのうちのいくつかの国家だけが、なんらかの理由により強大となって今日まで記録に伝えられてきたが、他は国家をもたない社会へと戻っていったのではないか。アフリカの建造物の多くは粘土でできているため、熱帯雨林や湿潤サバンナに降る大量の雨は都市や国家の遺構を溶解させたと推測されるのだ。

西アフリカ・サバンナの古王国

記録に残るアフリカの古王国をみていこう。最初にとりあげるのは、アラビア語史料が詳細に語る西アフリカの諸王国だ（それらは広域を支配したのでしばしば「帝国」と称される）。この地域の最古の王国は、先のヤックービーの記述にあるザガーワ、ガオ（引用文では「カウカウ」）、ガーナなどだ。ザガーワ（その都市が図1のカーニム）はチャド湖周辺、ガオはニジェール川大湾曲部、ガーナはニジェール川とセネガル川に挟まれた地域に建設された国家であり、いずれも生態学的には北のサハラ砂漠と南のサバンナが接する地域に位置している。

地中から掘り出されたガオの巨大建造物

西アフリカは多くの金を産出したので、多くのムスリム交易者がサハラ砂漠を越えて西アフリカを訪れた。ガオ近くのガオ・サネ遺跡でおこなった私たちの発掘からは、大量のガラス製ビーズと銅製品、鉄製品、陶製ランプ、製法の異なる複数の種類の土器、長方形の日干しレンガ製建造物が発見されている。放射性炭素の分析により、この遺跡は八世紀初頭から十一世紀のものと確認されているが、ここで見つかった洗練された土器や長方形の日干しレンガはこの時期の西アフリカではほかに発見されていない。北アフリカ出身の交易者や工人がここに住みついて、交易や工芸品の製作に従事したと考えるのが適切だろう。

一方、この遺跡から七キロメートル離れたガオでは、巨大な石造建造物が十世紀初めに建設されたことが私たちの発掘で確認されている。全幅五〇メートル以上、奥行き一四メートルの

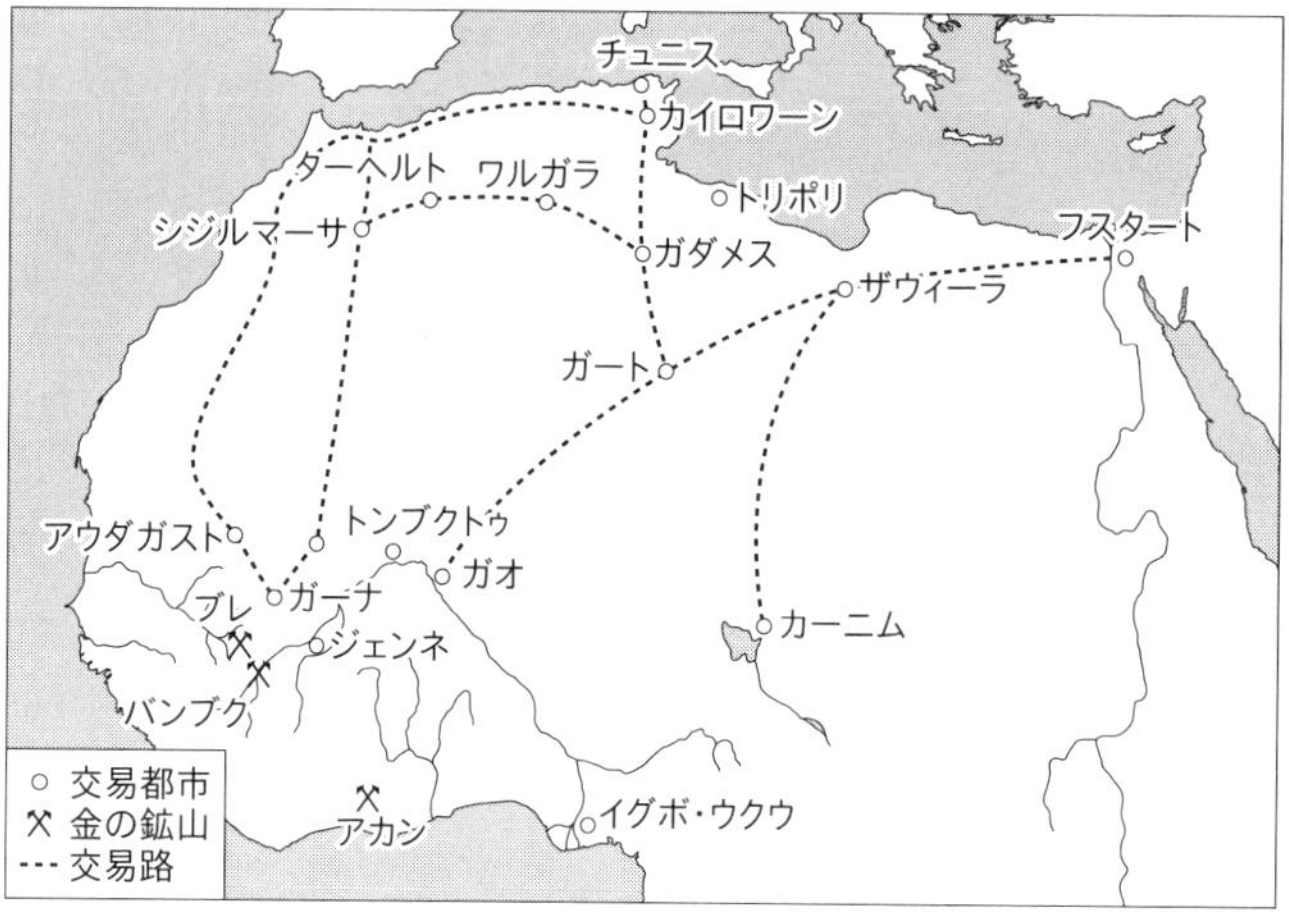

図1　西アフリカの交易都市と交易路

建造物であり、壁の厚さが一・二メートルあるので、高さは一〇メートルを超えていたと思われる。出土品には、二万点以上のガラス製ビーズと二〇〇〇点の銅製品や銅片のほか、チュニジアのカイロワーンに本拠をおいたファーティマ朝のガラス製容器や陶器、瀉血器、アラビア語の刻印されたガラス片（花押か？）、さらに中国製の陶器片一点が含まれている。ガオでは過去にファーティマ朝の金貨が採集されているので、サハラの南北を結ぶ交易はかなりの頻度をもっていたはずだ。

それほど交易が活発だったのは、西アフリカが旧大陸最大の金の産地だったためだ（図1）。金の主産地は、ニジェール川上流のブレやバンブク、現在のガーナのアカンであり、金の流通を支配したガーナ王国やガオ王国には、地中海域から多くの交易者や商品が入り込んで繁栄をみた。ニジェール川やその支流にはトンブクトゥやジェンネなどの交易都市が発達し、衣服や金属器の製造が盛んにおこなわれただけでなく、イスラームが浸透して、何冊もの歴史書が書かれるなど知識人が輩出した。トンブクトゥに建てられたサンコーレ・モスクはイスラームの教育機関でもあり、そこには北アフリカからも多くの学生や知識人が来て勉強していた。また、ニジェール川の上流に栄えたマリ帝国の王カンクー・ムーサがメッカ巡礼をしたとき、金を積んだロバを一〇〇頭以上つれていたため、金の価格が一五％も暴落したと伝えられるほどだ。

当時の世界の経済情勢をみると、陶器製造や織物などの基幹産業の中心はインドや中国にあった。その支払いのために、貴金属や通貨はヨーロッパから東方へと流出する一方であった。その流れを相殺した西アフリカの金がもし存在しなかったなら、中東・地中海地域でのイスラーム世界の繁栄も、その後のヨーロッパ世界の発展も実現しなかったかもしれない。その意味で、西アフリカの古王国は世界史を動かすベクトルのひとつだったのだ。

西アフリカ・サバンナの繁栄は、大航海時代になって、主要な交易路が陸路から海路へと移動したことで終焉を迎えた。世界の経済を動かすいわば血液であった西アフリカの金も、インカ帝国を征服したスペインが帝国の金を略奪し、ついで現地人を鉱山で使役して銀を大量に生産したことにより、重要性を失った。西アフリカの大帝国は十六世紀末までに版図を維持することが不可能になり、ハウサやバンバラ、フルベ、ウォロフ、アサンテなどの、より小規模な国家が競合する時代へと推移したのだ。

グレート・ジンバブエと南部アフリカの王国

アフリカ南東部、サベ川やリンポポ川、ザンベジ川などが集まる高地に、グレート・ジンバブエの遺跡がある。自然石を用いて組み立てられたこの遺跡は、最大の遺構で高さ一一メートル、周囲の長さ二

グレート・ジンバブエの遺跡

四四メートル、底辺の壁の厚さ六メートルという巨大なものだ。そのほかにも、「アクロポリス」と呼ばれる直径三〇メートルの石造建造物や、数多くの壁や石塔が建設されており、すべてをあわせると約二平方キロメートルに及ぶ巨大遺跡だ。

この遺跡が西洋人に知られたのは十九世紀後半である。植民地期に特有の人種主義的な解釈が与えられ、フェニキア人が築いた、アラブ人が築いたなどの説明が寄せられた。しかし、のちに広域調査がなされた結果、この遺跡の周囲に類似の遺跡が点在すること、またそれと前後して、北のモノモタパ、南のマプングブエなど、複数の国家が成立していたことが確認された。その結果、現地のショナ人などが、農業や鉄製造を中心とした経済発展を通じてグレート・ジンバブエの建設に至ったという解釈が今では定説になっている。

放射性炭素の分析から、遺跡の建設が十一世紀ごろ始まり、乾燥化などの理由によって十四世紀末に放棄されたことが確実視されている。出土品として、多くの地元産の鉄製品や銅製品、綿糸用の紡錘車、金のビーズなどのほか、輸入品としてガラス製ビーズやアフリカ東海岸のキルワで製造された金貨、ペルシア製容器、中国から運ばれた磁器片などがある。

ジンバブエ高地では金を産出したこともあり、遺跡を含む南東部アフリカは八世紀ごろからムスリム商人が足しげく訪れる地域であった。ショナ人などが農業や金属製造を活発化させる一方で、ムスリム交易者がもたらした長距離交易の産品が、経済発展とその成果の少数者への集中を可能にしていたのであろう。長距離交易に結びついて実現された集権化や、それがおこなわれた十一〜十四世紀という時期など、西アフリカの諸王国との共通性の多い点が興味深い。

スワヒリ文明と東アフリカの都市国家

ジンバブエ遺跡の成立に貢献したムスリム交易者の足跡は、東アフリカの沿岸各地に残っている。木の板を紐で縫い合わせ、大きな三角帆を張ったダウと呼ばれる縫合船をあやつる彼らは、夏には南西に向かい、冬には北東に寄せるモンスーン（季節風）に乗って、インド洋を自由に航行した。ペルシアやアラビア半島を出発した彼らは、東アフリカ沿岸部の人びとと交易と婚姻を繰り返し、スワヒリと呼ばれる独自の言語と文明を築き上げた。

十世紀以上にわたる交流を通じて作り上げられたスワヒリ文明は、都市性、イスラーム、多民族性、交易、言語、文字などが共通する複合体であり、北はソマリアのモガディシオから南はモザンビークのソファラ、さらに対岸のアラビア半島までの広がりをもつ海洋都市文明だ（図2）。多くの都市国家が誕生したが、なかでも有名なのが、十四世紀の大旅行家イブン・バットゥータが訪れたキルワやモンバサであり、明の鄭和が十五世紀初頭に艦隊を率いて達したマリンディやモガディシオであり、日本の天正遣欧使節団が訪れたモザンビークだ。

そのキルワについて、バットゥータは次のように書いている。「クルワー〔＝キルワ〕は海岸に沿った規模の大きな町で、……諸都市のなかでも最も華麗な町の一つであり、最も完璧な造りである。町のす

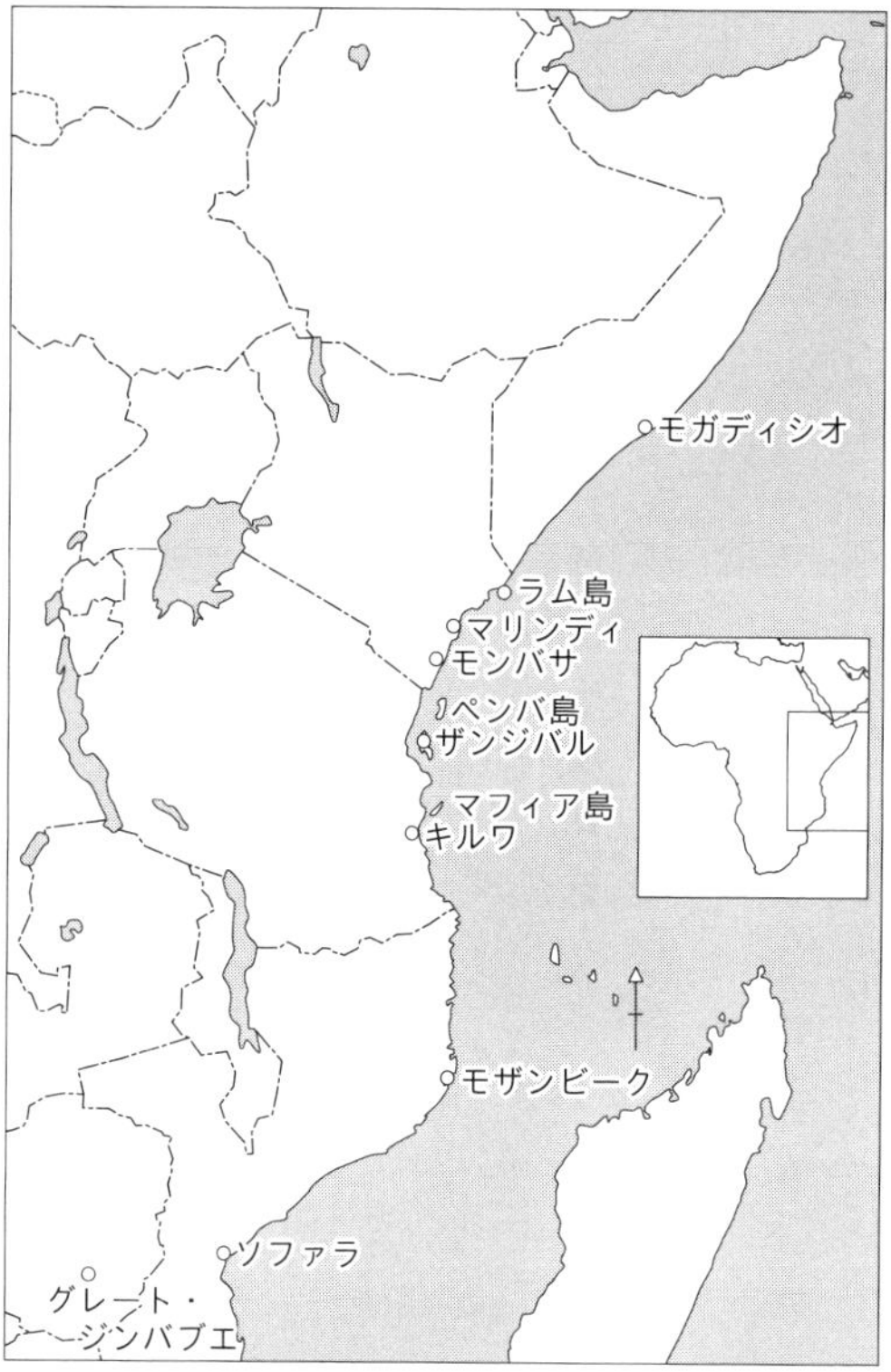

図2　スワヒリ交易都市とグレート・ジンバブエ

べては木造であって、家々の屋根は雨が多いので、ディース葦で葺いてある。……彼らの大部分は（イスラームの）信仰《ディーン》に忠実な善行に勤しむ人たちであ」る［イブン・バットゥータ　一九九八：一四六］。アフリカが産出する金や象牙と、中国の陶磁器、東南アジアの香辛料、インドの綿布が行き交うキルワは、インド洋でも有数の交易都市であった。過去の繁栄は今日では石造建造物に残るだけだが、その歴史は十六世紀の『キルワ年代記』によって今に伝えられている。

スワヒリ文明は沿岸部の港湾や島嶼を拠点としており、それがどれだけ内陸部の諸社会とのあいだで相互影響を果たし、国家の建設などの社会変化に関与したかは、今後の発掘を待たなくてはならない。一方、アフリカ東海岸は、十五世紀末以降ポルトガルの影響が強まり、十七世紀からはオマーン王国の支配下に入るなど、支配の興亡と戦争が繰り返された。しかし、さまざまな要素の複合体であるスワヒリ文明は、それらの要素をも取り込みながら拡張を続け、今日に至っている。

コンゴ王国とキリスト教的対話

熱帯雨林の続くコンゴ川流域は、開発や輸送の困難さから、集権化の遅れた地域と考えられてきた。しかし、森林を切り開くのに活用されうる鉄製造の起源は古く、紀元前一〇〇〇年紀の半ばまでにアフリカ各地で鉄製造が開始されたことが確認されている。このことから考古学者の多くは、鉄の製造技術が地中海地方から伝播したのではなく、アフリカで独自に開始されたと考えている。中部アフリカでも鉄は紀元前五世紀までに導入されており、森林の伐採に貢献したはずだ。近年の考古学発掘の結果、この地域でも十二~十三世紀以降、国家の建設があいついだことが明らかにされている。

多くの国家が誕生したのは、コンゴ川に沿って広がる熱帯雨林帯南縁のサバンナであった。森林とサバンナ、河川流域という、異なる生態環境間の交易がそれに寄与したのであろう。大西洋岸から東に向かって、コンゴ、ルンダ、ルバの国家が誕生したが、なかでもよく知られているのが、キリスト教を受け入れ、ポルトガルと緊密な交流を結んだコンゴ王国だ。

コンゴ王国は多くの留学生をポルトガルに送り込み、そのひとりが帰国後の一五〇六年に即位するアルフォンソ一世であった。彼は全国に教会を建設し、コンゴ人宣教師を育成するのと並行して、ポルトガルにならって税制や官僚制を確立した。それ以前にコンゴはかなりの集権化と首都への人口集中を実現していたが、この政策はそれに拍車をかけた。王国の主要な富は領土拡張の際に獲得した奴隷の売買によるものであったが、ポルトガルは非正規に奴隷の入手をおこなったので、コンゴ王はポルトガル王に親書を送って抗議している。私たちはアフリカというとヨーロッパ勢力による一方的な支配をイメージしがちだが、コンゴとポルトガルのあいだでは、キリスト教を介して対等の関係が成立していたのだ。しかし、性急なキリスト教化とポルトガルとの軋轢《あつれき》は王国の弱体化を招き、コンゴ王国はやがて衰退していった。

以上を要約しよう。奴隷貿易や植民地化が始まる以前、アフリカ各地で国家があいついで成立し、その多くは十五世紀までにかなりの勢力圏を実現していた。しかし、王国の成立は無国家社会から国家へと一方向的に向かったのではなく、無国家社会へと戻ったものも多かったはずだ。アフリカの国家の多くは生態環境の境界に成立しており、異質な生態環境間の交易が富と権力の集中をうながしたと考えられる。国家は一般に都市の発展と並行して成立しており、その多くはトンブクトゥやコンゴに見られるように、ヨーロッパやアラブ世界と緊密かつ対等な関係を作り上げたし、アフリカの金などの資源がヨーロッパの経済発展に寄与したのも事実だ。しかし、アフリカ社会が実現したこうした発展と外部の交流は、西洋による奴隷制と植民地化によって失われていった。アフリカ大陸は、経済的発展を自賛する西洋人の目には、英国の小説家コンラッドが書いたような「闇の奥」へと閉じ込められていくことになるのである。

参照文献
イブン・バットゥータ　一九九八『大旅行記　3』（家島彦一訳）平凡社。
コンラッド、J.　二〇一〇『闇の奥』（中野好夫訳）岩波文庫。
Levtzion, N. & Hopkins, J. F. P. 1981 *Corpus of Early Arabic Sources for West African History*, Cambridge University Press.

3 奴隷交易

宮本正興

人道に対する犯罪

二〇〇一年八月から九月にかけて、南アフリカのインド洋岸の大都市ダーバンで国連反人種主義・反差別世界会議（ダーバン会議　正式名「人種主義、人種差別、外国人排斥および関連する不寛容に反対する世界会議」）が開かれ、一六三カ国から政府代表二三〇〇人、ＮＧＯなどから四〇〇〇人以上が参加した。この会議で採決された宣言文に、アフリカ人の歴史的経験にふれて、「奴隷交易、とくに十六世紀から十九世紀のあいだに、一〇〇〇万人以上のアフリカ人を強制的にアメリカ大陸へ運んだ大西洋奴隷交易は人道に対する犯罪であった」と書き込まれた。ここで、「人道に対する犯罪」とは、ユダヤ人の大量虐殺（ホロコースト）がその典型例であるが、未来永劫にわたって、時効がないという意味である。

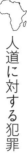

「奴隷」そのものは、世界最古のシュメール文明の時代から存在した。「ハンムラビ法典」（紀元前一八〇〇年ごろ）に奴隷制度のことがふれられている。「旧約聖書」にも奴隷の記述はある。およそ世界の四大文明の発祥地には奴隷制度がみられたことはよく知られていよう。

伝統アフリカにも、「奴隷」、むしろ期限つきの「奉公人」と言えるような身分の人びとが各地にいた。そうした人びとは、主人に穀物を貢納したり、労役を提供するなどしたが、たいした身分的拘束はなく、一種の職業的カーストとみなせる場合が多かった。親が奴隷であっても、その子弟が奴隷とは限らなかったし、結婚も蓄財もかなり自由だった。他人の動産でもなく、拘束的身分が生涯にわたって継続することは珍しかった。八世紀から十六世紀にかけて、西部スーダンに興亡した初期王国（ガーナ、マリ、ソンガイなど）では、全人口の三分の一の住民がそうした身分にあったといわれる。

エジプト、スーダン、ソマリア、ザンジバルなどの大農園では、いわゆる奴隷労働がみられたが、一方では、生産労働にそれほどかかわらない奴隷もいた。屋内奴隷制（domestic slavery）がそれで、社会的に保護され、主人の家族の仲間として扱われ、結婚などに関してもたいした制約はなかった。

このように、奴隷はアフリカ伝統社会内にも存在しており、その取引は、ローカルな地域内はもちろん、サハラを越えて北アフリカへ向かうルート、紅海・インド洋を渡ってムスリム諸国などへのルートも存在した。つまり、「奴隷交易」は、ヨーロッパ各国の独占事業ではなかったし、奴隷の積み出しルートも大西洋だけではなかった。しかし、後で述べるように、奴隷化されたアフリカ人が大量に船積みされ、大西洋を越えて世界各地の市場に送られたことは、その後の世界史の歩みに未曾有の、比類のない影響を及ぼした。

人口一五〇〇万人にも満たないイベリア半島の小国ポルトガルが、十五世紀中にアフリカを世界の舞台に引き入れたのである。ポルトガルは、赤道以南アフリカ、および紅海までの東海岸地域において、ヨーロッパ人による対アフリカ人交易のパイオニアだった。彼らが、ゴールドコースト（現ガーナ）に、初めは黄金、ついで奴隷の獲得を目的にエルミナ城砦を建造したのは一四八二年のことだった。以後、スペイン人、オランダ人、イギリス人、フランス人などが続いた。

はたして、ヨーロッパ人は、アフリカ西海岸を南下しはじめたころから、アフリカにどのような影響をもたらしたのだろうか。それによって、アフリカ社会はどう変化したのだろうか。社会や経済の活性化とか、生活レベルの向上といった恩恵をもたらしただろうか、いや、アフリカの自立的発展の芽を摘み取り、「開発」するよりは、むしろアフリカを「低開発」したのではなかったか。

本章では主に、十五世紀末から十九世紀前半までの四〇〇年間にわたってヨーロッパとアフリカの関係を特徴づけた大事件のひとつ、「奴隷交易」について考えてみよう。

「奴隷交易」の広がり

なんらかの拘束的身分にある人間が、商品（動産奴隷制 Chattel slavery: The enslaved）として経済的価値をもちはじめると、いわゆる「近世・近代奴隷制」のもとでの「奴隷交易」が始まった。そうした「奴隷交易」には、いくつかのルートがあった。

(1)　サハラ越え・紅海・インド洋ルート　十世紀にアラビア半島からラクダが持ち込まれて以後、十九世紀までにサハラ砂漠を越えて北アフリカへ約九〇〇万人の奴隷が運ばれたという。その多くは召使いや兵士になった。男女比は一対二で、男よりも女のほうが多かった。男は、去勢されて宦官として警備などにあたり、女は後宮などにも仕えた。紅海ルートは九世紀から開かれ、十九世紀までに東方ムスリム諸国などへ約四〇〇万人が運ばれたという。インド洋ルートは、東海岸沖のザンジバル島やラム島が中心であるが、アラビア半島やインドへ約四〇〇万人が運ばれたという。ここでは、アラブ・スワヒリ商人が内陸へ遠征隊を送って、奴隷狩りをすることが多かった。一例として、ティップ・ティップ

（一八四〇年ごろ〜一九〇五）という人物が知られる。彼は、東アフリカ内陸各地で奴隷・象牙取引に従事し、旧ベルギー領コンゴ（現コンゴ民主共和国）をも含む広大な地域で商業上の覇権を掌握した。晩年には、生まれ故郷のザンジバル島に七つの農園を経営し、約一〇〇〇人の奴隷を所有していたといわれる。十九世紀のオマーン・アラブの治世下、象牙から奴隷への比重が高まるころ、ザンジバル島、ペンバ島では年平均二万人の奴隷が取引されたといわれ、当時は島民の三分の二が奴隷として地元のクローブ農園で働いた。東海岸から積み出された奴隷の一部は、モーリシャス島やレユニオン島のサトウキビ農園に送られた。

⑵　大西洋ルート　早くも十五世紀から、ポルトガル商人はカナリア諸島を拠点に、同島のブドウやサトウキビ農園で働く黒人奴隷を求めて、西海岸各地で奴隷取引を拡大し、ポルトガル本国はもちろん、地中海諸国にも運んでいた。しかし、南北アメリカへの大西洋ルートが開拓されると、その規模、その性格、その歴史的意味において、それまでの「奴隷交易」は一変した。

ギニア海岸に最初にやってきたのはポルトガル人で、一四四一年にある商人が最初の奴隷を買ったといわれる。彼らは、金や香料を目当てにサントメ島・プリンシペ島に入植地をつくったが、のちにそれらの島がサトウキビ栽培に適していることを知った。そのための集約労働の必要から、大陸本土側のコンゴ王国などから大量の奴隷が同島に運ばれることになる。ポルトガルは、一五七五年にアンゴラを征服、ルアンダを獲得し、十七世紀末には、海岸部のルアンダ、ベンゲラと結ぶ内陸のマサンガノが奴隷獲得のための前哨地点になった。その後、ポルトガルの関心がブラジルに転じると、サントメ島などの入植民の多くがブラジル、その他スペイン領植民地、カリブ海諸島、熱帯アメリカへ移住した。

大西洋ルートは十五世紀半ばから十九世紀まで続いた。このルートで運ばれた奴隷の総数は、大方の見方で一〇〇〇～一二〇〇万と見積もられる。その男女比は二対一だった。このうち大半が十八世紀中、わけても同世紀後半に運ばれ、イギリス人、ポルトガル人、フランス人が主な担い手だった。なお、ポルトガル人はとくにブラジル向けの輸送を独占し、ルアンダは十九世紀初めごろ、毎年一四万人の奴隷を積み出したという。大西洋ルートの三八%がブラジル向けだった。

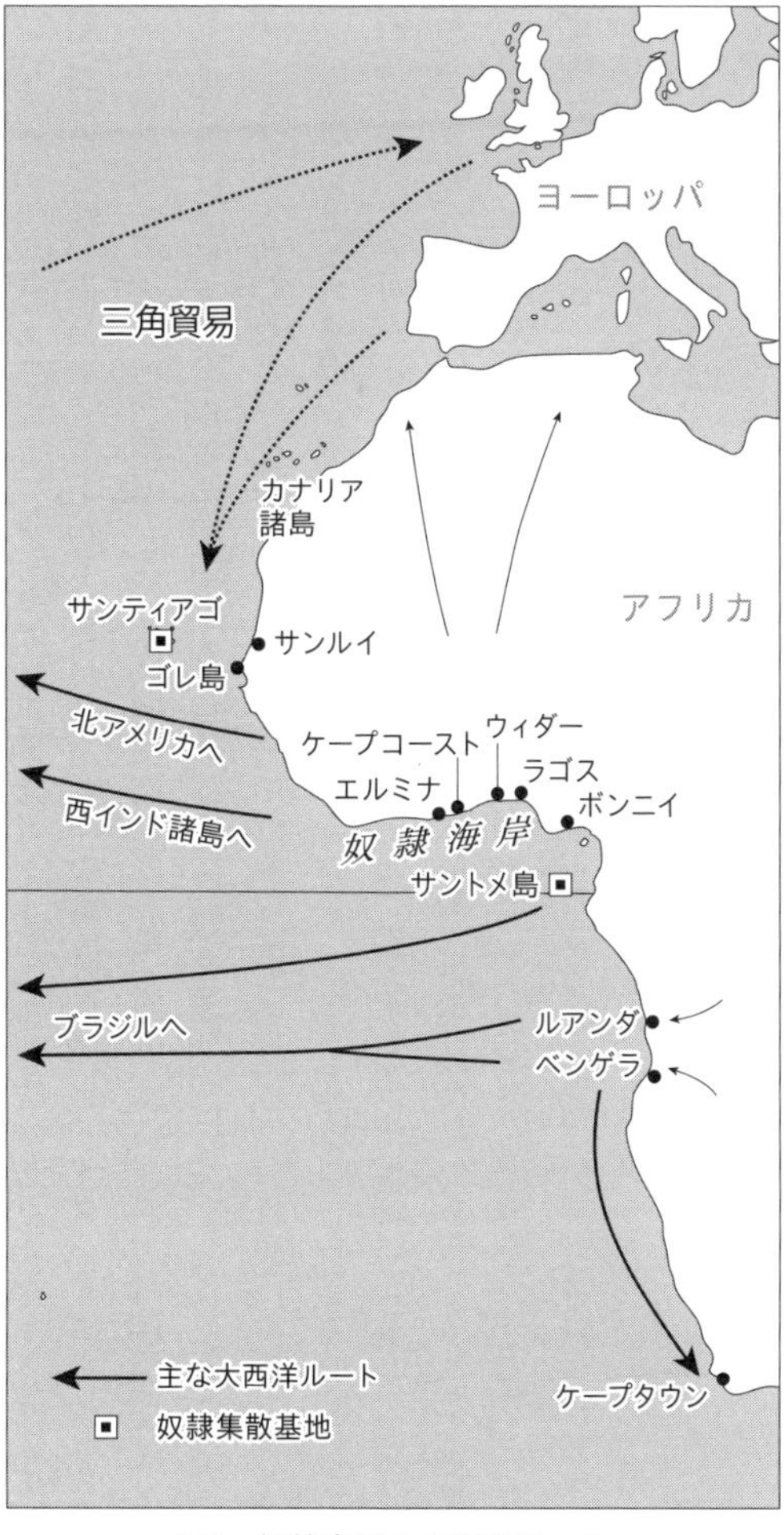

図1　奴隷交易の大西洋ルート
Griffiths［1994］をもとに作成。

ポルトガル（そしてスペイン）の次に大西洋とインド洋の覇権を掌握したのはオランダだった。十七世紀の初めには、オランダ東インド会社がインド洋の覇権を獲得し、オランダ西インド会社がアフリカ西海岸からポルトガル人を撃退した。本国では奴隷制が禁止されていたが、帝国内では許されていたオランダ商人は、一六一九年に合衆国やカリブ海域に奴隷を運び、以後、オランダ領のガイアナ・ブラジル・東インド諸島などへも運んだ。十七世紀中ごろ以降、赤道以南ではまだポルトガルが主体であったが、赤道以北ではオランダが台頭した。オランダは、一六七七年にゴレ島をフランスに奪われるまで、同島を西アフリカからの奴隷輸出の拠点にしていた。また十七世紀半ばになると、大陸の南端ケープ半島にオランダ人が入植することで、アフリカは本格的に世界経済に引き入れられたと言えるだろう。

他方、十七世紀末からオマーン・アラブの台頭が著しかった東海岸地方はヨーロッパ人にたんなる寄港地を提供するにとどまり、逆にモーリシャス島、レユニオン島、マダガスカル、コモロ諸島が重要性を増し、主にフランス商人が各地のサトウキビ農園へ奴隷を運んだ。

十八世紀中ごろには、カリブ海の英領ジャマイカ、仏領サン・ドマング（現ハイチ）がブラジルと並んでカリブ海域の主要な目的地となり、イギリス人やフランス人の独占事業となった。イギリスは、すでに十七世紀の初めから大西洋ルートの主役になっていた。北米一三の英領植民地とカナダ（一七六三年以後）で奴隷制がみられた。初めは、王立アフリカ会社の独占事業であったが、十七世紀末以降、ブリストルやリバプールの商人が進出、当時はリバプールを出航する船の四分の一が奴隷船で、バーミンガムは交換用の銃の製造で、マンチェスターは綿織物の生産で栄えた。これとあわせて、保険業や海運業、金融業が未曾有の勢いで勃興した（ロイド銀行やバークレイ銀行などの創始者は奴隷交易で財をなした当時の有力者だった）。フランスは、セネガル沖のゴレ島をオランダから奪ってから積極的に大西洋ルートに参入しはじめた（フランスは、一七九四年に奴隷制を一時廃止していたが、ナポレオン政権期の一八〇四年に復活させた）。

ポルトガル、オランダ、フランス、イギリス、スペインのほかにも、スコットランド、ブランデンブルク（十八世紀のプロイセン王国時代に中心的な一州となり、ヨーロッパ諸列強とならんだ）、デンマーク、スウェーデンなどが大西洋ルートに参入したが、彼らは綿布、銅・真鍮製品、ビーズ（ガラス玉などをつないだ首飾り）、バングル（金属の輪で作った腕輪）などの装飾品、鉄棒、火器、弾薬、アルコール飲料などを積んでアフリカへ運び、奴隷と交換、南北アメリカ・カリブ海域で積荷を降ろすと、砂糖、インディゴ、原綿、コーヒーなどを積んでリバプール、ナント、リスボン、アムステルダムなどへ引き返したのだった。アフリカ人奴隷は、彼の地で競りにかけられ、綿花・サトウキビ農園、タバコ栽培、金・銀の鉱山労働に従事したほか、主人の屋敷で働いた。

このほか、ケープタウンなどでは、近隣のモザンビーク、アンゴラのほか、遠くエチオピアやマレー半島などから奴隷が移入されて、オランダ人の経営する大農場で働いた。これらはのちの「アパルトヘイト（人種差別・隔離）」社会の成立につながっていく。

三角貿易の犠牲者数

四〇〇年にわたって、ヨーロッパ、アフリカ、南北アメリカ・カリブ海域をつないだこの交易網は「三角貿易（triangle trade）」と呼ばれた。この三角形の第二辺は「中間航路（middle passage）」で、奴隷は約八〇日から六〇日のあいだ、船上の積荷となった（図2参照）。ブラジルは、地元の製造品を直接アフリ

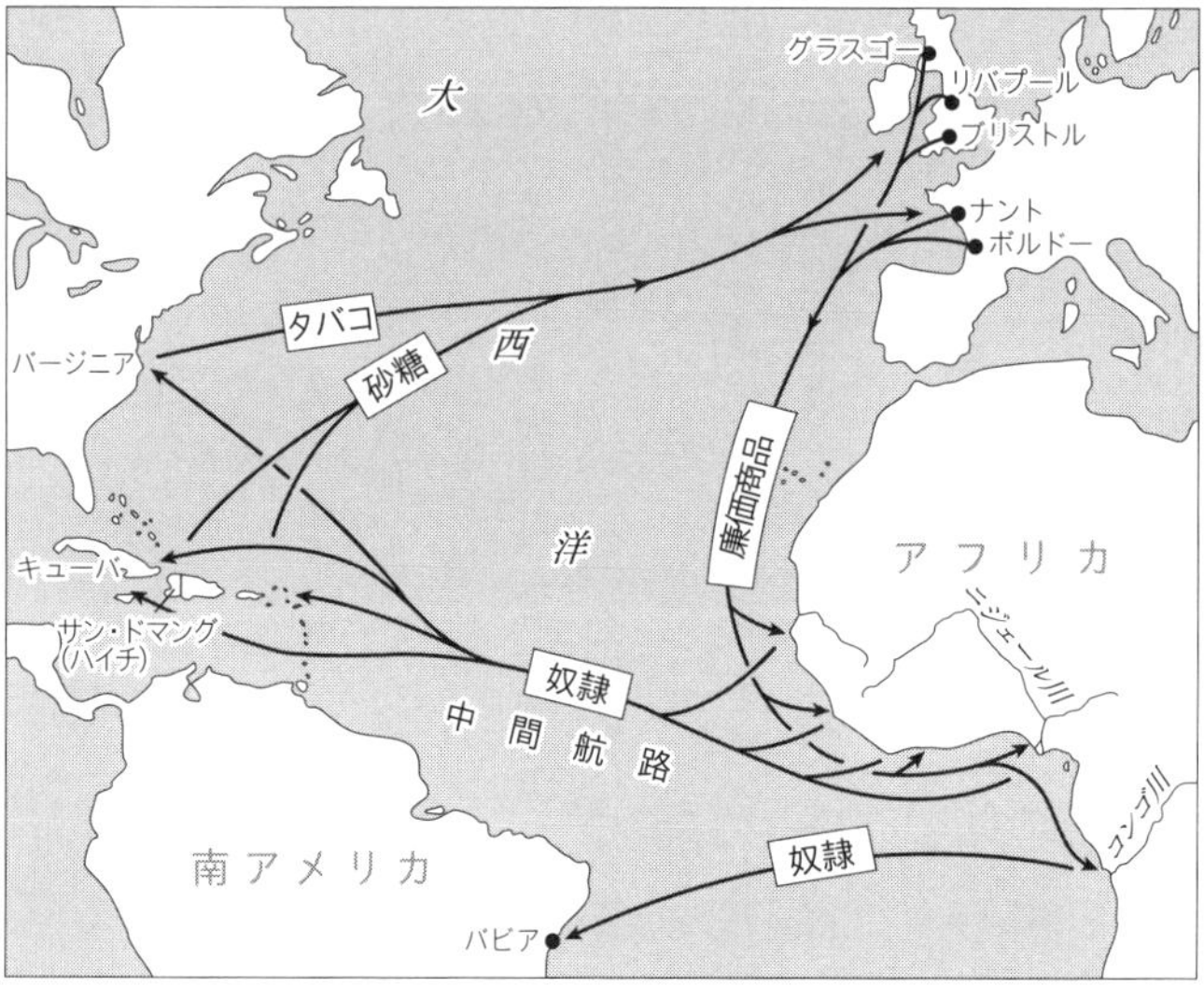

図2 「三角貿易」の概念図

デビッドソン［1975］をもとに作成。

カの諸港と取引することが多かった。また、南北アメリカからヨーロッパ諸港への帰路は、新たな専用船が就航することも多かった。

なお、大西洋ルートの犠牲者のうち、全体の三分の一がアフリカの出港地に着くまでに亡くなり、大西洋横断途中に死亡した者も多い。表1と表2から、次のことが言えよう。

①十六世紀末までは、旧世界（イベリア半島、カナリア諸島など大西洋上の島嶼が中心）への輸出が五〇％以上だった。

②十八世紀中の輸出が全体の五三％である。

③たとえば十八世紀中のアフリカからの積み出し総数は六一三万人、南北アメリカへの陸揚げ総数は五二一万人である。海上での死亡率は十五・〇％となる。

南北アメリカへ陸揚げされた奴隷の数は、これまで長いあいだ、少なくとも一五〇〇万人以上と見積もられてきた。しかし、一九六〇年代にＰ・Ｄ・カーティンが精細な研究の結果、九五六万六〇〇〇人と見積もり、プラスマイナス二〇%の誤差を配慮して、八〇〇万人以上、一〇五〇万人以下と推定した。これらの数値は少なすぎるとの批判も出たが、のちにP・E・ラブジョイが独自の調査から、カーティンの数値をほぼ妥当として支持した。表1はこれら二人の成果を

表1　海外で陸揚げされたアフリカ人の数（概算）

（人）

	旧世界へ		南北アメリカへ		合計
	総数	年平均	総数	年平均	
1451〜1525	76,000	1,000			
1526〜1550	31,300	1,200	12,500	500	
1551〜1575	26,300	1,000	34,700	1,400	
1576〜1600	16,300	600	96,000	3,800	
					293,000
1601〜1625	12,800	500	249,000	10,000	
1626〜1650	6,600	300	236,000	9,500	
1651〜1675	3,000	120	368,000	15,000	
1676〜1700	2,700	100	616,000	25,000	
					1,494,000
1701〜1720			626,000	31,000	
1721〜1740			870,000	43,000	
1741〜1760			1,007,000	50,000	
1761〜1780			1,148,000	57,000	
1781〜1800			1,561,000	78,000	
					5,212,000
1801〜1820			980,000	49,000	
1821〜1867			1,803,000	38,000	
					2,783,000
合計	175,000		9,607,000		9,782,000

[Fage 1988: 254]
[Fage, 1988] において、合計は100の位で切り捨てていると思われる。
ただし、年平均の算出方法は不明。

表2　大西洋ルートで積み出されたアフリカ人の数（概算）

（人）

	総数	年平均
1451〜1600	367,000	
1601〜1700	1,867,000	19,000
1701〜1800	6,133,000	61,000
1801〜1867	3,274,000	33,000
合計	11,641,000	

[Fage 1988: 255]
年平均は、1世紀ごとの年平均を示す。

採用したものである。表2は、アフリカから積み出された奴隷の数を推定している。ここでは、十八世紀と十九世紀については、ラブジョイの成果を援用し、海上での死亡率を一五％と見積もっている。十七世紀以前の死亡率はもっと高く、二〇％程度と推測されている。

なお、大西洋ルートでは、カリブ海諸島（四〇〇万人以上）とブラジル（三六五万人）が二大受け入れ地域で、全体の約八〇％を占めている。これには、もぐり業者の密売買のほか、奴隷交易の禁止措置がキューバで一八八六年まで、ブラジルで一八八八年まで遅れたことが要因のひとつになっている。

アフリカ社会への影響と結果

労働力としての人身売買を核心に、ヨーロッパを起点に四つの大陸をつなぐ「三角貿易」は、未曾有のグローバル経済を誕生させた。これが「近代世界システム」と呼ばれるもので、中心に位置したヨーロッパを「資本の本源的蓄積」に向かわせるとともに、その後のエネルギー革命を経て、「産業革命」を準備させるものとなった。では逆に、それはアフリカにどんな影響と結果をもたらしたのだろうか。

まず、働き盛りの若い労働力の大量喪失は自明である。それが長期にわたるアフリカ社会の「停滞」と「低開発」を引き起こしたことも疑う余地がない。図3は人口の停滞を雄弁に物語っている。

図3で明らかなことは、アフリカが他の大陸と比べて圧倒的に人口の自然増を阻まれたということである。それによって、農牧業を含めて、在来の諸種の産業の発展、あらゆる分野での技術革新が阻害されたことだろう。「奴隷交易」が、長期にわたってアフリカの経済成長を阻害し、社会の安定に悪影響を与えたことは間違いない。

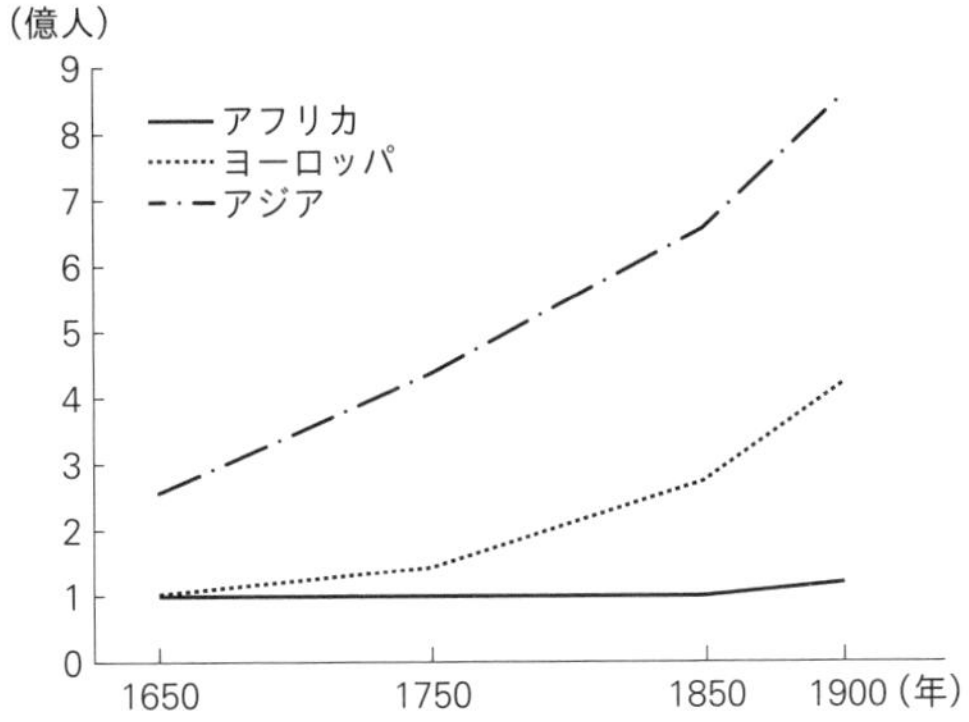

図3　大陸別の人口増加

ロドネーの表［邦訳1978: 127］をもとに作成。1650年ごろのアフリカの総人口約1億のうち，黒人アフリカは約8000万。1700年ごろ，西アフリカの総人口は約2500万，人口密度は1平方マイル12人と推定される［Fage 1988］。

「奴隷交易」の見返りに、アフリカが大量のマスケット銃、弾薬、衣料、金属製品などを獲得したことは確実であるが、相互に競争を繰り返すなかで、たとえば十六世紀のウォロフ王国の分裂にみられるように、社会は分断され、安定的な、より大きな政治機構の成立が妨げられた。十八世紀までに毎年二〇万丁の火器が西アフリカへ運ばれたといわれる。火器・弾薬が奴隷狩りを助長し、「銃」は権力の象徴となった。マスケット銃隊がヨルバの騎馬隊と対抗するなど、やがて伝統権力関係の変化をうながし、死の商人（戦争貴族）の誕生につながった。

ヨーロッパ人が内陸深く奴隷を探しに入る必要はなく、地元の王侯貴族、富裕商人が奴隷をかき集めた。奴隷として売られたのは、約半数を占める戦争捕虜のほかに、囚人、宗教上の異端者、債務の担保にされていた者などであった。このほか、初めから売買を目的に、襲撃や拉致もおこなわれた。

西アフリカでは、オヨ（ヨルバ）、ベニン、フタ・ジャロン、フタ・トロ、ファンテ連合、アサンテ連合、ダホメーなどの王国が「奴隷交易」と深くかかわった。ヨーロッパ人との取引のためには海岸に至る交易路の確保が至上命令となった。十三〜十八世紀のベニン王国、十七〜十九世紀にゴールドコースト内陸部に栄えたアサンテ連合王国などはこうした「奴隷交易」で繁栄した。ベナン湾はまもなく「奴隷海岸」の通名で知られることになった。オヨとベニンは海岸への交易路をめぐって対抗、一時はギニアなどでのポルトガル語と並んで、ヨルバ語がこの地域の商業共通語（リンガ・フランカ）になることもあった。

「奴隷交易」が地元産業を刺激し、共通の通貨（鉄棒、タカラガイ、砂金など）が生まれ、正規の交換レートが成立することもあった。一部では、「商人貴族」と呼べるような新興成金が誕生した。ニジェール・デルタ地方やナイジェリアのイボ社会では、一定程度の生活レベルの向上もみられ、ウィダー、ボンニイなどの港町では既存の共同体の秩序を解体して、新興層が台頭した。また、アフリカとヨーロッパの中間位置（たとえば、ヨーロッパ人との混血家系）から勢力を伸ばし、有力商人へのぼり詰めた者もいた。時代の勢いが経済の地平の拡大をもたらし、ある種の「商業革命」を特定層に引き起こしたのだった。

この結果、社会がある程度まで階層化に向かったことは確かである。他方、ヨーロッパ人の介入が政治的・社会的分解を誘発し、無秩序が拡大し、平和な農耕社会に混乱と蛮行を生み出すこともあった。元奴隷で、後年ロンドンで奴隷制反対運動に活躍したアフリカ人、オラウダー・エキアノはイボランドの出身であったが、両親の農作業中、妹と留守番をしていたところを奴隷商人に拉致・誘拐されたのだった。

西アフリカ内陸部、もっと南方のコンゴ王国、ルバ王国、ロジ王国、さらには東海岸内陸部のニャムウェジ人地域（ウニャニェンベ首長国）、ヤオ人地域（ヤオ首長国）、ビクトリア湖を中心とする大湖地方のガンダ王国やニョロ王国などにおいても、「奴隷交易」を含む対外交易が中央集権化や領土拡大を誘発した。その結果、ある場合には民族的解体を、ある場合には民族的統合を引き起こすなど、伝統権力のバランスに変化を誘発し、政治・社会機構の再編成をうながした。たとえば、西アフリカ内陸部のアサンテはオランダと提携して海岸までの交易路を確保することで勢力を拡大し、その繁栄がいっそうの人口増加を誘発し、首都クマシの王権拡大につながった。海岸に近い森林地帯ではファンテ連合がイギリスとの協力関係を獲得して、勢力を伸ばした（ただし、一八〇六〜一八〇七年にアサンテに敗れた）。東アフリカの大湖地方では、王国の再編成が相次いだ。

その当時、西ヨーロッパでは、自由・平等・博愛の啓蒙精神の普及とともに、新しい時代の思潮が芽吹きはじめた。ロンドンでは、フランス革命に先立つ一七八七年に奴隷貿易廃止協会が結成された。やがて、十九世紀初めに各国は足並みをそろえて「奴隷交易」を廃止、奴隷制度も、十九世紀中には全面的に廃止された。

しかし、よく知られているように、十九世紀後半になると、アフリカはヨーロッパ列強による領土争奪の餌食となる。アメリカの黒人社会学者で、パン・アフリカニズム運動の父W・E・B・デュボイスは次のように述べている。「黒人奴隷制と奴隷交易は、植民地帝国主義のために廃止された」［DuBois 1946］。その意味は、ヨーロッパの経済的野心が、「奴隷交易」から必然的に次のレベルへ、つまり「アフリカ分割」へ、ついで「植民地経営」へと移行したということであろう。

このようにみてくると、奴隷交易の後に続いた探検、探検の後に続いたキリスト教伝道、そして文明化の使命を担ったとされる植民地支配は、一連の弁証法的な道筋であり、奴隷交易以来の「人道に対する犯罪」をむしろ覆い隠す役割を担ったといえなくもない。「人道に対する犯罪」が、実際のところ、アフリカだけでなく、近代世界の成立以降、いたるところで、こともあろうに「人道主義」の美名のもとに綿々と延命し続けたとも考えられるのである。
アフリカ探検王とされたD・リヴィングストンの次の言葉は、この点でも大いに示唆的であろう。そこでは、「人間愛」や「人道主義」の美名のもとに、温情主義や父権主義が見え隠れしており、そこから「植民地主義」や「帝国主義」はすこぶる至近距離にあるように思われる。

我々は彼らのもとへ優等人種の一員として来たのであり、人類のうちで最も堕落した部分を向上させようと欲している政府に対する奉仕者として来たのである。我々は、神聖かつ慈悲深い宗教の信者であり、その一貫した導きと賢明なる努力によって、今なお混乱し破滅に瀕した人種のための平和の告知者となることができる。
〔ルクレール　一九七六〕

本書の「序」にみられるように、奴隷交易から始まるヨーロッパ主導の近代世界が紡ぎ出した「五〇〇年のひずみ、二〇〇年のゆがみ」、そして「変わらない『アフリカ』認識」は、現在も、まだ清算されていない。しかも、十九世紀以降の「植民地支配」（宗主国側の、いわゆる「植民地責任」を含む）の問題は、時間的にも空間的にも、もっと広く、この日本をも含めて、深いグローバルな傷跡を残していることも忘れてはならない。本章の冒頭で紹介したダーバン会議は、不十分ながらも、これらを検証するうえでの一里塚とはなったが、なお「歴史のゆがみ」を糺す道は遠いと言わなければならない。

参照文献
池本幸三・布留川正博・下山晃　一九九五『近代世界と奴隷制——大西洋システムの中で』人文書院。
永原陽子編　二〇〇九『「植民地責任」論——脱植民地化の比較史』青木書店。

ウィリアムズ、E． 一九七八『資本主義と奴隷制――ニグロ史とイギリス経済史』（中山毅訳）理論社。
ウォーラーステイン、I． 一九八一『近代世界システム――農業資本主義と「ヨーロッパ世界経済」の成立』I、II（川北稔訳）岩波書店。
デビッドソン、B． 一九七五『アフリカ文明史――西アフリカの歴史＝一〇〇〇年～一八〇〇年』（貫名美隆・宮本正興訳）理論社。
ルクレール、G． 一九七六『人類学と植民地主義』（宮治一雄・宮治美江子訳）平凡社。
ロドネー、W． 一九七八『世界資本主義とアフリカ――ヨーロッパはいかにアフリカを低開発化したか』（北沢正雄訳）柘植書房。
Curtin, P. D. 1969 *The Atlantic Slave Trade : A Census*, University of Wisconsin Press.
DuBois, W. E. B. 1946 *The World and Africa : An Inquiry into the Part which Africa has Played in World History*, International Publishers.
Fage, J. D. 1988 *A History of Africa*, 2nd ed., Unwin Hyman.
Griffiths, Ieuan Ll. 1994 *The Atlas of African Affairs*, 2nd ed., Routledge.
Lovejoy, P. E. 1982 'The Volume of the Atlantic Slave Trade : A Synthesis', *Journal of African History*, 23.

4 植民地支配と独立

津田みわ

十九世紀から二十世紀にかけてのアフリカ大陸を席巻したのは、ヨーロッパ諸国による植民地支配であった。本章では、まずアフリカに住む人びとにもたらされたさまざまな分断を中心に、植民地化の概要を振り返る。そのうえで、この植民地化に対する謝罪と賠償を旧宗主国政府に求める訴訟が、ケニア共和国（以下、「ケニア」）において二〇〇〇年代以降に試みられてきた経緯をたどり、今を生きるアフリカの人びとにとって植民地支配の歴史がもつ意味と課題を考察したい。

アフリカ分割と民族の創出

ヨーロッパ列強による領土獲得競争が激化していた十九世紀末、ベルリン会議で「アフリカ分割」のルールなるものが決められた。そこでは、沿岸部の占領が自動的に後背地の所有権を生み出すとされ、また他国の権益のない場所を勢力圏に組み入れるには、「列強」に通告すればよい、などとされた［宮本・松田編 二〇一八］。会議に参加したのは、アフリカに領土をもつ英、独、仏、伊、ベルギー、スペイン、ポルトガルをはじめとする一三カ国であり、ここでいう「列強」にはアフリカ大陸側の政治勢力はそもそも含まれていなかった。

図1は、植民地に分割される直前の西アフリカである。河川流域を中心に数多くの国家が発達して

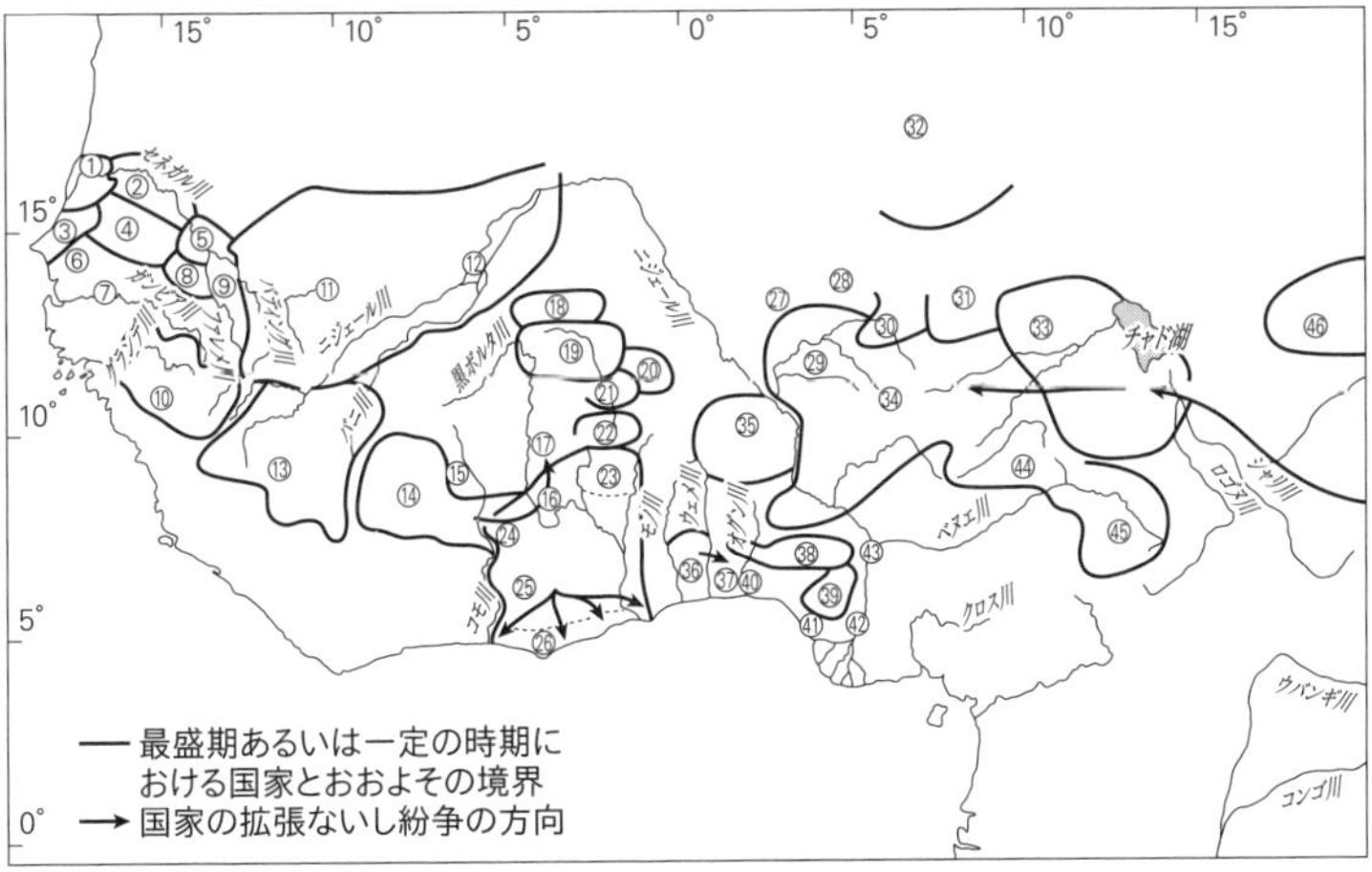

①ワロ　②フータ・トロ　③カイヨル　④ジョロフ　⑤ガラム　⑥バオル　⑦サルム　⑧ブンドゥ
⑨バンブク　⑩フータ・ジャロン　⑪トゥクロル　⑫マッシナ　⑬サモリ(1885年頃)
⑭サモリ(1895年頃)　⑮コング　⑯ゴンタ　⑰ワ　⑱ワヒグヤ　⑲ワガドゥグ
⑳ファンダングルマ　㉑テンコドゴ　㉒マムプルシ　㉓ダゴンバ　㉔ギヤマン　㉕アサンテ
㉖ファンテ　㉗ザベルマ　㉘ゴビル　㉙ケビ　㉚マラディ　㉛ダマルガム　㉜アイール
㉝ボルヌ　㉞ソコト　㉟ボルグ　㊱ダホメー　㊲エバ　㊳イバダン　㊴ベニン
㊵イツェキリ　㊶アダマワ　㊷ワダイ　㊸イジェブ　㊹ワリ　㊺イガラ　㊻ゴンベ

図1　ヨーロッパの分割開始時の西アフリカの諸国家と諸国民
ボアヘン編［1988: 169］, Boahen ed.［1985: 115］, 竹沢［1988］をもとに作成。

いたことがみてとれる。この西アフリカをはじめとし、アフリカ大陸全土で「ルール」にそって植民地化が進められた結果、まさに「アフリカが分割された」様子を示すのが図2、一九四六年のアフリカ大陸である［砂野 二〇〇九］。図3は、脱植民地化による独立を経た、一九九〇年代中葉のアフリカ大陸である［宮本・松田編 二〇一八］。多くの場合、植民地化が一九六〇年代以降まで続いていたことがわかる。

　よく知られているように、この植民地化は、きわめて暴力的なものであった。武力面での大きな差を前提としたうえで、ヨーロッパ人たちは、圧倒的多数派であったアフリカの人びとを、主に間接統

ダンジェ(ダンジール)
(国際管理下)
スペイン領モロッコ
マデイラ諸島
(葡)
イフニ
(西)
モロッコ
カナリア諸島
(西)
リオ・デ・オロ
チュニジア
スエズ運河
(イギリス支配下)
リビア
フランス統治
(1947-51)
アルジェリア
エジプト
共和国
フランス領西アフリカ
ガンビア
ポルトガル領
ギニア
スーダン
(イギリス・
エジプト
共同統治)
ソマリランド
仏領
英領
エリトリア
エチオピア
帝国
ソマリア
シエラ
レオネ
リベリア
ナイジェリア
ゴールド
コースト
フェルナンド・ポ(西)
トーゴランド
(英・仏信託統治)
赤道
フランス領
アフリカ
カメルーン
(英・仏信託統治領)
サントメ・
プリンシペ
(葡)
スペイン領
ギニア
カビンダ
(葡)
ベルギー領
コンゴ
ウガンダ
ケニア
ルワンダ・
ウルンディ
(ベルギー
信託統治領)
タンガニーカ
ニヤサランド
コモロ諸島
(仏)
アンゴラ
北ローデシア
南ローデシア
モザンビーク
マダガスカル
(南アフリカ
委任統治領:
信託統治への
移行を拒否)
南西
アフリカ
ベチュアナ
ランド
スワジランド
南アフリカ
連邦
バストランド
ポルトガル領
イギリス領
イギリス信託統治領
フランス領
フランス信託統治領
ベルギー領
ベルギー信託統治領
スペイン領
独立国
イギリス暫定統治下のイタリア領
0
2000km

図2　1946年のアフリカ大陸［砂野 2009: 32］

(　)の数字は独立年、1900年代（リベリアと南スーダンを除く）

図3　現代のアフリカ諸国

宮本・松田編［2018: 562］をもとに作成。

治という手法――現地のアフリカ人住民の一部を「原住民行政の代理人」として利用する方法――を用いて支配していった［真島　一九九九］。

そもそも植民地支配の柱は現地からの資源の収奪であり、野生ゴムの採集、綿花など商業的作物の強制栽培、鉱物資源の開発などが進められた。そのすべてにおいて現地の人びとの労働力が必要であった。植民地支配とは、宗主国側が労働を強制し、採集税や人頭税などの税金を一方的に課すことで、現地の人びとをその税金支払いのための低賃金労働に追いやるしくみであった。税や労働の徴収、そのための住民把握をめざし、「「分けねば治まらぬサルの群れ」に対峙した」植民地支配側が採用したのが間接統治の手法であり、「首長を探せ」「支配すべく分割せよ」というスローガンだった［真島　一九九九］。

仏領西アフリカでは、言語調査をふまえて人びとが「部族、人種」などの族的集団（以下、「民族」）に分類された。英領東アフリカも同様であった。植民地政府は、自由な移動と集団の組み換えが特徴だったそれまでの社会のあり方を無視して、人の移動を禁じ、民族なる画一的かつ相互に排他的な集団を定めた［松田　二〇〇三］。民族は、行政単位としても、言語など文化的な単位としても、そして政治的組織化の単位としても再生産されつづけ、現地の人びとにとっても「意味ある社会集団」となっていった。

「首長を探せ」ミッションと「文明化の使命」

植民地支配で並行しておこなわれたのは、その民族を治めている（と植民地支配側が考えた）「首長」探しであった。現地の伝統的権威者が「首長」として見出され、権力を拡大させた場合もあったが、それだけでなく、伝統的権威から外れた人びとが「首長」にとりたてられ、新たな権力者になっていく場合もあった。現地の社会は、「首長を探せ」ミッションによって大きな変容を余儀なくされた。西アフリカの口頭伝承では、「あるとき忽然とやってきた「白い肌」たちが、「〜村から〜村までの土地は、いったい誰と誰が治めているのか」式の質問を各地で試み」たこと、それに対し伝統的な結社長にあたる長老が身を隠し、代わりに戦士層のリーダーが「首長」に名乗り出たことが語り継がれている［真島一九九九］。そもそも「首長」に相当するような伝統的権威が存在しなかったケニアの中央高地でも、植民地チーフ（首長）に祭り上げられることで、巨大な権力を手に入れる個人が現れた。

これら「首長」とみなした人びとに対して、植民地支配側は、当人たちの権力を保護することと引き換えに、主権を譲渡させた。現地の人びとはもはや、税金の種類や額、誰を政治的代表にするかといった基本的な決定に参加することすらできなくなった。「アフリカ人の政治参加」が広く実現していくのは、独立目前の時期、東アフリカでいえば一九五〇年代のことにすぎない。もちろんこの主権譲渡の背景には、双方の圧倒的な武力の差があったのであり、主権の譲渡を拒めば、武力による制圧が待っていた。

こうした剝き出しの搾取に、じつは高邁な理想が同居していたことにも留意したい。植民地支配にあたったヨーロッパの軍人、官僚たちは、その多くがいわゆる「文明化の使命」――「未開、野蛮で自己発展の能力に欠けるアフリカ人およびアフリカ社会を教化し、文明開化させることは、先進的なヨーロッパ諸国の責務である」――なる一方的な考えに突き動かされていた。フランス領植民地で長らく「同化政策」が試みられたのをはじめ、英領やベルギー領の植民地においても、宗主国側の言語や秩序を理解できるアフリカ人の創出が重視され、キリスト教の布教が早くから試みられた。ヨーロッパからみた「アフリカ人エリート」を育成するため、ヨーロッパ風の教育を施す学校が植民地の各地に作られ、主要都市ではヨーロッパ風の病院が作られるなど、インフラ整備も進められた［竹沢　二〇〇一、渡辺　二〇一二］。

ここで注目すべきは、植民地では、「首長」になる、あるいはその協力者になるということが、たんにヨーロッパ由来の権力を手中にすることにとどまらず、首長とその協力者がまた、植民地支配に与し、「文明化の使命」の成果を体現する存在にもなっていったという点である。「民族」創出による分断が「タテ割りの分断」だったとすれば、この宗主国によるヨーロッパ化と「首長を探せ」ミッションは、アフリカの社会に「ヨコ割りの分断」をもたらしたのであった。ヨーロッパ風の教育を受け、英語やフランス語など異国（宗主国）の言語を操るアフリカの人びとが生まれる一方で、社会の大多数を占めたのは、母語で話し、伝統を守り、ヨーロッパ化を批判し、慣習法の世界に生きる人びとであった。人類学者のマムダニ（Mahmood Mamdani）のいう、「単一の空間の中で近代と伝統の代理戦争を続ける構図」が成立した［峯　二〇一〇］。もちろん、一人の個人の中にその二つの世界が共存していたことも無視できない［たとえば、グギ　二〇一二］。「アフリカ分割」によって引かれた植民地国境の内側でさらに、人びとのそれまでの暮らしは根底から覆されたのであった。

当然、数多くの反植民地運動が起こった。主なものだけでも、サモリ・トゥーレ率いる抵抗、サイイド・ムハンマドの反乱、チレンブエの反乱、ヘレロの反乱、マジマジの反乱など枚挙にいとまはない［ボアヘン編　一九八八］。

ケニアの植民地支配と独立

植民地ケニアで起こった「マウマウの反乱」もそのひとつであった。以下、植民地支配が生み出したさまざまな分断が、今日に至るまでアフリカの社会に影を落としている様子を、この「マウマウの反乱」を例にとり、具体的にみてみよう。

イギリスによるケニア植民地経営の二つの柱は、ウガンダに達する鉄道の建設と、中央高地に位置する冷涼な農耕適地への白人入植であった。白人入植のために土地を追われたアフリカ人住民の大半は、「キクユ人」（ケニア最大の民族。ただし人口比は約二割）とされた人びとだった。アフリカ人住民のあいだでは早くも一九二〇年代には政治的な組織化が始まり、一九四〇年代には、のちのケニア初代大統領、ケニヤッタ（Jomo Kenyatta　キクユ人）を党首とする政治結社がつくられた。しかし、アフリカ人の権利獲得は遅々として進まなかった。

この状況を前に、ケニヤッタと同じキクユ人のキマジ（Dedan Kimathi）らは、急進派を率いて土地解放のための武装組織を結成した。武装組織は、一九五〇年代に入り、植民地支配に与した首長とその協力者層、そして白人入植者に対する襲撃、農場への放火など、ゲリラ戦を展開した。これに対し植民地政府は戒厳令を敷き、「マウマウ」という反植民地主義のテロリスト集団がいるとして同組織を非合法化したうえで、制圧のためイギリス正規軍五万人、爆撃機などを投入した。手製の武器を用いてゲリラ闘争を展開した「マウマウ」側に対する軍事的優位は明らかであり、キマジも拘束され、一九五七年に死刑が執行された。遺体は刑務所の敷地内に埋められて墓標さえ建てられず、この年、「マウマウ」は軍事的にほぼ敗北した。

この過程で少なくとも一万人以上の「マウマウ」闘士が殺害され、アフリカ人首長とその協力者層の側にも二〇〇〇人近い死者が出た。白人入植者についても、約九〇人が死亡したほか、ケニア植民地予算の四年分に匹敵する巨額の戦費支出をイギリス側は余儀なくされた。「マウマウの反乱」が植民地支配側に及ぼした多大な犠牲は、ケニアを独立へと導く背景となった。このあと、穏健派アフリカ人を組み込んだ独立ケニアをつくるべく、イギリスにおいて憲法制定会議が開始され、一九六三年にケニアは独立を果たしたのであった。とはいえ、独立ケニアの近代的な国家建設を主導した／主導できたのは、歴代大統領をはじめ、植民地支配の薫陶を受けて育ち、また蓄財した、元首長とその協力者層にほかならなかった。ケニアでは、独立以来二〇〇〇年代初頭まで一貫して「マウマウ」は非合法化されたままとなり、独立への貢献が公に認められることもなかった。

しかし、二〇〇〇年代になって、ひとつの変化が現れた。二〇〇二年に政権交代を果たし、第三代大統領となったキバキ（Mwai Kibaki　キクユ人）の政権には、前政権期までに「マウマウ」復権を唱えていた勢力が数多く含まれていた。二〇〇三年、新政府は、キマジの遺体探しと再埋葬をおこなう決意だと発表し、同年中に「マウマウ」の非合法化を五〇年ぶりに解除した。元「マウマウ」メンバーたちは、長年求めていた「承認」を、キバキ政権下でにわかに獲得したのであった。この二〇〇三年のうちに、「マウマウ」の名を冠した団体が結社登録され、ケニア独立以来はじめて、「マウマウ」関連団体が合法的に活動することになった。

元「マウマウ」メンバーによる訴訟

イギリス政府を相手取り、植民地支配の罪に対する謝罪と賠償を求める訴訟の準備へと動いたのは、この団体であった。同団体は、国際的訴訟を活動の柱のひとつに掲げていた在英弁護士事務所リー・デイ社のデイ（Martyn Day）を訴訟の代理人に雇った。リー・デイ社は、不発弾問題に関する訴訟に勝利したことで、当時ケニアでは名を馳せていた。ケニア北東部でイギリス軍が残した不発弾による被害が相次いでいるとする依頼を受けた同社は、交渉の末、二〇〇二年に和解を成立させ、イギリス国防省から裁判費用の全額と総額七〇〇万ドルの補償金支払いを引き出したのだった。

元「マウマウ」メンバーの団体がデイ弁護士の雇用へと動いたのは、この不発弾訴訟の和解が成立した直後だった。デイは、存命の拷問被害者が原告団となってイギリス本国においてイギリス政府を訴える必要があるとの見解を示した。元「マウマウ」メンバーたちによるイギリス政府を相手取った訴訟は、現実のものとなっていった。

訴訟の動きのもうひとつの背景になったのは、歴史学の手法による研究の進展だった。二〇〇五年、アメリカの歴史学者エルキンス、そしてオックスフォード大学の歴史学者アンダーソンが、相次いでケニアの植民地支配をテーマとした研究書を出版し、そのなかで植民地支配側による組織的な拷問、強制労働などを詳細に解明したのであった［Anderson 2005; Elkins 2005］。訴訟は、リー・デイ社とエルキンス、アンダーソンの緊密な協力のもとで進められることとなった。

ついにイギリス政府を相手取った損害賠償請求訴訟が起こされたのは、二〇〇九年だった。一九六三年のケニア独立からじつに四六年を経ての「快挙」であった。訴訟では、存命でいずれも高齢の元「マウマウ」メンバー五人が原告となった。五人はイギリスに渡り、植民地期に拷問を受けたとして、イギリス政府に補償と謝罪を求めた。

訴訟は、それ自体の意義の大きさに加え、別の重要な成果も生んだ。イギリス外務省内に、旧植民地独立の際に英本国に持ち帰った約二〇〇〇箱分ものファイルが未整理のまま非公開で存在していることが明らかになったのである。史料を精査したアンダーソンは、そのうち約三〇箱が「マウマウ」関連であり、ケニア植民地での暴力行為についてイギリス政府が報告を受けていたことの証明に貢献しうるとの見解を示した。

これに対しイギリス政府側は、「マウマウ側が訴えることのできるのは直接の加害者であるケニア植民地政府であって、その責任は独立ケニア政府が継承した」などとし、「現在のイギリス政府はこの訴訟の被告たりえない」と主張して訴訟の却下を求めた。しかし、二〇一一年に英国高等法院はその申請を却下、イギリス政府を相手取った訴訟は、高齢の元「マウマウ」メンバーを原告団としてその後も進められることとなった（二〇一三年六月六日、英政府は、ケニア植民地支配のもとで拷問がおこなわれたことを認め、謝罪と総額一九九〇万ポンドの賠償金支払い、およびナイロビにおける記念碑建設への支援を正式に発表した。賠償金支払いの対象者は五二二八人とされた）。

植民地支配の清算と「トライバリズム」

ただし、植民地支配の清算を求めるこの動きには、逆に植民地支配由来の分断を強化し、再生産する側面がつねにつきまとわざるを得ない。その点を最後にみていこう。

まず、「マウマウ」復権をおこなったのが、自身もキクユ人であるキバキ大統領がひきいた政権であったことは重大である。キバキ政権は、重要な閣僚人事などで「身内」のキクユ人らを重用し、野党や政府内部から大きな批判を浴びた政権であった。「マウマウ」復権には、「キクユ中心主義」との批判に耳を貸そうとしなかったキバキ政権が、まさにその「キクユ中心主義」の一環として実施した側面がみてとれるのである。「キクユびいき」の悪評にさらされた同政権によってなされたことは、この「復権」がケニアの広い層に受け入れられるためには、阻害要因でしかない。

しかも、キバキによる二期目の統治は、二〇〇七年末の総選挙で「キバキ大統領再選」の報をきっかけに勃発した国内紛争で幕を開けた。キバキ大統領の一期目の統治下での「キクユびいき」のため、非キクユ人のあいだで不満が広がっていたことがその背景にはあった。ケニアはその後、国民和解を模索する長い過程に入ったのであり、植民地支配に端を発する民族をめぐる緊張関係はむしろ高まっていった。元「マウマウ」メンバーによる、植民地支配の責任を問うはずの動きは、たんなる「トライバリズム――自民族中心主義」だと矮小化して評価される可能性（あるいは、現実）との常なる対峙を迫られざるを得なかったとみてよい〔津田 二〇〇九〕。

訴訟の「矮小化」は、その当初から現地メディアに散見された。ケニアにおける対英補償請求訴訟に関する報道では、「七〇〇万ドルの補償金をイギリスから引き出した」といった表現がリー・デイ社の紹介で多用された。訴訟を報じた二〇〇九年のケニア日刊紙も、「マウマウ闘士、一人あたり三五〇〇万シリング（約三五〇〇万円）を要求」の見出しで「カネ」を強調した。アフリカではそのほか、ナミビアのヘレロが先陣を切って「マウマウ」と同様の訴訟を起こしていた。ナミビアの旧宗主国ドイツ側の動きを含め、その進展が注目されたが、そこでもやはり問われたのは、「トライバリズム」との関連であった［永原編　二〇〇九］。（ナミビアにおいては、ヘレロらによる補償要求運動が野党勢力との結びつきを強めた。ナミビア政府はこれを嫌い、二〇〇〇年代半ば以後は要求をナミビア国民のものと読み替えるなど、政府主導の交渉を試みるようになった［永原　二〇一六］。二〇二一年五月、ドイツ政府は植民地期の「西南アフリカ」、現ナミビアにおける行為を、ヘレロ、ナマに対する「ジェノサイドだった」と認め、公式に謝罪したうえで一一億ユーロの支払いを発表した。しかし、ここでドイツ政府と支払いに合意したのは補償要求運動側ではなくナミビア政府だった。一一億ユーロはヘレロらの受けた被害に対する補償ではなく、ナミビア政府に対する開発資金の供与であるとされた。）

ケニアでも、そしてナミビアにおいても、植民地支配の責任を問う主体が「国民」ではなく「民族」になりがちであるのは、偶然ではない。そこで生起しているのは、分割し統治された植民地支配の過去に抗議するはずのその主体が、当の植民地支配で分割のために創り出された「民族」にならざるを得ない、という古典的桎梏《しっこく》である。植民地支配は過去の遺物ではない。その傷を清算するための努力は、今を生きるアフリカの人びとの手によって不断に続けられているのであり、創られた民族をめぐるせめぎ合いの克服もまた、現在進行形で模索されている／されざるを得ないのである。

参照文献

グギ・ワ・ジオンゴ　二〇一二（一九六四）『泣くな、わが子よ』（宮本正興訳）第三書館。
砂野幸稔　二〇〇九「アフリカの言語問題――植民地支配からひきついだもの」梶茂樹・砂野幸稔編『アフリカのことばと社会――多言語状況を生きるということ』三元社。
竹沢尚一郎　一九八八「西アフリカのイスラム化にかんする一考察――歴史主義批判」『アフリカ研究』三二号。

https://doi.org/10.11619/africa1964.1988.19
竹沢尚一郎　二〇〇一『表象の植民地帝国——近代フランスと人文諸科学』世界思想社。
津田みわ　二〇〇九「復権と「補償金ビジネス」のはざまで——ケニアの元「マウマウ」闘士による対英補償請求訴訟」永原陽子編『「植民地責任」論——脱植民地化の比較史』青木書店。
永原陽子　二〇一六「植民地期ナミビアでの大虐殺に関する対独補償要求」『アフリカレポート』五四号。https://doi.org/10.24765/africareport.54.0_13
永原陽子編　二〇〇九『「植民地責任」論——脱植民地化の比較史』青木書店。
ボアヘン、A・アドゥ編　一九八八『ユネスコ　アフリカの歴史第7巻上巻』（宮本正興日本語版責任編集）同朋舎出版。
真島一郎　一九九九「植民地統治における差異化と個体化——仏領西アフリカ・象牙海岸植民地から」栗本英世・井野瀬久美惠編『植民地経験——人類学と歴史学からのアプローチ』人文書院。
松田素二　二〇〇三『呪医の末裔——東アフリカ・オデニョ一族の二十世紀』講談社。
峯　陽一　二〇一〇「アフリカの歴史から学ぶ——人類の「進歩」とは何だろうか」峯陽一・武内進一・笹岡雄一編『アフリカから学ぶ』有斐閣。
宮本正興・松田素二編　二〇一八『改訂新版　新書アフリカ史』講談社現代新書。
渡辺公三　二〇一一「パトリス・ルムンバ——ひとりの「開化民」の生成と消失」真島一郎編『二〇世紀〈アフリカ〉の個体形成——南北アメリカ・カリブ・アフリカからの問い』平凡社。
Anderson, D. 2005 *Histories of the Hanged: The Dirty War in Kenya and the End of Empire*, W. W. Norton & Company, Inc.
Boahen, A. A. (ed.) 1985 *General History of Africa・VII: Africa under Colonial Domination 1880–1935*, Heinemann Educational Books, Unesco, and University of California Press.
Elkins, C. 2005 *Imperial Reckoning: The Untold Story of Britain's Gulag in Kenya*, Henry Holt and Company, Inc.
Oliver, R. and Atmore, A. 2005 *Africa since 1800*, 5th ed., Cambridge University Press.

西アフリカ発掘事始め

マリ

マリ共和国東部のガオ市にひとつの空き地がある。マリ帝国最盛期の王カンクー・ムーサが、メッカ巡礼の帰途に立ち寄り、モスクを建設したというので空き地のまま残された土地だ。そこに大きな石が点在していることは、考古学者には知られていた。ところが、私たち以前には誰も手をつけようとはしなかったのだ。

私たちがこの空き地を訪れたのは二〇〇三年十一月。どこを掘るべきか。空き地全体を清掃していく過程で、私とマリの考古学者ママドゥ・シセの見解は一致した。ここしかない。その地点を中心に五×五メートルを区画とし、掘り下げていく。そこで私たちが見出したのは、それまで西アフリカでは発見されたことのないものであった。

地面の下に隠れていたのは、焼きレンガで装飾された厚さ一・二メートルの石造りの壁であった。さらに発掘を続けた結果、それが幅五〇メートル以上、奥行き一四メートルの巨大な建造物の入口であることが判明した。そしてその北側からも、やはり石だけを用いた建造物が現れてきた。

その後の発掘の結果、これらが十世紀初めに建造され、同世紀の終わりに放棄されていたことが確認された。と同時に、希有の出土品が現れてきた。ガラス製ビーズ二万五〇〇〇点以上（ガラスはサハラ縦断交易の証言である）、銅製品や銅片二〇〇〇点、香水瓶を含むガラス製品数十点、そして中国北宋製の白磁片一点。私たちはこれが十世紀の王宮の跡だと考えているが、もし王宮だとすると、西アフリカで最古の王宮の発見ということになる（九五ページの写真参照）。

私が西アフリカで考古学の発掘調査を開始したのは一九九九年のことだ。アフリカ社会の多くは過去に無文字社会だったので、文字資料は限られている。そのため、アフリカの過去を明らかにするには考古学の発掘が不可欠だ。考古学を習ったこともない私が、マリの考古学者に教えられながら発掘を始めたのは、それが理由であった。

一方、マリは日本の約三・三倍の国土をもつが、毎年発掘がおこなわれるのは年に二〜三件。予算がないので、外国チームが入ったときだけ発掘されるのだ。サハラ砂漠を介して北アフリカとの交流の窓口であったマリは、古くから独自の文明を発達させてきた。未開拓の領域が手つかずのまま残されている点で、まさに宝の山といってよい。

当初、私たちのねらいは農業や製鉄技術の起源の解明であった。マリとモーリタニアの国境地帯で三年にわたって発掘をおこなったが、この地域の治安が悪化したため、発掘は不可能になった。それで二〇〇二年以降、マリ東部のガオ市に狙いを変えたのだ。

ところがここも、砂漠の遊牧民トゥアレグの独立運動が続き、外国人の拉致事件が生じるようになった。とくに二〇一一年のカダフィー政権の崩壊後、三〇〇〇人といわれる部隊がリビアから重火器とともに戻ってきて、治安が悪化した。そのうち北部では内戦が始まったため、ガオ市での発掘も困難になった。そのため今では、マリ南部の、過去にマリ帝国の本拠であった地域での発掘へと方向を転じている。

「中世」に旧世界最大の金の産出を誇ったマリ帝国は、西ヨーロッパ経済の発展にも寄与し、わが国の高校の教科書にも登場するなど重要な役割を果たしてきた。ところが、その首都を発見しようという試みはおこなわれなかった。一九六〇年代にポーランドとギニアの調査隊が発掘をおこなったが、マリ帝国の最盛期である十三〜十四世紀の遺物は発見できなかったのだ。

首都バマコから南に広範な遺跡調査をおこなった私たちは、一二〇〇キロメートル離れたこの土地でガオと同種の土器が広く点在することを確認した。とすれば、広く交易がおこなわれていたか、土器を製造する工人集団が移住していた可能性がある。活発な文化や経済の交流を示す証拠といえる。残念なことに、マリの治安は悪化する一方で、外国人は国内で活動できなくなっている。マリの人びとの安寧のために、そして世界史の理解を深めるためにも、一刻も早い治安の回復が望まれるのだ。

（竹沢尚一郎）

同時代性を学ぶ

Part 3 Contemporaneity

AFRICA

1 ポピュラーアート

岡崎 彰

アフリカを学ぶという場合、その歴史・民族・文化・政治・経済・宗教などに関してはともかく、「ポピュラーアート」に注目することでいったい何を学ぶことができるのか。そもそもアフリカの「ポピュラーアート」とは何か。とりあえずそれは、政治的・経済的エリートではないふつうの庶民が知恵とわざを駆使して人生を楽しみながら生み出しているモノやコトだとしよう。つまりあまり目立たない大多数のアフリカ人がやっていることだ。だからそれは政治・経済などという旧来の俯瞰的視点からはとらえにくい対象だ。その意味で、「ポピュラーアート」に注目する意義は大いにある。そしてそれはとくに、厳しい生活状況にあってもなんとか窮地を脱してきたアフリカの庶民のしなやかさの秘密について学ぶうえでも役に立つだろう。ただし、地域的にきわめて多様で時代的にも変化が著しいアフリカのポピュラーアートを網羅的にとりあげることなど不可能だ。そこで、本章では、これまでの文献であまり触れられていない側面や筆者自身の体験も交えつつ、さまざまな庶民の知恵やわざに通底する特徴を探っていきたい。

大衆文学の曙

アフリカではかつては神話・民話・歌謡・諺《ことわざ》・謎々などの「口頭文学」が主流だったが、近年では

「文字文学」も盛んで、アフリカの著名作家たちの小説・詩・劇作・評論等は日本でもある程度知られるようになった。ただしこれらはアフリカのふつうの庶民に広く読まれているわけではない。その一方で、アフリカの都市の片隅の路上で売られているローカルな大衆雑誌などに載っている小説や軽い読み物などの出版物はかなりの量になると思うが、そのほとんどはその地域以外には余り知られていないし、保存もされてこなかった。しかし幸いにもアフリカのそんな大衆文学の曙とでもいえる興味深い事例について研究した人がいた。

アフリカではじめて大衆文学が流通しだしたのは、オビエチナ［Obiechina 1972］によれば、ナイジェリア南東部のオニッチャという町で、第二次世界大戦直後からである。この地域はもともと教育が盛んで、急速な人口増加とともに学校が増え、退役軍人の投資もあって商業が活性化し、教科書やビジネス用の文書を作る印刷所・出版社が急増し、マーケット通りの建物の半分以上が出版関係で占められていたという。ここの大衆文学が「マーケット文学」と呼ばれるゆえんだ。そこで出版されたものの大半は英語で書かれた小冊子で、読者は主として高校生、教師、タクシー運転手、商人だった。そして、これらはオニッチャ以外の都市にも広く流通していった。タイトルからすると、『経済的成功への鍵』『ラブ・レターの書き方』『貧困を避ける方法』『モダン・エチケット小百科事典』『洗濯の仕方』のようなハウツーものから、地方史、教会史、民話、諺を集めたもの、そして独立運動、汚職、冒険、自由などをテーマにしたものまでいろいろあった。そのなかでも『美はトラブルの元』『真実のラブ［第二版］』『誘惑の川』『お金を欲しがる恋人たち』『僕に強要するレディ』『四〇歳の浮気』など、恋愛や夫婦関係に関する小説や劇作が圧倒的に多かった。このような「モダン」な語り口は街の空気も表していた。

当時のオニッチャはかなりユニークな町で、住民は「貧しい者も富める者も、どのような職業についている者も、そして乞食や狂人までもいっぱしの意見を自由に言えた」。とくに後背地の村々から慣習や掟を避けるように逃げてきた若い男女を惹きつける町でもあった。また「想像力がある者、冒険心がある者には、個人として生きる自由が手に入る町」でもあった。そのため他の地域から、さらに外国からも、それこそ「良い奴も悪い奴も」さまざまな目的でやってきた。ここの大衆文学の作家たちはこれらの来訪者たちにも話を聞き、それを自分の作品に生かしていった。それはナイジェリアが植民地時代から独立へと向かっていた時期で、巷には将来に対する楽天的機運があふれていた。しかし一九六〇年代後半のビアフラ戦争でオニッチャは空爆によって破壊され、印刷所も印刷物もすべてが消え去った。そしてオニッチャのマーケット文学は二度と復興することはなかった。

『やし酒飲み』とジュジュ

オニッチャの出版ブームが始まったころ、一九四六年、ナイジェリア南西部のアベオクタのヨルバ人チュツオーラが『やし酒飲み』を書いた〔チュツオーラ 二〇一二〕。これはアフリカの「文学作品」として日本でももっともよく知られているもののひとつである。

いろいろな意味で型破りの作品で、内容としては、死んだヤシ酒造りを探しに死者の町へ旅する話だが、悪夢と笑いが同時進行するような不思議な展開、奇妙ないきものの住む不気味な森の底知れぬ恐怖、そこで遭遇する幾多の危機をジュジュ（呪術：まさかこの語はアフリカ由来なのか！）の働きで乗り越えていく奇想天外な冒険物語だ。その文体は型破りで、英語としても破格で、「英語の単語を使いながら、ヨルバ語で語っているようだ」と言う者もいる。これは西欧の著名な作家たちをはじめ、オビエチナやノーベル文学賞受賞者のショインカにも絶賛されたが、近代教育を受けたふつうのナイジェリア人には酷評された。破格の文体とその内容がアフリカの「後進性」イメージを助長するものと映ったからしい。たしかに英語で書かれているとはいえ、これはオニッチャの大衆文学のモダンな語り口とはまるで違う。むしろ、夜、焚火の周りで子どもたちに語り続けられてきたような作者不明の昔話、民話、伝説に近いかもしれない。実際「これは民話の盗作にすぎない」と批判した者もいた。しかしそう批判する「近代的」なナイジェリア人がじつはジュジュの力を密かに恐れていなかったとも言えまい。というのも、この語り口にはたんなる民話とは異なる奇妙な不思議さがあって、この物語の展開の意表を突くような「でたらめさ」や、登場する人や物の無限の可変性/可能性自体が、「アフリカ」を意識したことなどまったくないようなふつうの読者をして読ませ続けるという不思議な魅力(魔力?)になっているからだ。それは日本のインターネットの「読書メーター」という感想・レビュー欄に、計四〇〇本もの賞賛に満ちた投稿がアップされている事実が示している。その投稿の多くは、単に面白かったというより、『やし酒飲み』を読んで、実は「小説」というもの自体が近代西欧に成立したものにすぎないということに気づいた、という驚きを語っているのだ。では、もしこれが「小説」でないならいったい何なのか。これ自体がジュジュなのか。アフリカの人類学者ニャムンジョは「ここにあるのは、現実の不完全性を無視しないところにこそ存在する無限の可能性である」と評している[Nyamnjho 2015]。以下でもふれるが、「不完全性」はアフリカ音楽でも緊張と快感の源泉である。

語りのわざと冗談関係

アフリカのポピュラーアートと言えば迫力ある音楽やダンスをすぐ思い浮かべるかもしれないが、アフリカに行くたびに筆者が圧倒されるのは、人びとの語る力だ。語ることに熱心で、しかも独特で面白い語り方をする人がたくさんいる。このことは意外と注目されていないが、おそらくアフリカの言語環境とも関係があるだろう。つまり文字がない、あるいは文字に頼らない社会だからこそ、話し、伝える力や記憶を巧みに操って語る力が身につき、そのうえ複数言語使用の機会が多いからこそ、言語自体を相対化しつつ言語表現を創造的に工夫する能力が磨かれる。その証明はたいへんだが、密接に関係しているはずだ。

しかし語る力をもっと直接的に生み出しているような社会装置がある。それはアフリカ社会に広くみられる、人類学者が「冗談関係」と呼ぶ社会制度である。いったいこれがどう創造的言語表現を生み出すのか。この関係にある特定の親族関係（たとえば母方おじと甥・姪、祖父と孫娘、祖母と孫息子との関係）のあいだでは、相互にからかう、猥褻《わいせつ》な比喩を使った冗談を言い合う、相手の持ち物を奪うなどの「度を越した」悪ふざけの相互行為が期待されている。とはいえそれは制度というより、周囲の人びとが笑いだしてしまうほど創意に富む比喩や冗談を伴うからかいが期待されるので、当然言語表現には磨きがかかる。それに、子どもたちもこのようなゲームに参加しているので、からかわれても額面どおりに受け取らず、やり返して人間関係を楽しむ言語能力と対人能力を身につけていく。このように相互にからかう語りのわざは、アフリカのポピュラーアートのレパートリーのひとつといえよう。

これとの関連で興味深いのは、米国の黒人たちのあいだで奴隷解放以前の時代から受け継がれてきた

「ダズンズ（dozens）」と呼ばれることば遊びである（この点に関しては、音楽評論家藤田正氏の示唆に感謝）。これは二人の話者が聴衆の前で、相手の母親などを性的にからかうような比喩表現で相手を嘲笑しあうゲームだ。これを繰り返した末、最後に爆笑をとった者が勝者となる。これは今日のフリースタイル・ラップの駆け引き的バトルの原型ともいわれている。このような「ダズンズ」と「冗談関係」のゲームとのあいだには、歴史的関係は不明だが、共通点が多い。このようなゲーム自体は世界各地から報告されていて、たとえばケニアの子どもや若者世代で近年来流行っているムチョンゴアーノと呼ばれることば遊びは、制度的冗談関係を伴わないフリースタイルという点で、むしろダズンズに近いポピュラーアートである。しかしそこでのからかい対象は相手の母親ではなく大人の愚かさや身体的弱さで、間接的に若者の賢さや活力をたたえているという［Musonye 2014］。

このように子どものうちからことば遊びを通して相手を打ち負かすゲームを楽しんだりすることと関係があるのは、アフリカ社会によくあるいたずら者トリックスターの民話である。ガーナのアナンシという蜘蛛のトリックスターは有名だが、兎や亀がトリックスターとして登場する民話もアフリカには広く分布している。いずれにしても、このトリックスターは狡知を使って自分より強そうな者に一杯食わせるいたずら者で、機転を利かせて窮境を抜け出すさまざまな裏技や、相手の裏をかくようなことばのやりとりが特徴的な民話で、アフリカの子どもたちはこのような話が大好きだ。

大衆演劇と大衆映画

アフリカの大衆演劇に関しては外の世界ではあまり知られていないが、筆者は幸運にも一九九〇年にガーナで出くわした。市場の中央広場に巨大な宣伝看板が立てられ、その裏を囲って舞台を組んだようなところが会場だ。それは夕刻の八時ごろから始まり、まずどさ回りのバンドがライブで欧米の最新ヒット曲やレゲエの数々のコピーを演奏し、十時ごろから地元ではやっているハイライフと呼ばれる曲に移ると皆一斉に踊りはじめ、客と舞台が一体化する。深夜からは、衣装チェンジしたバンドマンたちが役者として延々と一番鶏が鳴くまで「即興芝居」をやる。地元ではこの芝居部分を含む全体を「コンサート・パーティー」と呼ぶ。芝居は、孤児と意地悪な継母、婚資の問題、借金のトラブル、妬みによる呪術、ゴーストの復讐など、日常的な問題とそのすぐ裏にある神秘力をテーマにしたものが多い。観衆は即興性の高い話の展開に一喜一憂しながら盛り上がっていく。その一方で、舞台の脇には道化のアナンシを演ずる者がいて、舞台で起きている人間たちのやりとりをそのまま真似するので、それを見て観衆は笑い転げる。というのもこの真似のしぐさが生むずらし効果によって、シリアスな現実がむしろ可笑しいものに見えてくるからだ。これも「庶民のわざ」のレパートリーにほかならない。コリンズ［Collins 1992］によると、このようなどさ回り劇団バンドは一九二〇年代にガーナで生まれ、一九五〇年代にはアフリカ各地に広まり、ラゴスなどでは一時期二〇〇以上の劇団がひしめいていた。しかしこのようなライブ・イベントは次第に減ってきて、最近ではほとんど開かれなくなった。しかしこれは器を変えたにすぎない。人気劇団はむしろテレビに出るようになっていったからである。そしてこのような大衆演劇は近年急速に伸びているアフリカの大衆映画の先駆けでもあった。

「アフリカ映画」と呼ばれるものにはいろいろある。国際的に著名なアフリカの映画監督の「アート」系作品は明らかに欧米人やアフリカの知識人が鑑賞し評価できる（実際カンヌなどで賞を取っている）ように作られていて、これらはたとえ庶民が見たくても「ワガドゥグ全アフリカ映画祭（ＦＥＳＰＡＣ

〇)」などの特殊な機会以外にアフリカで上映されることはほとんどない。

これらはもっぱら西欧各国の文化支援金で製作されているので、もともと市場とは無関係だが、二〇〇〇年ごろから急速に伸びてきたナイジェリアのいわゆる「ノリウッド」系の大衆映画は違う。『ノリウッド・バビロン』(二〇〇八)という題名の「ノリウッド自身によるノリウッドに関するドキュメンタリー映画」では「これこそアフリカン・ポピュラー・シネマだ。ほかの映画は映画祭に出して終わりだが、これは(VCDディスクの商品として)地元の貧しい人たちにまで届いて、買ってもらえるんだ」と言っている。ノリウッドは二〇一〇年、ついに製作本数でハリウッドを抜き、インドのボリウッドについで世界二位となった。内容的には、アクション、コメディ、メロドラマ、悪党と正義派などボリウッド映画の特徴に、家族、汚職、バケモノなどアフリカらしいテーマを加えたものが多い。

大衆映画の製作はナイジェリア、ガーナだけでなくアフリカ各地でも近年盛んになってきた。そして出稼ぎ労働者の増加とともに、アフリカの外で撮られる作品も出てきた。ナイジェリアの在日出稼ぎ労働者をテーマに、ナイジェリア人自身によって二〇〇八年に作られた映画『エンタングル・イン・トーキョー』もそうだ。これはヤクザの世界に巻き込まれるナイジェリア人が主人公だ。

この二〇年あまりのあいだに、日本では、以前には出会えなかったエリートでないふつうのアフリカ人が増えた。六本木で見事な日本語を駆使して客引きをするアフリカ人がたくさんいる。また、テレビに出てくるアフリカ人は独特のしゃべり方で人気がある。アフリカの庶民の語りのわざは今や日本国内でも生きているようだ。

音楽、ダンス、サッカーとずらしのわざ

たしかに語りのわざはアフリカのポピュラーアートの一部として独特なところがあるが、音楽やダンスの場合とりわけ特徴的なのはずらしのわざだろう。それは端的に言うと、完璧に同じリズムになるよう懸命に合わせるのではなく、むしろわざと相互に微妙にずれることで生まれる緊張や不安定性の快感を追求すること。米国のソウルをはじめ世界のアフリカ系の音楽やダンスに特有のこのずらしのわざが近年世界にもたらし続けている影響力は計り知れない。JポップやKポップも、間接的ではあっても、アフリカ的ずらしのわざの世界的普及なくしては生まれなかっただろう。ところが、このアフリカの庶民のわざはそれよりずっと前から直接日本に侵入していた。一九八〇年代の半ばごろから「ワールド・ミュージック」の掛け声とともにアフリカのポピュラー・ミュージックが世界中でブレイクした。とくにザイール（現コンゴ民主共和国）のリンガラ語系のバンド・ミュージック（スクース、ルンバとも称される）の場合、流麗なコーラスやパワフルなリズムの流れと同時にそれをわざとずらす歌い方やギター奏法、巧みな掛け声、不意打ちのように踏み外すダンス・スタイルが特徴だ。それは意表を突かれてもむしろ笑ってしまうような「冗談関係」に認められるアフリカの庶民のわざと相通ずるようなところがある。それはともかく、そのころ大物リンガラ語系バンドが相次いで来日したのをきっかけに、この音楽・ダンスに魅了され、そこに秘められた「わざ」を解き明かし、それを実践して楽しもうともくろむ日本人が当時は結構たくさんいて、驚くべきことにいくつもの日本人リンガラ・バンドが結成された。このような現象は筆者の知るかぎり、日本以外では起きていない。

　世界のミュージック・シーンに戻ると、「ワールド・ミュージック」という新たな商品カテゴリーを

得て、そしてWOMAD（ワールド・オブ・ミュージック・アート・ダンス）という一九八二年から世界各地で開催されるようになったフェスティバルの機会も得て、アフリカのミュージシャンたちはローカルな味を残しつつグローバルな聴衆にも受けるような音楽を、プロデューサー（主として欧米人）と協働して作り上げていった。ナイジェリアのトーキングドラム・ドゥンドゥンをエレキバンドに取り入れて世界的に大成功したサニー・アデのジュジュ・ミュージックはその典型である。このほか西アフリカのマンデ・ポップスのグリオ（語り部）の歌唱やジャンベ太鼓や砂漠ブルースのギター、東部アフリカのターラブ歌謡やエチオジャズ、南部アフリカの独立闘争と連動したチムレンガ、南アのジャズやポストアパルトヘイトのクワイト、そして外来だがしっかりアフリカ化して定着し新たな表現手段となったヒップホップ／ラップやレゲエなど、七〇年代のフェラ・クティ系アフロビートから今日のアゾンド系アフロビーツまでのアフリカン・ポップスの五〇年にわたる個々の音楽の詳細については、さまざまな本が出版されているのでそちらを参照されたい［鈴木・川瀬　二〇一五、吉本　二〇一四］。

また二〇〇五年から始まったYouTubeのおかげで、それまでは聴くだけであった音楽がダンスと一体のものとしてインターネットでアクセス可能になったことは、とりわけ両者が切り離せないアフリカ系音楽・ダンスの場合、意義深いものがある。そのYouTubeのおかげで出会った、アンゴラのスラムで生まれ世界に広がった過激なダンス、クドゥロは「その足腰を中心とする素早い動きや人の予想をはぐらかすような動作、そしてどこか滑稽でドライな明るさ」が特徴だが、筆者はここに民話の「トリックスターの使うワザと共通するところがある」と論じたことがある［岡崎　二〇〇九］。またこのような庶民のわざがどのように人間関係のあり方に作用し、そしてそれが社会の変化とともにどうなっていくのかを周到な調査をとおして追究した研究もある。「タンザニアの零細商人が都市を生き抜くための狡知」［小川　二〇一一］を研究していた小川は、タンザニアのラップ・ミュージック「ボンゴ・フレーバ」においても同様な狡知がはたらいていることを突き止めて、若者たちが曲から何を学びとり、実生活に役立てているかを「ストリートの教育」、「ウジャンジャ」、「ユーモア」の三つの点から分析している［小川　二〇〇八］。「ウジャンジャ」とは「タンザニアの民話においてトリックスターとして登場するウサギがもつ知」のことだが、小川は詳細な事例研究をとおして「ウジャンジャが若者にとって生き抜く知恵として優れているのはおそらく、行為における『賢さ』と『ずる賢さ』の二面性を理解し、ひとつひとつの行為の価値を裏返して眺めることを可能にするからではないか」とその論文を結んでいる。

このようなクドゥロやウジャンジャに特徴的なずらしのわざはサッカーでも認められる。アフリカのサッカーはよく呪術との関係が語られるが、ここでは「ジンガ」との関係に触れておきたい。この語はポルトガル語で「左右にさっと動く」ことを意味するが、これはまた、アンゴラからブラジルに伝わったダンスと格闘技を合わせたような身体技法カポエイラの基本動作であるしなやかな足腰の動きのことでもあるし、サッカーのドリブルやフェイント時の腰の入れ方・足さばきのわざのことでもあり、人の予想をはぐらかし、煙にまくトリックスター的わざと同質のものだ［岡崎　二〇〇九］。本章の冒頭で、アフリカのポピュラーアートが、厳しい生活状況にありながらなんとか窮地を脱してきたアフリカの庶民のしなやかなねばり強さの秘密について学ぶうえでも役に立つだろうと述べた。そしてこの窮地を切り抜けるウジャンジャやジンガの知恵はダンスやサッカーの場合にとどまらない。

ポピュラーアートかアート・マーケットか

一九九一年にニューヨークで「Africa Explores（アフリカは探求する）」と題された大規模な「二十世紀アフリカ美術展」が開かれた。そこでは、ヴォーゲルによれば、アフリカの西欧との出会いの経験を「アフリカ人の視点」から理解することをめざす［Vogel 1991］として、アフリカ人がアフリカの庶民のために作っている、これまでは「芸術」とは認められていなかった「作品」が数多く展示された。たとえば、店の看板や広告のポスター、床屋の髪型見本の絵、食堂やバーの壁絵、写真館で撮ったポートレート、政治事件や内戦の絵、説明文つきの絵、車やラップトップの外観を模した木彫、死者の好みを反映して彫琢した棺桶、乗り合いバスの装飾的ペインティングなど、まさに「庶民の知恵やわざ」が生んだポピュラーアートと呼べるものばかりである。

チャドの首都、ンジャメナにあるクラブの宣伝ポスター

二〇〇六年には、世界各地で開催されてきた「アフリカ・リミックス――多様化するアフリカの現代美術」という展覧会が日本でも開催された。主催者は一五年前の上記美術展のように「今のアフリカ人の視点」と謳ってはいるが、そこに集められたものにはアフリカの庶民の眼は存在していなかった。一五年前の美術展と見た目は変わらない「作品」が多いが、以前は

アフリカの庶民のためのものだったのが、西欧のアート・マーケットのために作られているからだ。

本章の冒頭で「ポピュラーアート」を「庶民が知恵とわざを駆使して人生を楽しみながら生み出していること」ととらえた。だからそこには、アート・マーケット上のではなく、生活上の工夫や思いが込められているはずだ。この点をカンガ、シュカ、パーニュ、キテンゲなどと呼ばれるアフリカンプリント生地の場合を例にとってみてみよう。これらの美しい布は近年日本でもなかなかの人気商品だ。そしてそのさまざまな使い方についてもよく知られるようになった。しかしほとんどの場合、知られるようになったのはまとい方のヴァリエーションについてだ。それに対して、タンザニアにおける、もっと深い「生活上の工夫や思いが込められている」ことがわかる「女の思いもこもる民族衣装カンガ」と題するするどい観察があるので、引用して本章を閉じたい。

(布は)二枚で一組。……日常生活では女性の作業衣としてズボンやエプロン代わりに巻く。丸めてバケツを頭に載せるときの台座にしたり、子供をおぶるしょいこにしたりする。葬式では腰に一枚、もう一枚を頭からかぶるのが正装である。涙もふけるし、義理で出席している人は悲しくもない顔を隠すのに便利だ。

日本では喪服の女性の美しさに男性がひかれる。当地では未亡人は泣いているふりをして顔を覆う指の隙間から次の相手を探せと教えられる。済んでしまったことより明日からの生活だ。人間は一人では生きられないし、生きてはいけない。

〔木村　一九九五〕

ここにも、「窮地を切り抜けるウジャンジャ」がはたらいているのかもしれない。

参照文献
岡崎　彰　二〇〇九「ダンス　腰が語る――アフリカから世界へ、そしてアフリカへ」中村和恵編『世界中のアフリカへ行こう――〈旅する文化〉のガイドブック』岩波書店。
小川さやか　二〇〇八「ウジャンジャの競演／共演空間としてのタンザニアのポピュラー音楽「ボンゴ・フレーバ」」『くにたち人類学研究』第三巻。
――――　二〇一一『都市を生きぬくための狡知――タンザニアの零細商人マチンガの民族誌』世界思想社。
木村映子　一九九五『おしゃべりなタンザニア』東京新聞出版局。
鈴木裕之・川瀬慈編　二〇一五『アフリカン・ポップス！――文化人類学からみる魅惑の音楽世界』明石書店。
大門碧　二〇一五『ショー・パフォーマンスが立ち上がる――現代アフリカの若者たちがむすぶ社会関係』春風社。
チュツオーラ、A.　二〇一二『やし酒飲み』（土屋哲訳）岩波文庫。
吉本秀純監修　二〇一四『アフロ・ポップ・ディスク・ガイド』シンコーミュージック・エンタテイメント。
Barber, K. 1987 'Popular Arts in Africa,' *African Studies Review*, 30(3).
Collins, J. 1992 *West African Pop Roots*, Temple University Press.
Obiechina, E.N. 1972 *Onitsha Market Literature*, Heinemann.
Musonye, M.M. 2014 'Literary Insurgence in Kenyan Urban Space: Mchongoano and the Popular Art Scene in Nairobi' In S. Newell and O. Okome (eds.), *Popular Culture in Africa: The Episteme of the Everyday*, Routledge.
Nyamnjoh F.B. 2015 'Amos Tutuola and the Elusiveness of Completeness,' *Stichproben. Wiener Zeitschrift für kritische Afrikastudien*, 29(15).
Vogel, S. 1991 *Africa Explores: 20th Century African Art*, The Center for African Art.

2 ライフスタイル

松田素二

同時代としてのアフリカ

今日のアフリカでの生活はこれまで以上に、たとえば私たちが暮らす日本社会における生活との同質性を強めている。その背景にはもちろん一九九〇年代以降急速に進展するグローバル化の強力な趨勢《すうせい》がある。経済のグローバル化は、アフリカ社会のすみずみまで巨大な多国籍企業の国際ネットワークで覆うことになった。たとえばケニアで急成長する切り花産業は、オランダの卸業者とつながっており、連日大地溝帯やケニア山麓の大工場からオランダにいったん空輸されたバラやカーネーションが、数日後には、東京や大阪の花屋に並ぶ。あるいは政治のグローバル化（北側援助国からの圧力）の結果、一九八〇年代までアフリカ諸国の統治形態の「定番」だった一党支配は一掃され、複数政党制と民主化という統治機構のグローバル・スタンダードにとって代わられた。良くも悪くも世界は文字どおり均質化されつつある。

アフリカ社会において政治経済の領域以上に急激に均質化が進行したのが、ライフスタイル、とりわけ若者のライフスタイルだった。今日、アフリカの大都市に行けばどこでもマクドナルドやケンタッキーがあり、若者のあいだではレゲエやラップが大人気だ。かつてストリートを席巻していたリンガラ音楽（コンゴの大衆音楽とラテン、R&B、ロックなどが融合して生まれたアフロポップス）やハイライフ（ガーナなど英語圏西アフリカで生まれたギター、ジャズ、ブラスバンドなどを融合させたアフロポップス）は影を潜めている。iPadやiPhoneを持ったスーツ姿の男性がカフェで談笑する姿だけを見ると、ロンドンや東京のビジネス街と変わらない。下町や郊外のスラムに行けば、アフリカ全体のスマホシェアの四割を占めるという中国・伝音製の格安スマホを片手に乗合バスの客引きや路上商売をしている若者に出会う。かつては先進国では使われなくなった旧式の製品やその粗悪なコピーが氾濫していたが、グローバル化によってストリートにあふれるモノや情報は一挙に均質化され、それに付随する意識、価値観、身体動作までも標準化の度合いを強めている。そのなかで地域や世代を超えてアフリカ社会で生きる人びとのライフスタイルを大きく変えつつあるのが携帯電話の浸透だろう。その巨大な変革力は「携帯革命」と呼ぶにふさわしいものだ［羽渕・内藤・岩佐、二〇一二］。

携帯革命

携帯電話がアフリカに登場したのは一九九〇年代後半だが、当時、電話というコミュニケーションは圧倒的多数のアフリカ人には無縁なものだった。固定電話を引くことのできる階層はごく一部の富裕層に限られ、しかも必要なインフラの設置は困難で維持は不安定、さらには使用料の支払いシステムも非効率だった（電話代の支払いのために国営通信会社のオフィスの窓口に長蛇の列ができ、使用者はその支払いのための人を雇う場合さえあった）。しかしながら携帯電話の登場はこうした光景を一変させることになる。

今日、アフリカは、インドや中国を抱えるアジア地域を凌駕して世界でもっとも携帯電話加入者の成長率の高い大陸となっている。二〇二〇年時点では、アフリカ全体で二〇歳以上の人口に限ると、保有率は八〇％を超えると推定されている。農村部や乾燥地帯に限ればほとんどの住人は銀行口座をもたず、当然、クレジットカードも普及していないので、ほぼ一〇〇％がプリペイド携帯である。たとえば、アフリカのなかでも携帯先進国であるケニアの場合、二〇一九年のＳＩＭカードの発行枚数は、全人口の一一五％にのぼっている。二〇〇〇年当時、わずか二％足らずの都市富裕層のステータスシンボルだった携帯電話は、その一〇年後には都市の下層民だけでなく農耕民、さらには乾燥地帯の牧畜民や密林の狩猟採集民の一部まで、老若男女のアフリカ人が身につける日常の必須アイテムとなったのである。

こうした携帯電話の爆発的普及を可能にした要因は、アフリカの人びとの社会的ニーズとそれを実現させるための物質的（技術的）環境整備である。アフリカ特有の社会的ニーズについては後述するが、後者の物質的技術的要因の最大のものは設置・維持コストが安いということだ。回線の敷設・管理という作業は、道路網が未整備な広大な国土に人口が点在しているアフリカ社会ではきわめて困難（というより不可能）なものだ。また先述したように料金回収システム（支払い事務所を設置し使用料金を確定し使用者に通知したうえで定期的に徴収する）の困難は固定電話の普及さえ妨げてきたのだが、プリペイド式の料金システムを採用する携帯電話の場合、こうした困難は存在しない。

アフリカにおける携帯加入者のほぼ全部（九六％）は通話時間《エアータイム》を必要に応じて購入するプリペイドユーザーなのである。携帯電話の使用者は通話時間をプリペイドカードで購入する。カードは一〇シリングから一〇〇〇シリングまであり、カードのスクラッチ部分を削り、そこに記されている番号を入力すると、その値段分の通話が可能になる。国内の通話料金は一分あたり四〜五シリングである。

さらに普及を後押ししたのが、携帯端末の安さだ。日本のような超多機能携帯は、アフリカではまったく見られず、代わって通話やSMSのみの途上国向けの超低価格端末が一〇〇〇円程度で入手可能であった。近年は、従来型（ガラ携）からスマートフォン（スマホ）への移行が急速に進み、インターネット機能とセットになったE-Finance, E-Commerceだけでなく、モバイルマネーの普及と進化が著しい。ケニアの場合、インターネット利用者の九割がスマホを所有しており、その普及率は一五〜六四歳の層でみると二〇二〇年時点ですでに五割を超えていると推定されている。

中国製の格安スマホとはいえ、新品で購入すれば二五〜三〇ドルと、庶民にとってはお手軽な価格ではない。しかしアフリカにおける中古携帯のマーケットは巨大で、そこに行けば格安スマホが一〇〇〇円程度で入手できる。

端末だけでなく、通話料も格安だ。普及当初、携帯電話会社の多くは国営の通信事業体とそれと提携した旧宗主国の通信会社（イギリスのボーダフォンやフランスのオレンジ）だった。しかし二〇〇〇年代半ばから、中東やインドから通信会社がアフリカ市場に安価な通信料を掲げて参入し市場を席巻した。二〇一〇年には、アフリカ一五カ国で展開していたクエート資本のザイン・アフリカをインド最大手のバーティ・エアテル（BA）が傘下におさめてエアテル・アフリカ（AA）を設立した。AAは低料金と細やかなサービスで急成長を遂げ、二〇一九年にはロンドン証券取引所に上場を果たし、時価総額のもっとも高い一〇〇社で構成されるFTSE（トップ銘柄）一〇〇種に加わった。AAは農村部や都市下層のユーザーが少額のエアータイムの購入すら困難であることに着目し、携帯上で（これまでの使用実績に従って）エアータイムの融資サービスを開始し圧倒的な支持を得ている（多くの貧困層は二〇円程度のエアータイムを一回借り出すが、次回購入時に自動的に返済に回される）。今日ではほとんどの携帯電話会社がこのサービスを実施している。このようにアフリカの携帯電話会社は、人口の圧倒的多数を占める農村貧困層や都市下層を顧客にすることによって急成長を遂げているのである。

情報革命

アフリカ社会における携帯電話普及を推進した最大の要因は、一日わずか数ドルで暮らす圧倒的多数の貧困層の社会的ニーズだろう。携帯電話普及以前、彼らがもっとも切望しながら得るのが困難だったのは情報である。情報といっても一般的な国際ニュースや政治事件ではなく、自分と深くかかわりあいのある家族や親族の消息、故郷や知人の動向、あるいは求職や住宅といった個人的な情報などのことだ。これまで彼らがこうした情報を得るのは至難の業だった。まず電話は使えない。数少ない固定電話は富裕層のみが保有できる贅沢品で、彼らの世界とは無縁の品だった。

次に郵便も使えない。彼らが居住している地域に宅配サービスは存在しないし、頻繁に移動したり居候したりする下層都市民の大半は住所不定である。そもそも多くのアフリカの国では郵便局の私書箱が人びとの郵便上の住所であり、ふつうのアフリカ人は私書箱をもてない。彼らが郵便を使用するときは、都市の場合は、自分や友人の雇用先の私書箱、農村の場合は、小学校や教会の私書箱を借用することになるが、そこから本人の手にわたるまでずいぶん日数がかかる。たとえば村で暮らしている妻が都市に出稼ぎに出ている日雇いの夫に緊急の用件で手紙を出した場合、夫は私書箱をもたないので、夜警として勤務する夫の友人の雇用主の私書箱に送ることになる。その友人が雇用主から嫌みを言われながら手紙を受け取り、休日を利用して夫のもとに届けようとしても、そこまでの交通費が工面できず、一カ月近く手元に置いたまま、というケースは日常茶飯事である。

電話も郵便も頼りにならないとなると、多くの人びとが頼った通信手段は、メッセンジャーを利用した手渡し（口移し）だった。たとえば村にいる妻から都市の夫への連絡の場合、同じ村あるいは隣村から都市に出かける村人を探し出して託すことになる。託された村人は都市に到着するとメッセージを手渡すべき男の居住地に出かけ、男の居所を探し出すのである。しかし、人口数百万に及ぶ大都市の場合、男の住む下層居住地区だけで数十万の人口を抱えることも少なくない。こうした下層地区には通りの名前も住居番号もない掘立小屋のような長屋が林立しているうえに、男が日雇いの場合は、自分の部屋をもたず定職のある友人、親族の部屋に居候していることが通常だ。ではどのようにして妻からのメッセージは届くのだろうか。多くの場合、こうした下層居住地区に住む出稼ぎ民は、故郷を同じくする人びとが群れる場所をもっている。それはたとえば、マーケット横の空き地であったり、跨道橋の上だったりする。村から出てきたメッセンジャーは、その「出会いの場所」に出向き、同郷の誰かを見つける（それは通常、いとも簡単に見つけられる）。その彼をとおして、メッセージを手渡すべき男の住み処《か》を聞き出し届けるのである。これが携帯電話普及以前の情報伝達の方法だった［松田　一九九六］。

　家族の病気や親族の不幸など下層の人びとには伝えるべき（伝えられるべき）必要な情報が多くあった。彼らの生活スタイルは、農村部に畑をもちながら老親や妻子を残して遠く離れた都市部で働き、そこから仕送りをして村を支えるという、植民地時代から始まった単身出稼ぎ賃労働型が独立後も長年支配的であった。一九九〇年以降になると、都市で安定した収入が得られる人びとのなかには、村の畑を親族に任せて、村から妻子を呼び寄せ同居する定着型も増えてきた。家族が村と都市で分かれて居住している場合、両者のあいだの意思疎通や情報交換はきわめて重要だ。たとえば村から都市へ伝えられる重要情報は、家族・親族・隣人の死や葬式の連絡、家族の病気、子どもの学費の工面、畑にまつわる費用

（種子、肥料、耕作料など）の工面などがあげられる。とりわけ死の連絡と葬式への参加は、ふつうのアフリカ人にとってもっとも重要な意味をもっている。死霊観念をもつ文化に属する人びとにとっては、一族の葬式に参加しないことは、（文化的に）きわめて危険な結果を招くことになるので、交通費を借金してでも必ず出席する。アフリカにおけるこうした出稼ぎ社会特有の家族形態が必要とする迅速で安価な情報伝達に、携帯電話はまさに革命的なツールだったのである。

送金革命

携帯電話がふつうのアフリカ人のライフスタイルを大きく変えたのは、それがたんなるコミュニケーション（通話やＳＭＳ）のツールではなく、お金のやりとりを可能にする道具にもなったからだ。前述したように、遠く離れた家族のあいだで交わされる情報は、死と葬式の情報を別にすると、多くがお金の工面にかかわるものだった。たとえば、村で老親が病気になったので病院に連れていく費用を送ってほしい、子どもが学費・諸経費未納で学校から閉め出されたので至急送金してほしい、雨季が始まり耕作と播種にとりかかるので、種代と耕作に必要なウシの借り上げ代や耕作助っ人の労賃を送ってほしい、あるいは、乾季が深まり食糧費も値上がりして一日の食費や灯油代にも事欠くようになったので生活費を補塡してほしい、というような切実で緊急な依頼である。

しかしこれまでふつうのアフリカ人、とりわけ農村部の貧困層や都市部の下層出稼ぎ民たちにとって、送金は最大の頭痛の種だった。まず彼らには銀行口座がない。銀行口座を開設するためには定期的な収入の証明が必要なことが多いので、農民や日雇い出稼ぎ民にとっては銀行という選択肢はない。そのうえ、かりに開設できても、月々、口座使用料として彼らの日当一日分が引き落とされたり、農村から銀行の支店のある地方都市まで出かける手間とそこでの煩雑な事務手続きは、銀行をますます彼らの生活世界から隔絶させている。郵便為替も便利ではない。高額な手数料が無駄だし、送金通知を受け取るまで日数もかかるうえに、ときどき窓口に現金がないこともある。そうなると結局、これまで頼ってきたのはやはり村と都市を移動する知人を通じて手渡しするやり方しかなかった。ただ現金の手渡しは、貧しい者どうしであっても秘密な部分もあり、まれに紛失することもあるので（落としたり盗られたりして手渡せなかったという「弁解」が届く）、安全確実ではない。一時期、故郷と都市を結ぶ長距離バスが郵便サービスを導入し評判を得たこともあるが、現金は取り扱わないという建前なので紛失した場合の補償はない。このようにふつうのアフリカ人にとって、現金が緊急に必要な場面は日常生活のなかで頻繁にあるにもかかわらず、それを送金などで調達する迅速で安全な方法はなかったのである。

こうした状況も携帯電話によって解決された。日本では、金融行政におけるさまざまな規制のため実現していない携帯電話を使った銀行機能（貯蓄、送金、振り込みなどを銀行口座を介さずに携帯電話会社が独自におこなっている）が劇的に普及している［松田　二〇〇九］。アフリカで最初にこの画期的サービスを開始したのは、二〇〇七年にケニアのサファリコム社が始めたM-Pesa（Mはmobileの頭文字、pesaはスワヒリ語でお金）サービスである。サービスの中身はシンプルなものだ。まず送金したい人は、代理店に行って身分証明書を提示して自分の携帯番号を登録し携帯内に口座を開設する（同時に受け取る側も同じようにして登録すると手数料が格安になる）。代理店に設置された端末に必要な送金額を入金すると、その金額が自分の携帯口座に登録される。携帯電話を通じて必要な金額を相手の携帯番号に送金する。送金先の携帯に、着金のメッセージが配信される。受け取り手は最寄りの代理店に行き、身分証明書と携帯を提示して現金を受け取る。手数料は、送り手と受け取り手双方で発生するが、銀行などと比べると比較にならないほど低料金だ。たとえばナイロビで日雇い労働に従事する夫が二日分の日当である一〇〇〇シリング(一〇〇〇円弱)を村の妻に送る場合、夫の手数料は四九シリング、妻の支払う手数料は二八シリングのみである(二〇二二年現在)。

送金にかかる時間はわずか数分という迅速さだ。もちろん代理店によっては、とりわけ農村部では受け取る現金の上限がたとえば三〇〇〇円までと制限があったりするので、数万円を一度に受け取りたい場合は、地方都市まで出かける必要がある。しかし郵便為替の手数料や要する日数と比べると天と地の差だ。貧困層をもターゲットとしているので、五〇シリング(五〇円弱)の少額送金から可能だ(手数料は受け手のみで一〇シリング)。最高で一五万シリングまで送金可能だが、その場合でも手数料は送り手一〇五シリング、受け取り手三〇〇シリングに抑えられている。

M-Pesaサービスは二〇〇七年三月に始まると瞬く間に浸透し、二〇一九年には二二六〇万人の登録会員を獲得しさらに拡大中である。今日、ケニアの都市部農村部を問わず、いたるところにM-Pesa代理店の看板を見ることができる。ナイロビの下層居住地区の道路わきにあるキオスクや市内の酒場から、農村部のマーケットや村のなかにある民家兼用の雑貨店まで、ケニア全体で一六万件の代理店網が整備されている。ケニアで営業する銀行の本支店を全部あわせても一〇〇〇店にははるかに届かないことを考えると、M-Pesaサービス網の浸透と充実ぶりがよくわかる。

アフリカでは国内の出稼ぎ(農村―都市移動)だけでなく、グローバル化の波にのってロンドン、パリ、ニューヨークといった世界都市への出稼ぎ移動や移住も増えつづけている。彼らにとっても送金は大問題だ。これまではウエスタン・ユニオンなど欧米資本の送金会社か非合法な地下銀行に頼る以外に方法がなかったが、今日では、東アフリカ共同体内への直接送金や欧米のディアスポラを対象とするウエスタン・ユニオンなどと連携した送金サービスが開始されている。

金融革命

スマホの普及は、必然的にモバイルマネーの登場と流通をうながし、その結果として金融革命をアフリカ社会にもたらしている。M-Pesa 革命を経験したケニアにおいては、この金融革命はもっとも先端的に展開されている。M-Pesa は、たんなる送金機能にとどまらず、公共料金の支払い、スーパーでのレジの精算、学費の納入からタクシーの支払いまで今日のケニア、とりわけ都市部の生活ではあらゆるマネー使用場面で主役の位置を占めている。

こうした段階まで達すると、モバイルマネーによる金融、とりわけ庶民金融の活動が出現するのも必然である。M-Pesa を生み出したサファリコムは、二〇一二年にはM-Shwari（Shwari はスワヒリ語で「平穏」）サービスを開始した。

M-Shwari は、銀行が行う金融サービスを携帯会社が担うもので、たとえば銀行口座をもっていない「ふつうのケニア人」がお金を預けてその利子を受け取ったり、緊急にお金が必要なときにこのサービスを使って融資を受けたりすることができる。融資は一〇〇シリングの少額から五万シリングまで可能で、一カ月ごとに利子が生じるが、それは元金の七・五％である。この七・五％という利率は、ケニア社会では圧倒的に低いものだ。銀行に口座を開く金銭的余裕のない庶民の多くは、万一のための融資をしてくれる組織として、親しい仲間どうしで頼母子講をつくることが多いが、その「身内」でさえ月に最低でも二〇％の利子を支払う。メンバー外の知人を自分が保証人になって紹介した場合には三〇％が相場である。これに比べるとM-Shwariがどれほど助かるか想像できるだろう。しかも、融資申請時には書類は不要で即座に（だいたい六秒以内）信用評価をおこなう（これまでのM-Pesaや通話利用と支払い状況をもとにおこなわれる）のである。

M-Shwari以外にも、M-Pesaを利用して、未電化地域の家庭に小型の太陽光パネルと家電のキットを提供し、費用代金を分割で電子決済することで、農村部や乾燥地域の人びとに環境に優しい情報インフラ整備を実現するM-Kopaサービス（Kopaはスワヒリ語で「借りる」）も二〇一一年には登場している。これには日本の大手商社も資本参加している。さらに、手もとに現金のないM-Pesa利用者を対象とした小規模電話ローンFulizaも低所得者層を中心に急成長している。

求職革命

携帯電話の普及が大きな影響を与えたもうひとつの領域は、職探しである。アフリカにおいては失業は常態といってよい。日本では完全失業率は、コロナ不況期でも三％には届かないし、リーマンショックのときには五％を超えただけで大問題となった。しかしアフリカ社会の失業率は六〇％を超えたレベルで「安定」しており、四〇〇〇万人が失業し二〇〇〇万人以上が職探しをほぼ断念していると指摘されている。もちろんこうした数字や統計に捕捉されない世界（インフォーマル・セクター）が、こうした多くの失業・半失業者の大半を吸収してきたのだが、その職探しのスタイルが大きく変わりつつあるのだ。

アフリカにおける職探しの方法は、大きく分けると三通りある。ひとつは、新聞に告知される求職情報（政府機関、国際機関、大企業など）を見て学歴職歴、正規の資格にみあったポストに応募するやり方である。もうひとつは、家族、親族、友人から情報を得て半ばインフォーマルな仕事（小店舗の店員、屋敷の門番や子守り、清掃員やメッセンジャー、農場労働など）を得るやり方だ。三番目はよりインフォーマルなもので、すでにその職についている知人のツテで建築現場の日雇い労働や露店、行商、路上職人などの仕事を不定期に得るやり方であり、アフリカの下層生活者の大半はこうしたインフォーマルな世界で生計を立てている［池野・武内編　一九九八］。

半インフォーマルやインフォーマルな世界で仕事を見つけるには、親族友人を頻繁に訪ねて情報を仕入れたり、ダウンタウンの建築現場や路上にあてもなく出向き僥倖《ぎょうこう》（知り合いにあったりして仕事の声をかけられる）を待つしかなかった。しかし携帯電話によって、こうしたあてのない彷徨は必要なくなった。現場監督や建築職人として、日雇い労働者を使役する権利のある知人友人親族に、携帯をとおして連絡し情報提供を依頼することができるようになったからだ。

半インフォーマルな職探しにおいては、さらに革新的な方法も使用されている。たとえば遠く離れた都市部のショッピングモールで働いている友人から、同じモールにあるカフェの店員や清掃員が一人やめたので働き口があるかもしれないと携帯で連絡をもらうと、すぐにそのカフェに電話して店主に確認する。たしかに可能性があることがわかると、彼は村から一番近い地方都市のインターネットカフェに行って、そこから店主に自分の履歴書と卒業証明書、さらには以前働いた店主からの推薦状のファイル一式をメールで送信するのである。彼はこうした書類一式をPDFファイルにしたものをUSBメモリー・スティックに入れて持ち歩いているのだ。かつては足を棒にして歩きまわって知人に懇願して探し求めるのがアフリカにおける貧困層の職探しの定番だったが、今日ではインフォーマル、半インフォーマルな職でさえ、こうした通信技術革新の成果を積極的に活用しているのである。

インフォーマル世界の変貌

アフリカ社会において生計を立てる手段は、もはや自給的生業（農業や牧畜）ではありえない。子どもを教育し、病を治療し、洒落た衣服を身につけ、便利な製品を買い求めるという、私たちと地続きの欲望をもちながら、彼らは自分たちのライフスタイルをつくりあげている。彼らふつうのアフリカ人が生活費を得る世界は、インフォーマル、半インフォーマルな領域だが、二十一世紀に入ってその世界が大きく変貌を遂げている。これまで政府統計外の小商い中心のインフォーマル世界を牛耳ってきたのは、東・南部アフリカのインド・パキスタン系商人と西アフリカのレバノン・シリア系商人だった。都市や農村の小店舗経営や建築工事の総監督は彼らの独擅場であり、ふつうのアフリカ人にとっては、彼らは日常的に接する雇用主であり店主であった。

しかし二十一世紀に入ると、アフリカ全域のインフォーマル世界に新しい中間層が流入してきた。それは中国人の商人である。彼らがときには中間層ではなく、零細な露天商や行商人として直接アフリカ人のインフォーマルセクターの住人と競合する状況すら出現している。今やアフリカに在留する中国人の数は一〇〇万人を超える（ちなみに日本人は七〇〇〇人弱）。かつて路上職人が間に合わせの材料を持ち寄って手作りで製作していた品物は、今や、より安価で大量の中国製品によって取って代わられた。マラウイ、ケニアなど各地の農村や都市下層地域における中国人商人のインフォーマル・セクター参入をめぐって、アフリカ人小商人との衝突も報告されている［吉田編　二〇〇七］。

二〇一〇年代に入ると、中国はアフリカにとって最大の貿易相手国となり、中国アフリカ協力フォーラム（ＦＯＣＡＣ）を積み重ねて、巨額の融資をとおして鉄道、高速道路をはじめとするインフラ整備を推進した。その過程で小売業のみならず、大農園、建築土木、鉱山開発などのセクターでも中国企業の進出は目覚ましく、労働条件や環境保全をめぐって労働者や住民との軋轢も高まっている。アフリカの人びとは、日常世界に登場した中国製品や中国人をとおして、肯定的であれ否定的であれアジアのライフスタイルや価値観と直接接触するようになったのである。

アジア（中国）との接触の一方で、かつての植民宗主国であるヨーロッパ、そしてアメリカとのつながりは、いっそう深まっている。富裕層や中間層がその子どもたちを欧米の大学に留学させる傾向は、独立直後のエリート層と比べても著しく強くその数も圧倒的に多い。彼らは、卒業後もアフリカに戻らず欧米で市民権を取得して生活の基盤を構築している。こうしたディアスポラコミュニティから、政治的、経済的サポートを得ることが、現代アフリカの政治家にとっては、きわめて重要な活動となっているほどである。こうした豊かな若者の移住とは別に、アフリカからはもうひとつの欧米に向かう人の流れが顕著になっている。それは、政治的迫害を逃れるためなのか、経済的利得のためなのかの線引きは難しいが、アフリカを離れて欧米に未来を見出そうとする夥しい数の難民・移民の存在である。二〇一五年の「ヨーロッパ移民危機」では、シリア、イラクなどの中東と、エリトリア、ナイジェリア、ソマリア、スーダンなどのアフリカをはじめ、南アジアやバルカン半島諸国から前年の二倍以上の難民がヨーロッパに押し寄せて行った。

こうしたディアスポラの人びとは、故郷や母国にいる親族、友人とソーシャル・メディアを通じて緊密に連絡をとり、情報の交換のみならず共同で起業したり、政治活動やボランティア活動に取り組んだりしている。独立後、故郷の農村（あるいは牧畜地域）から都市下層居住地区に流れてきた人びとの人間関係は、狭い故郷の世界で閉じていた。しかし二十一世紀の今日では、ふつうのアフリカ人の生活世界は一挙に拡大した。スマホによって、都市世界と農村（故郷）世界だけでなく、欧米にいるディアスポラのコミュニティともリアルタイムで直結した。こうした世界の劇的な拡張のなかで、彼らはさまざまなモノ、制度、考え方を自分たちの世界のなかに自分たちの都合にあわせて取り込み、二十一世紀の同時代を生き抜いているのである。

参照文献

池野旬・武内進一編　一九九八『アフリカのインフォーマル・セクター再考』アジア経済研究所。

羽渕一代・内藤直樹・岩佐光広編　二〇一二『メディアのフィールドワーク――アフリカとケータイの未来』北樹出版。

松田素二　一九九六『都市を飼い慣らす――アフリカの都市人類学』河出書房新社。

――――　二〇〇九『日常人類学宣言！――生活世界の深層へ／から』世界思想社。

吉田栄一編　二〇〇七『アフリカに吹く中国の嵐、アジアの旋風――途上国間競争にさらされる地域産業』アジア経済研究所。

3

結婚と家族

椎野若菜

アフリカ社会のしくみ――出自・居住様式

人間は大なり小なり、集団を形成して共に生きてきたわけだが、その集団をつくる論理として代表的なのが父を通じてつながっている人びとで集まる場合、母を通じてつながっている人びとで集まる場合である。社会-文化人類学（以下、「人類学」と記す）では、個人が父、そのまた父である祖父、曾祖父……といった祖先とのタテのつながりを父をとおしてもつ場合を「父系出自」という。一方、個人が母、その母である祖母、曾祖母……といった祖先とのタテのつながりを母をとおしてもつ場合を「母系出自」という。そのつながりは、地位や動産・不動産、あるいはさまざまな特別な知識を次なる世代に伝達するラインでもある。そして、先祖に連なるタテのつながりを個々人どうしが互いにたどれる関係性にある集団を「リネージ」、先祖が遠すぎてお互いのつながりを正確にたどれないが「われわれは○○の子孫である」という共通意識をもっている人びとの集団を「氏族《クラン》」という。

出自のタイプに大きくかかわるのが居住のパターンだ。もっともわかりやすいのが、出自のタイプがそのまま反映して居住パターンとなっている社会だ。父をとおしてつながっている人たちで組織する社会（父系社会）で生まれた子どもは、男性ならば外の集団から嫁をもらって暮らしはじめ、時期がくれ

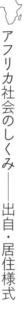

ば父の土地や家畜を相続して暮らす。女性ならば、年頃になると生まれ育った家族親族集団の外の集団に嫁に「出て」、夫の父の集団で居住しはじめる（外婚制）。異なる先祖をもつ集団（クラン、氏族）から配偶者を選ぶことを「クラン外婚制」という。

狩猟・漁撈・牧畜・農耕といった生業スタイルによって、引き継ぐべき知識や財の内容は異なる。どのくらいの大きさの集団で暮らすのが合理的か、定住したほうがよいか移動したほうがよいかが異なってくる。たとえば土地に価値をおき、先祖から受け継いだ土地を守りながら生きる農耕民は、定住する居住パターンをとる。ウシやヒツジ、ヤギ、そしてラクダに頼り生きる牧畜民にとっては、家畜がもっとも重要な財であり、家畜と共により良い土地や水を求めて移動する居住パターンをとる。いくつかの家族がそろって移動する人びともいれば、メインのキャンプ地と季節ごとの移動先のキャンプ地、というように二手に分かれて居住空間をもつ人びともいる。成人前の若者たちが厭世的にキャンプ生活をする場合もある。

周知のように、アフリカ大陸のほとんどの地域は西欧列強による植民地化を経験した。その政策の多くは、もともと季節ごとやその時々の目的に応じて自由に移動して暮らしていた人びとを定着させ、居住人口を把握し、そこから税をとりたて、また宗主国へ送る品々を生産する労働力として調達することであった（2－4「植民地支配と独立」参照）。特定の場所へ人びとを固定化するこの方法は、人びとの土地に対する考え方、そして集団を形成する論理にも変化を及ぼした。移動が制限されるようになり、相続する土地の範囲も限られるようになった。どの範囲の土地が誰に属するかを調べて測り、記録し登録した「土地登記制度」はもともと土地を「所有」する概念がなかった人びとの土地に対する価値観を大きく変えた。女性は生家を出て外の集団に嫁に行くものとし、女性に対しては排他的になり、いっそう父系男系化が進み、相続権のある男性の兄弟間の争いのもとにもなったのである。母系から父系へ、あるいはゆるやかな父系から排他的な父系へと変わった社会も多いと考えられる。白人がヨーロッパからやってきて植民地化を進め、その結果生じた社会変化はあらゆるところに見出せる。逆に言えば、人間の社会のしくみとは一〇〇年ほどであっという間に変わるのである。

結婚の形態

集団が存続するための社会制度として、人類はさまざまなかたちの結婚の形態を生み出してきた。配偶者の数に注目した分類をするならば、配偶者が一人である単婚（一夫一婦制）と、配偶者が二人以上である複婚（一夫多妻制、一妻多夫制）がある。イスラーム教では妻は四人までという決まりがあるが、アフリカの伝統的慣習では娶《めと》る妻の数に限りはない。

結婚形態のなかでも、一夫多妻という制度については、古くから人類学者にとって大きな関心事であった。二十世紀後半以降の研究は、その経済的側面に着目した。たとえば西アフリカのティブの人びとの社会を調査したボハナン夫妻は、一夫多妻という制度が生む拡大家族は、コンパウンド（屋敷地あるいは家囲い）を形成して共に暮らし、共に農作業をおこなうことで生産率も高くし、当該社会の経済・労働システムの核のような単位となっているとする議論をおこなった［Bohannan & Bohannan 1968］。

またグラックマンは、一夫多妻の家族内の財産がそれぞれの妻の「家」ごとに分割され、個別に保有される財産保有、もしくは相続のしくみのことを「家財産複合（house property complex）」と名づけた。とくに一夫多妻社会においては、父から息子への財産の継承というよりも、息子はみずからの母親を通じて土地や家畜といった家産を継承すると考えられやすいと指摘した［Gluckman 1987（1950）：195］。こうした議論やモデルは、アフリカのさまざまな結婚形態と生活形態の調査から生み出されたものが多い。

農耕や牧畜に携わる人びとは、一夫多妻によりある程度大きな親族集団を築き、ときに敵から家畜や収穫物を守り、維持している。ケニア農牧民のキプシギスを調査研究してきた小馬徹の説によると、家畜の取りあい、テリトリーの争奪戦などで戦いが多かった時代、男性が戦争で死ぬ確率が高く、男女の割合もいびつで、一夫多妻が成り立つようになっていたという。しかし現在でも乾季の降雨量が極端に少ない地域に目を向ければ、飲み水の確保のために数十キロも歩き三〇リットルもの水を運ぶという労働、機械に頼らない農作業など、多くの労働を妻どうしが協力しておこなえるというメリットがあることも想像できる。嗣子が得られない、または妻が老いて厳しい労働が難しくなった時点で、夫が次の妻を迎えることもある。障がい者やシングルマザーも第二、第三の妻として生きていくことができたのだ。

一夫多妻の規模

二〇一〇年十月に九二歳で亡くなった、アクク・デンジャーと呼ばれる男がいた。彼は一九一八年にイギリス植民地であったケニア西部のルオ村落に生まれ、一九六三年の独立を経験し、その半世紀後にこの世を去った。彼は地元ではビジネスがうまい男として、そして何よりも多くの妻をもつことでケニア中にも知れわたる男だった。彼は少なくとも四〇人の妻をもつ男として知られていた。伝統的なルオの居住形態は、ひとつの敷地内に妻たちの小屋を建てるので、妻が多い場合は敷地内に小屋が林立するのだが、アククの場合は妻が多すぎて、たくさんのコンパウンドを形成し、妻たちを分散して住まわせていた。彼はその家屋を訪ねてまわるのである。そして彼には子どもが五〇〇人以上いた。メディアではこのアククのことを面白おかしく流すことが多い。だが、多くの妻をもつ彼の生活運営についての評価はともかく、ここであらためて指摘しておきたいのは次のことである。第一に、一夫多妻という結婚形態の可能性を示したこと、四〇人あるいは一〇〇人ともいわれるの妻との結婚のもとに、五〇〇人にのぼるアククを名乗る子どもたちをつくったこと、そしてその子どもたちの相互扶助的な生活戦略は彼らの出自の論理をたどってなされていること、そして最後に、彼が四〇人以上の妻と結婚し家族を築いた生活スタイルは、植民地化から独立、近代化という時代のうねりのなかで可能となった点である。

もともと新しいものには興味関心があるアククであったが、勢いのある青年期はちょうど植民地時代中ごろで、インド人に洋服の仕立てを教えられ、イギリス軍人のための制服を仕立てていた。珍しい洋服を作れる彼は多くの女性にとって、魅力的であったに違いない。口説き方を知っている、というのが口癖だった彼は給料を少しずつ貯め、妻を次々と増やしていった。植民地下とはいえ土地の所有権がゆるやかであった時代でもあり、居住区域も増やしていった。一九六三年の独立以降、雇い主であったインド人が本国に引き揚げていなくなってからは、みずから仕立て屋を経営、日常品を売るキオスクやホテリ（安食堂）事業などを展開していった。また教育に熱心で、政府の動きを待たずにみずからが子どもたちのために小学校を建てて運営したため、アククの子どもたちは村では珍しく就学率が高い。子どもたちが父アククを助けるという循環も生み出した。独立以降の自由を求める気運と、アクク自身のビジネスの才能、時代の先を読むセンス、カリスマ的魅力がうまく相まって、四〇人以上の妻と子どもを抱える巨大な家族を形成することができた。時代が生んだ人と言っていいだろう［椎野 二〇一六］。

婚資の意味

アフリカに限らず人間社会では、人生の大イベントである結婚にともない、結婚する男女双方のあいだにモノや労働のやりとりが象徴的になされることが多い。そうしたモノを、人類学では「婚資」と呼ぶ。父系社会では、結婚すると女性は自分が生まれた父の家から出て、夫の家に嫁いで共に暮らすことが多い。男性のほうはその女性をそれまで育ててきた両親やその家族親族に、当該社会で重要とされている家畜を支払うことになっている。アフリカではウシが重要と考える社会が多いが、ラクダ、ヤギ、ヒツジ、などをあわせて用いる社会もある。支払うべき家畜の数は、伝統的に決められている社会もあるが、その時々の状況により、婿側と嫁側の親族どうしが交渉によって決めることもある。男性側はなるべく出したくないし、女性側は少しでも多くもらいたい。支払い方も一括で支払ったり、長い年月をかけ分割で支払うことになっている社会もある。

婚資の支払い方も、たとえばルオ社会の場合、一九七〇年代後半から変わってきている。婚資は家畜だけでなく、現金とあわせて支払うようになり、初めに現金のみ、あるいはまったく支払うことなく女性が男性の家に行き、同棲を始める同居先行型の結婚が増え、現在ではそれが主流になっている。男女の関係が安定的になり、子どもが一〜二人できてから婚資を支払うのがよしとされるが、支払いまでの期間が長期化する傾向もある［椎野 二〇一二］。

しばしばみられるのは、婚資と子どもの嫡出性（誰を結婚による父と母にもつか）が大きくかかわっていることだ。先にふれたアククの場合も、四〇人を超える妻から生まれた子どもがすべて生物学的にアククの子どもかどうかは、明らかにあやしい。しかしそれが大きな問題にならないのは、アククが婚資を支払って嫁にきた「妻」が産んだ子どもは、すべてアクの出自ラインに属すことに疑いをもつ者はいないからだ。ここでもっとも重要なのは、血縁の追究よりも、誰の妻から生まれた子どもであるか、ということである。したがって、「妻」として認めるための公的な手続きである婚資の支払いの重要性はもとより、逆に未婚の母から生まれた子どもの居場所が非常につらいものとなることも想像できよう。かつて未婚の女子の出産とは、あってはならないことであった。

幽霊婚、女性婚、レヴィレート

アフリカの結婚の多様性をみるとき、配偶者の数だけでなく、ジェニター（生物学的父）とペイター（社会的父）が必ずしも一致しない結婚、あるいは結婚を補完するような男女関係に注目する必要がある。人類学の古典的民族誌のなかでも、エヴァンズ=プリチャードのヌアー（ヌエル）調査からの報告には、「幽霊婚（ghost marriage）」「女性婚（woman marriage/woman-to woman marriage）」、そして「レヴィレート」、といった豊かな結婚形態やそれに類似した男女関係の形態についての報告がつまっている。

「幽霊婚」とは、結婚せずに死んでしまった青年のために、残された親族が彼の名前で嫁をとり、彼の兄弟と嫁にきた女性とのあいだに子どもをもうけ、その子は青年の名をつぐ、すなわち死んだ青年の出自のラインの継続をはかる結婚である。女性からしてみれば、結婚相手である青年はすでに死んでいるため「幽霊婚」と呼ばれるのである。アジアでも類似した結婚形態があり、「冥婚」と呼ばれている。

「女性婚」は、人類学において主に不妊の女性が子孫を得るためにおこなう社会制度として、ひとつの結婚形態として位置づけられた。しかし、じつはこの女性婚をおこなう動機は多岐にわたる。夫が不妊症の場合もありえるのだが、いずれにしても女性が主体的におこなうことが多い。夫のラインを継ぐ男子がいないまま夫が亡くなった場合、ほかの妻には男子がいるが自分にはいない場合、みずから独自のラインがつくりたい場合などの理由からである。通常の結婚で妻であった女性が、婚資を払って嫁を娶り、ジェンダーを男に変えて言葉づかいや振る舞いも変えて「女性夫」となり、その嫁に夫の親族の男性と性的関係をもってもらい、ラインを継ぐ息子を産んでもらうというしくみだ。他方でこの女性婚は、身体的・社会的ハンディを負った女性が嫁にいく、あるいは、嗣子を得るため正規の男女の結婚を陰で補完するという意味合いも強かった。ところが、たとえばケニア・キプシギス社会では、近年増加する未婚の母の生きる選択肢として、かつてとは異なり肯定的に「女性夫」の地位を再解釈するような動きも出てきているという［小馬　二〇〇〇］。

要するに、女性婚で嫁いでくる女性にとって、結婚相手は死んだ男性や女性夫であるわけだが、いずれもその夫は名ばかりで、実際に性的関係をもつのは異なる男性である。つまりこれらの結婚は出自のラインを絶やさないために考えられた結婚であり、生殖と社会関係とは直結しないことを示している。父系ラインの継続をめざす、という共通した目的でおこなわれるのがレヴィレートである。ラドクリフ=ブラウンは、夫を亡くし寡婦になった女性が、亡夫の兄弟（levir）に引き継がれる慣習は広くみられるとした。そのうえで、それには二種類あり、ひとつはあくまでも亡夫の代理に徹底する男性を提供する「レヴィレート」という社会制度と、もうひとつは寡婦と寡婦とのあいだに新しく生まれた子どもの帰属もすべて引き受ける「寡婦相続」に分類できると言ったのだ［Radcliffe-Brown 1987（1950）: 64］。

私が調査したケニア・ルオ村落社会では、夫を亡くした女性たちが夫の死後も「妻」として生きていくすべとして、「テール（*ter*）」という社会制度を用意している。これは夫を亡くした妻が「ジャテール

(*jater*)」と呼ばれる亡夫に代わる代理夫を選んで「テール」という関係を結び、亡夫の土地で暮らしつづけるというものである。寡婦になった女性がまだ若ければジャテールとのあいだに子どもをもうける場合もあるが、新たに生まれたその子は亡夫の子とみなされる。このルオ語で言う「テール」関係とは、すなわち人類学で「レヴィレート」と呼ばれてきた社会制度である。私を娘として受け入れ共に暮らし、私がママと呼んでいた女性もこの制度を実践していた。

しかし私がママとの生活を始めて、まず感じたのは、この社会制度とも呼べる「レヴィレート」は人類学の教科書で強調されるような子孫存続のための制度という意だけでなく、人びとと共に生きている、もしくは活かされている制度である、ということだった。種々の人類学の書物から受けた印象とは異なり、女性が主導でこの制度と相対しているさまが明らかにみえた。代理夫ことジャテールのおこないが悪ければ、彼女はその男を追い払い、自分の願いをかなえてくれる別の男を探しジャテールとして家に迎え入れるという事例が、村のあちこちでおこなわれていることがみえてきた［椎野 二〇〇八］。

性的規範

一般に、一夫多妻のイメージが強いせいか、アフリカは性的におおらかであるイメージがあるかもしれないが、じつはそうでもない。白人の到来以来の大きな社会変化により、現在は大きくその価値観が変わりつつあるが、伝統的に処女性を重要視する社会は多い。

先に触れたケニア・ルオ社会も、もともと処女性が重視される社会であった。カップルが結婚の初夜を終えたあと、花嫁が処女であったという証を彼女の生家に送り届けることは、重要な儀礼的行為であった。花嫁の両親も、娘の処女を結婚まで守ることが誇りだった。このような処女性が重要視される社会では、未婚で処女を失うこと、さらに子どもをもってしまうことは恥とされている。ルオ社会において未婚で子どもをもってしまった女性の場合、第一夫人になることはできない。たいてい第二夫人以下の身分で、歳の離れた老人に嫁がされた。さらに婚資のウシの数も減らされた。ルオの隣人であるキプシギス社会にも同様の考え方があり、大人になるための儀礼である割礼の前日には処女膜の状態を念入りに調べられる「塩場へ行く」儀礼があったという。割礼が終わる隔離期明けの儀礼では処女は「処女の鈴」をくくりつけた襷《たすき》を肩から下げることができ、結婚当日もこの鈴を身につけていくという。他方、処女を失って割礼前に出産してしまった女性は、不妊の女性がおこなう女性婚の「嫁」になるか、年老いた貧しい男に嫁ぐしかなかった。あるいは、結婚をあきらめ町に出て売春婦になる者が多かったという［小馬　一九八七：一八二―一八三］。

エチオピア南部に暮らすボラナ社会においても、未婚女性の性は厳しく管理される。未婚女性の性の禁止規則を破った者は、男女とも「チャパナ（*caphana*）」と呼ばれ、妊娠した未婚女性は、隣接するグジ（Guji）という農牧民のもとに婚出させられるという。これは、チャパナとなった未婚女性が、子どもと一緒にボラナ社会から追放されることを意味する。また妊娠させた男性のほうも、そのままボラナ社会のなかにとどまるものの、嫌悪され年齢組や世代組の儀礼、戦いや狩猟にも参加できず、未婚であれば結婚することもできない。つまりボラナにおいても、女性ははじめての性関係を、夫になる男性と結婚するときに結ばねばならないのだ［田川　二〇〇九］。

ケニア・ルオ社会では、結婚後についても性的規範がある。大きくふたつに分かれ、ひとつは、夫婦がしなければならない儀礼的性交である。たとえば耕作、播種、収穫などの農事暦にもとづいた作業を始めるときに、第一夫人から結婚した順番に夫と妻が儀礼的に性交することになっている。さらに子どもの誕生や結婚、また近親の死という人生の節目の出来事があったとき、夫婦は儀礼的に性交をすることになっている。またもうひとつは、婚外の性関係の禁忌である。これを犯さないために一連の説明体系が存在している。自分の配偶者以外の人と性関係をもった場合、乳飲み子が病気になったり死亡したり、現場を見てしまった夫が病になったりなど、さまざまなかたちでの災いが起こるようになっている。婚外の性の違反を防ぐための災いが用意されているのである。

結婚と家族のかたちの変化

近年のアフリカは、グローバル化にともないさまざまなモノや考え方や価値観が頻繁に流入している。国内外、ローカルと都市間の人の動きもますます盛んになっている。何と言っても、電線は行き渡らずとも電波塔があちこちに建ち、携帯電話があらゆるところで使えるようになった。家族親族間のやりとりだけでなく、男女間のやりとりが秘密裏におこなわれるようになったのも事実だ。都市ではとりわけ、出稼ぎに来た男性は言うまでもなく、シングルマザーや寡婦なども出稼ぎに来るため、これまでとは異なる男女の関係、家族のかたちができつつある。アフリカの都市でもいわゆるシングルが多くなってきた。雑誌や新聞、ネットではもっぱらシングルの男女が相手を求める声が多く掲載されている。新しい活路——出稼ぎや高等教育の機会を求めて、あるいは外国人の恋人に呼ばれてなど、さまざまなきっかけで海外に行く者も多くなっている。外国で職を得て、のち本国のキョウダイや家族を呼び寄せる者、相手を得て外国で家庭をもつ者、シングルマザーになる者も多い。

他方、興味深い動きもある。南アフリカのズマ大統領が、任期中に次々と複数の妻を迎え、伝統的衣装をつけた結婚儀礼もおこない「ファーストレディはいったい誰か」などと話題になった。ほぼ同時期の二〇〇九年、ケニアで法改正案が発表され、これまで慣習法の下でおこなわれていた一夫多妻であったが、「第一夫人が認めれば、夫は第二、第三……夫人と結婚できる」という項目が入った。そして翌年には「ケニア再生（Kenya Reborn）」とし憲法改正がなされ、新しいケニア憲法における四五条三項の、家族の項では「婚姻の当事者は、婚姻時、婚姻中および婚姻解消時に平等の権利を有する」と男女平等、夫婦間の平等を明らかにした。ところが、その四年後の二〇一四年には無条件に男性は一夫多妻を実施できることとなった［Republic of Kenya 2014］。「女性差別撤廃条約（The Committee on the Elimination of Discrimination against Women: CEDAW）」に反しているとして、論議を呼んでいる。

アフリカにおける「一夫多妻」についての議論は、今後どのように動いていくか。ただたんに、一昔前のように西洋化、近代化に向けて一夫一婦に向かう、という傾向でもなさそうだ。アフリカらしさの強調として政治的リーダーが一夫多妻制を掲げる事例も出てきたからだ。

セクシュアリティの問題、男女の関係のかたち、結婚のかたち、子どもの嫡出性、後継ぎの問題。いずれも現代社会の問題であり、とりわけ後継ぎの問題は高度な生殖医療技術をもって解決する試みがどの先進国でも盛んになってきた。しかし本章を通じてみてきたアフリカの多様な性と結婚のあり方からは、現代の高度な技術を生み出す前から、アフリカは豊かな感性で多様な性の観念、結婚のシステムなどを生み出し、現代の「問題」に以前より対処してきたことがわかる。

参照文献

小馬　徹　一九八七「強姦をめぐる男女関係の種々相――ケニアのキプシギスの事例から」宮田登・松園万亀雄編『文化人類学4――性と文化表象』アカデミア出版会。

――　二〇〇〇「キプシギスの女性自助組合運動と女性婚――文化人類学はいかに開発研究に資することができるのか」青柳まちこ編『開発の文化人類学』古今書院。

椎野若菜　二〇〇八『結婚と死をめぐる女の民族誌――ケニア・ルオ社会の寡婦が男を選ぶとき』世界思想社。

――　二〇一二「人生を印づけるたいせつな行事――結婚と葬式」松田素二・津田みわ編『ケニアを知るための55章』明石書店。

――　二〇一六「一夫多妻社会の老人事情――ルオの男女が老いたとき」田川玄・慶田勝彦・花渕馨也編『アフリカの老人――老いの制度と力をめぐる民族誌』九州大学出版会。

田川　玄　二〇〇九「男が戦いに行くように女は愛人をもつ――南部エチオピアの父系社会ボラナの結婚と婚外のセックス」奥野克巳・椎野若菜・竹ノ下祐二編『セックスの人類学』春風社。

Bohannan, P. and Bohannan, L. 1968 *Tiv Economy*, Northwestern University Press.

Gluckman, M. 1987（1950）'Kinship and Marriage among the Lozi of Northern Rhodesia and the Zulu of Natal,' In A. R. Radcliffe-Brown and D. Forde（eds.）*African Systems of Kinship and Marriage*, Routledge and Kegan Paul.

Radcliffe-Brown, A. R. 1987（1950）'Introduction,' In A. R. Radcliff-Brown and D. Forde（eds.）*African Systems of Kinship and Marriage*, Routledge and Kegan Paul.

Republic of Kenya 2014 The Marriage of Act No. 4 of 2014, Nairobi, 6th May, 2014, *Kenya Gazette Supplement No. 62*（*Acts No. 4*）.（http://kenyalaw.org/kl/fileadmin/pdfdownloads/Acts/TheMarriage_Act2014.pdf　二〇二三年十一月一日閲覧）

4 宗教生活

近藤英俊

ボコ・ハラムとは

アフリカ社会における宗教生活は、じつに多様である。アフリカ大陸全体でみると、五割がイスラーム、四割がキリスト教、そして残りが伝統的な宗教といわれる。本書が主な対象とするサハラ以南のアフリカに限っていうと、二五%がイスラーム、六五%がキリスト教、残りが伝統宗教という割合だ。イスラームは七世紀後半から八世紀前半にかけて北アフリカを席巻し、サハラ交易をとおして、サハラ以南のアフリカ社会にも浸透した。十一~十二世紀のガーナ帝国、十三~十四世紀に全盛期を迎えたマリ帝国などはイスラーム王朝として栄えた。キリスト教についても、四世紀にアクスム王国がキリスト教を国教化して以降、エチオピアで独自の発展をとげる。また十九世紀の帝国主義と植民地主義の時代には夥しい数のキリスト教宣教団がアフリカの各地に入り込み布教活動を展開し、植民地をキリスト教化していった。今日もなお、こうした世界宗教は、アフリカ社会において大きな影響力をもっている。それらは多分にアフリカ化されたり、融合したりしながら現代アフリカ社会の宗教生活を形作っている。

　しかしながら、二十一世紀に入ってこうした宗教状況は大きく変化する。もっとも顕著な変化のひとつが、イスラーム急進派（メディアでは、「イスラーム原理主義」とも呼ばれる）の活動の進展である。本章では、この新たな変化に絞って紹介と考察を試みてみたい。

近年、海外に報道されるアフリカの宗教関係のニュースといえば、その大半がイスラーム急進派の活動であろう。たしかにソマリアの「アル・シャバーブ」といい、マリの「イスラーム・マグレブのアル・カーイダ（AQIM）」といい、アフリカのいくつかの地域でイスラーム組織による散発的なテロリズムというよりは、もはや軍隊を巻き込んだ戦争レベルの暴力が進行している。なかでも注目されてきたのがナイジェリアのボコ・ハラム（*Boko Haram*）である。それには数十人もの犠牲者をともなう爆弾テロリズムや、オートバイを使う銃撃スタイルだけでなく、ボルノ州・チボクの学校からの三〇〇人近い女子生徒が誘拐されたことに対する国際社会の衝撃があるのだろう。

本章では急進派のなかでも、このボコ・ハラムの成立過程について掘り下げて検討する。こうした組織には多面性があり、生成の「原因」はひとつに還元できるものではない。しかしながら本章はグループ形成と都市とのかかわりに注目する。ナイジェリアではイスラーム急進派は特定の都市において成立し、続いて他の都市や農村に拡大する傾向がある。都市の社会文化状況だけが急進派生成を説明するわけではないが、都市性とグループの形成過程とは考慮に値するかかわりがあるように思われるのである。

ボコ・ハラムのボコとは、北ナイジェリアの共通言語ハウサ語で「西洋的教育」を、ハラムとは「禁止される」ことを意味する。これが一般的なこのグループの呼称であるが、正式名称は「預言者の教えとジハッドの普及に尽くす人びと」である。この名称は、グループの生みの親、モハメド・ユスフの信条を要約するものであろう。

サハラ砂漠南端の「サヘル」と呼ばれる広大なサバンナ地帯には、自宅でいわば寺子屋風に子どもたちにイスラームとアラビア語を教える先生がいる。彼らは北ナイジェリアではハウサ語で「マーラム」

と呼ばれる。ユスフはそうしたマーラムの一人であるが、イスラームは独学で学んだようだ。彼の宗教信条は、当時北ナイジェリアで勢力を拡大しつつあったサラフィー派の影響を受けていたと考えられる。

サラフィー派はモハメッドと弟子たち、すなわち最初のイスラーム教徒の生き方の再現を信仰の中心に据えている。サラフィー派は預言者モハメッドの言ったこととしたこと、すなわちスンナの書かれたコーラン、ハディス、シーラを重んじることから、スンナ派の流れを汲んでいる。スンナからの逸脱は何であれビダ（*bid'ah*「発明」）として否定されねばならない。実際のところ、何をビダとみなすかはスンナ派のあいだでも解釈が一致しない。大方のスンナ派はそうした相違を容認しているが、サラフィー派はみずからの解釈を唯一正当なものとみて、イスラーム法学校までも批判する。北ナイジェリアでは後述する主流派のスフィズムをビダとして強く非難してきた。

ユスフの宗教信条は大筋においてサラフィー派に従う。しかし特徴的なのはユスフがジハッドによってビダを破壊し、無信仰者を抹殺することを説いた点であり、そしてビダとしてやり玉にあげたのがスフィズムではなく、西洋的教育と西洋的な制度や法にもとづいて構築された国家であった点である。したがってジハッドによって破壊すべきは公的施設であり、殺すべきは西洋教育を受け、国家の手足となって働く政治家、官僚、公務員、軍人、警察などであった。北ナイジェリアには、十九世紀にジハッドの成功例がある。ウスマン・ダン・フォディオによって始められ、ついには東はブルキナファソから西はカメルーンに至る版図を獲得したソコト・カリフェイトである。ユスフがこの先例の影響を受けた可能性は否定できない。しかしユスフたちの強烈な暴力への意志を、宗教信条だけで説明するのは不十分である。それは彼らの日常生活のあり方とも密接にかかわっている。この点は後に検討したい。

ユスフはボルノ州の州都マイドゥグリの北部にモスクを建立し教えを説くようになる。周辺には五〇

○○人に及んだといわれる弟子たちが住み着き、モスクはボコ・ハラムの牙城とみなされるようになった。そして二〇〇二年から彼らはジハッドを開始し、公共施設、モスク、教会、学校などを襲撃した。これに対し治安当局は武装した警察を送り込むが、警察の無差別な発砲によって犠牲者はかえって増えたとみられている。

二〇〇九年ユスフは警察に逮捕され、脱走を図るも撃ち殺された。これがボコ・ハラム史上、ターニングポイントになったとみられている。メンバーたちは拠点を農村部に移し、アブバカル・シェカウがユスフの後を継いだ。シェカウは少人数による急襲タイプの攻撃から、重火器による大規模な攻撃に戦術を変更した。戦闘員は金で雇われたギャングが含まれるようになった。攻撃対象も農村に移し、村を襲っては殺人、略奪、誘拐を繰り返した。誘拐は身代金の獲得や、女性をいわゆる性奴隷にするためだけでなく、メンバー＝戦闘員をリクルートするためにおこなわれた。彼らは森林地帯を隠れ家とし、当局の追跡を困難にした。二〇一五年までに彼らが奪った土地は、ベルギーの面積に匹敵するという。数万人が殺され、家を失った者は一五〇万人にのぼったといわれている。二〇一六年、ボコ・ハラムは二つに分裂した。そして二〇一九年、シェカウが対抗するグループによって殺害されて以来、ボコ・ハラムは弱体化傾向にあるという［Meagher & Mustapha 2020］。

急進派と都市

まず強調しておきたいのは、ナイジェリアのイスラーム教徒の大多数は平和に暮らしており、ボコ・ハラムの暴力を非難している点である。ナイジェリアは北部全域でイスラーム人口が多く、南西部はイスラーム人口とキリスト教人口が拮抗、南東部と最南部はキリスト教人口が多い。イスラームは九世紀に北アフリカから現在のナイジェリア北東部にまずは伝わり、すぐに北ナイジェリア全域に浸透していった。イスラームの普及には交易が大きく寄与したが、支配層への浸透については、北アフリカやセネガル、マリから来訪したイスラーム指導者が果たした役割が大きい。十九世紀初頭までに北ナイジェリア全域に広まったイスラームはスンナ派である。それが十九世紀を通じスフィズムが広まり、今日北ナイジェリアのイスラーム教徒の大半はスフィズムを信奉している。

「同胞団」とも呼ばれるスフィズムは、信者一人ひとりが自分と向き合い、内面を浄化することを重んじ、そのためのさまざまな儀礼を生み出してきた。宗派の創設者や指導者に特別な敬意を払い、彼らにまつわる土地や町は聖地として巡礼する。北ナイジェリアのスフィズムの諸宗派は、神学的見解や儀礼のあり方は必ずしも一致しないが、平和に共存してきた。ところが一九八〇年代以降、一部のイスラーム教徒の急進化が顕著に起こっている。ここでは三つのグループをとりあげたい。

一九八〇年、北部最大の都市カノでは、マイタツィネと呼ばれるグループが暴動を起こし、治安当局との衝突の結果、数千人もの死者が出ている。これが第一のグループである。グループの指導者で北カメルーン出身のマーラムであるモハメッド・マラワは植民地時代より急進主義者として知られていた。マラワは近代的西洋的なものなら何でも、時計やラジオも、ビダとみなし、それらの廃棄を唱えた。一九七〇年代から一九八〇年代にかけて、ちょうどナイジェリアのオイルブームとそれに続く原油価格下落が社会に貧富の格差をもたらしたころ、マラワを師と仰ぐ若者が急増する。彼らの多くは、仕事のない若者や、農村を離れマーラムのもとでイスラームを学ぶ子どもたちであるとみられている。マラワの死とともにカノの暴動は沈静化したが、その後もナイジェリア北東部で散発的に暴動が起こっている。

第二のグループであるサラフィー派は、一九七〇年代からアブバカル・グミがカドゥナを拠点に説いた。グミはあからさまにスフィズムを反イスラーム的と批判した。グミの支持者はプラトー州の首都ジョスにおいて一般にイザラとして知られる「発明の放逐と伝統の再興のための社会」を結成した。イザラは独自のモスクを建立し、礼拝の時間をスフィよりも一時間早くするなどスフィズムとの対決色を打ち出した。両者は暴力をともなう対立には至らなかったものの、地域社会に不寛容さと軋轢が生じた。イカドゥナの精霊憑依グループが、イザラの妨害によって儀礼がしづらくなったと不満を顕わにしていたのを思い出す。イザラはとくにカドゥナやジョスなどの新興都市や移民地区で広まったことから、地元のスフィ共同体への参加を拒まれた移民の支持を集めた可能性が指摘されている［Mustapha & Bunza 2014］。

二〇一四年から二〇一九年にかけて、ザリア、カドゥナといった北ナイジェリアの都市で、数百人ものシーア派の信者が警察によって殺されている。彼らはイブラヒム・エルザクザキ率いる「ナイジェリアのイスラーム運動（ＩＭＮ）」のメンバーであり、数千人規模の集会やデモを基本的には平和裏に実施してきた。そこに警察が発砲したのである。これが第三のグループだ。エルザクザキはザリアのアフメド・ベロ大学在学中、イランに通じていたといわれるムスリム学生ソサイエティ（ＭＳＳ）に参加した。当初エルザクザキの活動にはターバンを巻くこと以上にはシーア派の影響は見受けられない。それがＩＭＮを立ち上げて以降、エルザクザキは殉教の重要性を説くなどシーア派の立場を鮮明にし、現ナイジェリア国家を「悪魔」として弾劾、ジハッドによる打倒とシャリアにもとづく真のイスラーム国家の建設を訴えた。こうした過激な発言と集会やデモを当局は警戒し、前述のような過剰な反応が生じている。

これら急進派はいずれも北ナイジェリアの大都市に生まれ、そこを拠点に広まっている。そこでは複数のイスラーム宗派とキリスト教グループが存在する多元的宗教状況が現出している。これらのグループは互いに影響を及ぼしあっており、他宗派の要素が取り込まれるのは自然である。都市は交通の要衝であり空港もある。海外を含む外部の宗教動向が伝わり、宗教指導者の来訪を受けるのは第一に都市である。一方、共同体的しがらみの少ない都市住民は、比較的自由に宗教信条を選ぶことができる。すなわち宗教グループ間には市民のリクルートをめぐって競争がある。この宗教市場において、宗教グループは市民のニーズに訴える必要があるだろう。そして急進派のアピールにもっとも反応したのが、都市に移り住んできた若者であるように思われる。急進派のメンバーには明らかに若い移民が多い。それはボコ・ハラムにもみてとれる。

若い移民と格差

急進派のメンバーに若い移民が多いことは、ナイジェリアの都市化のあり方に密接に関係している。今日に至るまでナイジェリアの都市は拡大を続けているが、主たる原因は農村部からの人びとの移住が後を絶たない点にある。たしかに都市には古くから住民が住みつづけている旧市街もあるが、その外縁の拡大しつづける広大な地帯は移民の世界である。ボコ・ハラムの結成されたマイドゥグリの場合、移民の流入により年率一二%という著しい人口増加が続いている。マイドゥグリ在住の研究者によれば、市内でボコ・ハラムによる暴力が頻発しているのは、こうした若い移民たちが移り住んできた地区であるという［Monguno & Umara 2020］。

ボコ・ハラムのメンバーは二十代の若い男性が多い。彼らは大方貧しい農家出身である。注目すべきはじつに十人に四人は幼いころに父親を失い、母親や親戚に育てられた点である。父親との不和から都会に出てきた若者が急進派に参加しやすい点も指摘されている。さらに、ユスフはマーラムのもとでイスラームを学ぶ子どもたちを動員した可能性もあるという［Last 2020］。父親に従う必要のなくなった若者は、比較的自由に急進派に入信することができる。一方父親や父系親族のコネを利用できないせいで、彼らは安定した仕事に就くことが困難になる。筆者の調査したカドゥナの事例でいえば、父親のもとを出て行った若者は、友人たちと共に短期的な仕事を渡り歩いていた。若者の重要な働き口であったオートバイタクシーが政府によって禁止されたことも、生活状況の悪化に追い打ちをかけたに違いない。こうしてみると、困窮にともなう怒り（ルサンチマン）が宗教運動の原動力になるという古くからの議論は一理ありそうである。しかし事はそう簡単ではない。

問題は困窮者が必ずしも急進派になるわけではない点にある。隣国ニジェールは貧困指標がナイジェリアよりも高いにもかかわらず、ボコ・ハラムはついに活動の橋頭堡を築くことができなかった。この点についてはニジェールでは大方の人びとが等しく貧困であるのに対して、ナイジェリアには顕著な貧富の格差があることが指摘されている［Meagher & Mustapha 2020］。この格差はナイジェリアの北部と南部の地域間にみられるものである。歴史的にキリスト教化した南部では、西洋的教育が早くから普及した。これに対しイスラーム圏の北部では西洋的教育の普及が遅れた。このことがひとつの要因になって、経済は南部中心に発展し、北部は停滞した。北ナイジェリアにはこうした不平等を苦々しく思う者が少なくない。しかし都市に出てきた若い移民にとって、格差はより身近で身につまされるものであるに違いない。

ナイジェリアの都市に暮らしていると、富裕層の存在に否が応でも気づくことになる。彼らは豪邸に住み、高級車に乗り、盛大なパーティーを開く。この飛びぬけた消費をみずからの境遇と対比したとき、若者は不条理を感じてもおかしくない。しかし一般市民にとってこの不平等には明確な原因がある。「奴らは相当食べている（They don chop'em werry well）」。このピジン英語の表現は、政治家、役人、軍人、起業家は本来市民のために費やすべきカネで私腹を肥やしている、というほどの意味である。付け加えるなら、そのおかげで「我々は貧しいままである」。不可視の部分を詮索し陰謀論を語るのが好きな市民だが、汚職による格差拡大は彼らにとって「事実」である。しかし彼らは日常経験する困難の具体的場面で、その原因を富裕層に帰せしめているわけではない。それはどちらかといえば茶飲み話で語られる一般論である。もし彼らが日常的な困難や苦境をすべて富裕層、あるいはそれが何であれ特定の対象に起因させたなら、その対象に対する憎悪は暴力をともなって然るべきである。ボコ・ハラムのメンバーはそれをまさに実行している可能性がある。

都市の不条理と悪

ナイジェリアの都市において、若い移民は日々さまざまな苦境や困難に遭遇している。交通事故に遭う、カネや物品を盗まれる、あるいはだまし取られる、警察にたかられる、対抗するグループから暴力を受ける、賄賂のためにかなりの支出を強いられる、せっかくの稼ぎを直ちに仲間たちに分配せざるを得なくなる、出身や民族のおかげでさまざまな場面で差別される、感染症にかかる等々。また農村を出る前、若者は都会での成功を夢見ただろう。その夢は早くも夢のままで終わりかけている。こうした苦境には「なぜこんな目に遭わねばならないのか？」と呟かざるを得ないような「わからなさ」が存する。

それらに立て続けに見舞われたときや、周囲は幸せそうなのに自分だけが不幸であるときなどは、わからなさも極まるだろう。それは通常の理解を超え、そしてどう対処していいのかもにわかにわからない不条理な事態である。筆者はこうした不条理は十分暴力の起爆剤になると考えている。ところが不条理な事態は、程度の差こそあれ都市住民なら誰でも経験するものである。だからといって彼らが皆暴力に走るわけではない。それどころか、不条理な事態への対処のあり方によっては、不満や怒りが暴力に向かうことが妨げられるように思われる。

不条理は説明しがたいがゆえにかえって説明を渇望する。重要なのは、事態が不条理であればあるほど、それを引き起こす人間を超えた神秘的な存在、力や法則を思念する傾向が人間社会に共通してみられる点である。ナイジェリアの都市住民の場合、不条理な事態はしばしば妖術の介入を彼らに想起させる。筆者が調査したカドゥナとラゴスの住民は、理解しがたい不幸をしばしば妖術と結びつけていた。理解しがたいからこそ妖術を措いて説明できないのである。一方妖術によって引き起こされたとみることで、事態に対する対処策が開かれる。主としてそれは妖術の力を祓う呪術的解決である。ナイジェリアの多くの都市で、一九八〇年代までこの呪術的役割をもっとも担ってきたのは呪医である。今日呪医はこの筆頭の座をペンテコステ派キリスト教に明け渡している。ペンテコステ派の爆発的ともいえる拡大の最大の要因が、悪魔祓いの儀礼、「解放」を意味する「デリヴァランス」にあるのは間違いない。この儀礼において信者は、「妖術の犠牲者」から、あるいは「妖術使い」から妖術の力を祓おうとする。

ところで個人的不条理を個人的な敵=妖術使いの妖術に起因せしめ、その呪術的解決を実施するなら、それは不条理のルサンチマンが集団的暴力に向かうのを妨げるのではないだろうか。それは集団ではなく個人による、暴力ではなく呪術による解決の実践である。反対にもし不条理が暴力=ジハッドを帰結するなら、農村から都市に出てきた若者は、不条理を妖術とは別の神秘的力によって説明し、個人的呪術的方法ではなく、集団的暴力を唯一の解決方法とみたことを示唆する。しかし彼らにそうすることをうながす言説などあるのだろうか。反イスラーム勢力の打倒を命じるジハッドの言説そのものは、反イスラーム勢力の存在がイスラーム教徒の日々の不幸の原因であると論じているようには思えない。したがってこの謎を解く鍵はユスフのオリジナルな主張にあるとみてよかろう。

ユスフがみずからの神学で強調したのは、ナイジェリア国家と西洋式教育をビダとし、これらの打倒を実現することである。ところで国家がビダであるならば、市民はビダの、したがって悪のただなかで生きていることになる。とりわけ都市は役所、裁判所、警察、公立の病院や学校、電力公社等、国家の機関や施設が集中し、そこに従事する役人、公務員、警察官等と市民は日常的に接している。都市で暮らすとはビダに取り巻かれているだけでなく、ビダを利用しビダと折り合いをつけて生きていくことを意味する。国家というビダのなかでうまく生きていくには、同様にビダである西洋式学校教育が不可欠である。そして大学卒業者という学校教育の成功者が、国家権力の中枢を担い、市民の金で私腹を肥やしていく。それはビダならではの腐敗したしくみである。これに対し学校教育を受けげず、国家のしくみに乗れなかったイスラーム教徒は不条理な苦しみを余儀なくされる。ビダはまさに悪であって、ビダに染まらないものを不幸にする。ユスフのもとに集まった若い移民たちが互いに同様の不条理に苦しんでいることを知ったとき、ユスフの言葉は説得力を帯び、彼らのあいだに連帯感が生まれたに違いない。

かつてフランスの社会学者デュルケームは、神が社会的統合のシンボルになりえることから、いみじくも「神とは社会である」と述べた。ボコ・ハラムにとって「社会（国家）とは悪魔である」。それは破壊されねばならない。しかし若者をジハッドに駆り立てたものは怒りだけではなさそうである。

清算に託す希望

ユスフはジハッドによって開かれる可能性、その積極的な意義や理想についても語ったという。若者が都市に抱いていた夢は破れはしたが、ユスフは彼らに装いも新たに夢を抱かせることに成功したのかもしれない。またユスフは信者に対し物的金銭的支援もしている。すなわち小規模の商売の運転資金を提供したり、オートバイや車を贈与または貸与してタクシービジネスの便宜をはかったりしている。また西アフリカではイスラーム学校の師が弟子たちを農場で働かせ、収益を上げるとともにコミューンを組織することが知られているが、ユスフは三〇〇〜五〇〇人ほどの弟子を複数の農場で働かせていた。

これらのことがユスフのカリスマ性と相まって、若者はボコ・ハラム活動に希望の光を見たのではなかろうか。しかしジハッドにまずもって託す希望とは、何か明確な輪郭のあるようなイスラーム国家の樹立や、その具体的な実現の可能性ではない。この希望は今の社会をいったん無に帰すことで、新たにやり直す可能性が生まれる点に存する。悪に染まった社会を清算し出発点に戻る。そこからイスラーム教徒たちの理想的な社会が建設されるかもしれない、という希望である。

この意味でジハッドは、究極的には呪医の治療儀礼やペンテコステ派のデリヴァランスに似ている。これらの祓いの呪術は妖術使いの力を被害者から取り除き、元の状態に戻すことを主眼としている。病気やその他の災難が解決するかどうかはそれから後のことである。少なくとも悪の力が除去されれば、解決への道筋が開かれるというものである。それゆえジハッドに託す希望は、祓いの呪術に対する希望同様、成功の見込みの高さ、確実性に依拠した希望とは異なる。それは安心感をともなうものではなく一か八かの決断を要するものだろう。若者たちはジハッドという冒険的事業に賭けたといえる。しかしながら、こうしてボコ・ハラムに参加したすべての若者が直ちに暴力に走ったわけではない。いくつかの段階を経て暴力に至る点の重要性が指摘されている。入信前はごくふつうの若者が入信後徐々に感化され、ついには暴力的になるケースも明らかにあるようだ〔Ehrhardt & Umar 2020〕。入信後に人格が変わることは日本の一部の宗教団体の信者にも起こりうることである。これは無視しえぬファクターだが、心理学的分析ではグループ成立の社会的文化的要因にたどりつくことはできないだろう。また、ボコ・ハラムへの入信のきっかけが、ユスフの教えや経済的利益のほかにも、すでにメンバーである家族の勧めなど、多様である点も指摘されている。しかしボコ・ハラムの過激化を加速したのは、紛れもなく治安部隊との衝突だろう。暴力の応酬は自ずとエスカレートしていく。

ユスフの死後、後を継いだシェカウのもとでボコ・ハラムはいよいよ暴力的になっていった。金でごろつきを雇い、メンバー構成まで変わった。おそらくボコ・ハラムの活動は早晩収束に向かうだろう。しかし都会にやってくる若者は、今後も不条理な苦境に直面しつづけるだろう。第二、第三の「ボコ・ハラム」が現れる可能性は否定できない。

ボコ・ハラムのようなイスラーム急進派やペンテコステ派の伸長は、現代アフリカ社会を読み解く重要な鍵である。急速な都市化や格差拡大は、ときに理解を超えた困難な状況に人びとを突き落としてしまう。その際人びとは、陥った境遇がまさに不条理であることから、宗教的な説明と対処を求めがちになる。それは悪の源を祓い、出発点に回帰する実践であり、個人的で儀礼的な形態をとることが多い。ところが彼らの帰属意識や宗教信条いかんでは、それが集団的暴力的な形態をとることを、急進派の隆盛は示唆しているのではないか。

参照文献

Ehrhardt, D. and Umar, S. 2020 'Pathways to radicalization: Learning from Boko Haram life histories,' In R. Mustapha and K. Meagher (eds.) *Overcoming Boko Haram: Faith, Society & Islamic Radicalization in Northern Nigeria,* James Currey.

Last, M. 2020 'An inquiry into possible factors contributing to radicalization in childhood & youth in northern Nigeria,' In R. Mustapha and K. Meagher (eds.) *Overcoming Boko Haram: Faith, Society & Islamic Radicalization in Northern Nigeria,* James Currey.

Meagher, K. and Mustapha, R. 2020 'Introduction: Faith, society & Boko Haram,' In R. Mustapha and K. Meagher (eds.) *Overcoming Boko Haram: Faith, Society & Islamic Radicalization in Northern Nigeria,* James Currey.

Monguno, A. and Umara, I. 2020 'Why in Borno ? The history, geography & sociology of Islamic radicalization,' In R. Mustapha and K. Meagher (eds.) *Overcoming Boko Haram: Faith, Society & Islamic Radicalization in Northern Nigeria,* James Currey.

Mustapha, R. and Bunza, M. 2014 'Contemporary Islamic sects & groups in northern Nigeria,' In R. Mustapha (ed.) *Sects & Social Disorder: Muslim Identities & Conflict in Northern Nigeria,* James Currey.

Umar, S. 2020 'The Roles of the Ulama in radicalization & counter-radicalization,' In R. Mustapha and K. Meagher (eds.) *Overcoming Boko Haram: Faith, Society & Islamic Radicalization in Northern Nigeria,* James Currey.

排外主義と
#RhodesMustFall

南アフリカ

南アフリカは、二〇〇〇年代後半より、帰属とシティズンシップをめぐる問いに揺れている。ここでは、それを象徴する二つの出来事を紹介したい。ひとつが排外主義的な暴力の拡大、もうひとつが「ローズ・マスト・フォール」運動である。

　排外主義の高まりと外国人への攻撃が世界の耳目を集めたのは、二〇〇八年のことだった。標的になったのは主に近隣国から南アフリカに移入してきた移民たちで、一時は数万人から数十万人もの難民を生む惨事に発展した。加害者たちは、移民が南アフリカ人から仕事を奪っている、治安を悪化させているなどと主張し、外国人が経営する店を襲撃したり路上でリンチを加えたりした。

　南アフリカ社会が受けた衝撃も大きかった。新憲法の前文に掲げられた「南アフリカはそこに住むすべての人のもの（South Africa belongs to all who live in it）」という一文は、一九五五年に宣言された自由憲章から引き継がれたもので、解放運動の中核的な理念のひとつだが、外国人に対する攻撃はその精神を裏切るものと受けとめられた。残念ながら、それ以降も同様の暴力が頻発している。

　南アフリカ社会を動揺させたもうひとつの出来事は、ケープタウン大学の学生たちがセシル・ローズの銅像を撤去するよう求めた抗議運動である。ローズは、政治家としてはケープ植民地の首相、実業家としては世界のダイヤモンド産業に君臨するデ・ビアス社の創業者という顔をもつ。現在ケープタウン大学のキャンパスとなっている一帯はかつてローズの所有地であり、作家ラドヤード・キプリングに譲渡されたのち、大学に提供されている。一九三四年に建てられたローズ像は、このひときわ美しいキャンパスの来歴を物語る歴史的遺産として理解されてきた。

　二〇一五年三月、一人の学生がこの像に汚水を浴びせたのをきっかけに、銅像の撤去を求める声が拡大、ＳＮＳ上に生まれた#RhodesMustFallというタグも後押しして、騒動は世界中に拡散した。早期の幕引きを図った大学の評議会はあっさりと撤去を決め、翌月にはクレーンで吊るされて大学から姿を消した。抗議活動はその後南アフリカ各地の大学に広がり、学費の値下げやカリキュラムの改善、アフリカ人教員の増員を求める運動に発展した。ローズ像に対する抗議は、イギリスのオックスフォード大学にも飛び火している。

南アフリカ人とは誰か、誰が市民としての資格をもつのか。人類学者のフランシス・ニャムンジョは、著書 *#RhodesMustFall: Nibbling at Resilient Colonialism in South Africa* (Langaa Rpcig) においてこの二つの出来事に言及し、ともに帰属とシティズンシップに関する課題と不可分であると指摘した。そのうえで、人種的分断を克服し「虹の国」を自称してきたはずの南アフリカで、包摂の輪が縮小しつつあることを懸念している。

このような見方に対しては、すぐさま反論が返ってくるかもしれない。前者は長らく不利な立場におかれてきた移民の受け入れ問題であり、後者はコロニアルなシンボルに対する異議申し立てという点でブラック・ライブズ・マター運動(BLM運動)を思わせる。両者はむしろ対照的ではないか? こうした疑問に対してニャムンジョは、撤去を求めた学生たちの心情に寄り添いつつも、ローズは南アフリカに到来する前から圧倒的な特権を手にしていたのではなく、非対称な権力を行使しつつ周囲との関係のなかでそれらを手に入れたのであり、排外主義の犠牲者との共通点を軽視すべきでないと言う。求められているのは、人種やエスニシティはもちろん、出自や地理にも拘束されない弾力的で包摂的なシティズンシップということになるだろう。

筆者はかつてケープタウン大学で学んだことがあるが、学生たちはこの大学の伝統であるプロテスト運動の継承者を自負し、教室で、学生寮で、カフェテリアで、ときには周囲が気を揉むほどの激論を交わしていた。新生南アフリカの国是とも言える「ウブントゥ(Ubuntu)」は、「他者あっての自分」、ときには転じて「謙虚と感謝」のように訳されることもあるが、筆者のまぶたに浮かぶのは、この地がもつ複雑さからけっして逃げ出すことなく、他者とのかかわり方をアップデートしようとする彼らの忍耐強さだ。不断の議論を通じて新たなシティズンシップが構想されれば、南アフリカは再び世界を導く希望になると期待している。

(山本めゆ)

人の移動から考える日本とアフリカの関係

ナイジェリア

今日のアフリカにおける人の移動を論じるうえで注目すべき出来事のひとつとして、ブラック・ライブズ・マター運動があげられるであろう。二〇一三年にアメリカで始まったこの運動は、二〇二〇年には世界へと拡大し話題となった。この運動が、欧米のみならずアラブ諸国やアジア諸国へも拡散したことは、アフリカにつながる人びとの大陸を越えた移動の長い歴史とともに、現代におけるその広がりを表しているであろう。

アフリカと東アジアを結んだ大規模な人の移動は、比較的新しい現象として、今世紀に入って注目を集めるようになった。日本の場合、正規の在留資格をもち滞在するアフリカ出身者の数は、現在およそ二万人である。そのなかで、国別人口において第一位となっているのがナイジェリア人である。在日ナイジェリア人の人口は、二〇一八年末の時点では、三二四五人となっている。そのうち、七七・八%（二五二六人）が成人男性である。

日本でナイジェリア出身者が急増した一九九〇年代初頭、彼らのほとんどが短期滞在資格をもって来日していた。しかし一九九〇年代半ばには「日本人の配偶者等」の資格をもつ人びとが、さらに二〇〇〇年代に入ると永住権を取得した人びとの数が増加した。二〇一八年末には、三二四五人のナイジェリア人のうち、一四・一%（四五九人）が「日本人の配偶者等」の資格を、四九・一%（一五九二人）が永住権を取得しており、およそ三分の二の在日ナイジェリア人が中長期の在留資格をもつに至っている。

二〇一〇年代半ばになると、とくにスポーツ分野において、アフリカにつながる若者たちの活躍が注目を集めるようになった。二〇二〇年に開催を予定していた東京オリンピックで、それら若者たちの活躍が期待されたのである。重要なことは、日本のナショナルチームでの活躍を嘱望された彼ら／彼女らの多くは、アフリカ出身者と日本人とのあいだに生まれた、いわゆる「移民第二世代」

にあたるということである。一九九〇年代に来日した第一世代のナイジェリア人たちのなかには、今日では高校や大学に通う子をもつ親も少なくない。移民第二世代にあたる若者たちの活躍は、在日ナイジェリア人、ひいてはアフリカ人コミュニティの成長を物語る出来事である。

しかしながら、日本でより安定した立場で暮らすアフリカ人が増加したことは、彼らがこの国に「骨を埋める」ことを意味するわけではない。中長期の在留資格を得ることは、同時に日本の出入国が容易となることを意味する。日本と母国、あるいは第三国を結んだ貿易は、在日アフリカ人が手がける主なエスニック・ビジネスのひとつである。さらに、日本において安定した地位を得た者のなかには、故郷の親族への送金や、村の自助活動への寄付など、経済的な支援をおこなう者は多い。また、自身は日本にとどまりつつ、故郷の親族に子を預け、母国の教育を受けさせる者もいる。成長した第二世代の若者たちのなかには、欧米諸国の高等教育機関への進学を志望する者も多い。

今日では、在日アフリカ人が組織したさまざまな団体が存在するが、故郷や他国の同種の団体と連携し、グローバルなネットワークを形成している場合も少なくない。在日ナイジェリア人が組織するさまざまな団体のなかには、民族独立を掲げた政治団体も存在する。二〇一九年にナイジェリアのブハリ大統領が日本を訪れた際には、その団体の抗議活動が母国でも話題となった。さらに、在日ナイジェリア人のなかには、二〇二三年の大統領選挙に日本から立候補する者まで現れた。

一見すると逆説的に思えるかもしれないが、日本への定住化が進めば進むほど、故郷や他国の同郷者たちとのつながりも深化しているのである。前述したＢＬＭ運動にしても、各地に暮らすアフリカ人の移住経験が、それぞれの国の文脈のなかで固有性をもちながらも互いに共鳴しあい、グローバルな連帯を生んだ一例と言えるであろう。国境を越えた人の移動がますます盛んとなり、情報通信技術が急速に発展する今日では、「アフリカ」とかかわる出来事は、一つの大陸内のみでは語りえないのである。

（松本尚之）

困難を学ぶ

Part 4 Hardship

1 政治的動乱

遠藤　貢

紛争発生の要因

なぜ現代アフリカにおいて多くの紛争が起きるのか。この問いに対する明確な答えが必ずしもあるわけではない。しかし、その背景には植民地統治における民族の「創造」と民族分断のもとでの統治といった歴史経験、独立後の国家による特定の民族優遇政策とそれへの対応としての分離独立の動き、さらには冷戦期における米ソの関与にともなう代理戦争などが以下でみるように紛争と不可分にかかわっている。そして冷戦後には、それまで冷戦構造のもとで軍事・経済支援を受けるかたちで維持されていた国家の崩壊とともに、グローバル化する世界のもとでの資源獲得を狙う新たな紛争主体（以下で述べる「軍閥」）が出現し、紛争が富を蓄える機会として利用される傾向も強まった。

一九九〇年代末ごろまでには国連などの国際社会の積極的な関与もあり、紛争はおおむね収束する方向に向かった。しかし、紛争がまったくなくなったわけではなく、二十一世紀においては新たな形態をもつ、より小規模な紛争が増加傾向にある。ケニアやコートジボワールでみられたように、選挙を契機とした政治暴力が発生している。これらの紛争をめぐっては、特定の民族を優遇するような政策の結果、アフリカにおける民族のあいだに社会経済的な格差が発生し、「垂直的不平等（horizontal inequaliry）」ともいわれる民族や宗教グループ間の格差が「構造要因」として潜在的に存在し、選挙結果の不正操作が「引き金要因」として作用するかたちで、突発的に暴力（選挙後暴力）が拡大した可能性が指摘されてきた。また、後述するように、アフリカ大陸東端に位置するソマリア全土を含み、エチオピアなど主にソマリ人の居住地域を指す「アフリカの角」地域や西アフリカのサヘル地域に過激なイスラーム主義を思想的背景としてもち、テロを手段とする勢力の台頭も紛争の一要因として現れてきた。そして、開発の波が辺境の地にまで及んだり、気候変動の影響を受けるかたちで自然資源の稀少性が増したことにともない、土地や水、家畜をめぐる小規模な対立が激化する傾向がみられるようになっている。こうしたさまざまな形態が、たとえばスーダン西部のダルフール紛争にみられるように、より大きな紛争の一部を形成するかたちで、紛争の図式を複雑化するケースも観察されてきた。

紛争主体・要因とその変容

一九六〇～一九七〇年代に多くのアフリカ諸国が政治的独立を果たした。しかし、旧宗主国の植民地統治形態にも影響され、独立後の政治は多様な過程を経ることになった。それは、国家運営にかかわる対立に加え、東西冷戦の影響も受けるかたちとなった。さらに冷戦後には、グローバル化の影響も受けるかたちで紛争の様態は変化するようになった。本章では紛争主体と紛争の特徴の変容に焦点をあわせてアフリカを検討することにしたい。

アフリカにおける紛争主体（反乱勢力 insurgencies）に関しては、イギリスの政治学者であるクリストファー・クラッパムが、その目的との兼ね合いで四つの理念型に分類している。(1)「解放組織」‥植民地支配やマイノリティによる支配からの独立を志向する勢力、(2)「分離独立組織」：政治独立後の分離独立を志向する勢力、(3)「国家改革組織」：クーデターなどの方法で現状の国家改革を志向する勢力、そして(4)「軍閥（ウォーロード）」：稀少金属や鉱物資源などの自然資源の産出地を中心に存在し、その資源を売買して勢力を伸張させる武装集団の頭領に率いられた勢力、である。独立後や冷戦期には(1)〜(3)がアフリカにおける紛争主体の主要類型であったが、(4)「軍閥」の出現は冷戦後のグローバル化の文脈ともかかわる面をもつ。

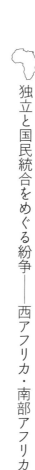

独立と国民統合をめぐる紛争——西アフリカ・南部アフリカ

西アフリカでは、多くの国々がフランス、あるいはイギリスの植民地から比較的平和裏に独立を達成したが、ポルトガル植民地であったギニアビサウでは「解放組織」が武装闘争によって独立への道を開いた。独立後の西アフリカにおける最大の紛争は、連邦制をとるナイジェリアを舞台としたビアフラ戦争（一九六七〜一九七〇年）である。この背景には、第一に一九五〇年代後半以降本格化した南東部の「ナイジャー・デルタ」における石油生産とその利益配分への産油地域住民の不満があった。第二に、一九六四年に公表された人口センサスをめぐる論争に象徴されるかたちで存在していた国内の地域対立があった。とくに石油資源収入配分において、著しく低いシェア（一・五%から、のちに一三%）しか東部州に認められず、一九六七年にはその不満が権利要求（財源配分や石油生産にともなう住民への補償）から自治要求に変質するなかで過激化した。その過程でこの地に居住するイボ人を巻き込んだ武装闘争となり、連邦政府が国軍を投入する事態に発展した。東部州政府は、産出される石油からの税収確保のため歳入徴収令を発令して州内で生じた財政収入を一元管理するとともに、州内に設立された会社の連邦政府への納税を非合法とした。その後連邦政府から分離する政令を発布し、五月三十日に「ビアフラ共和国」の独立が宣言されたのである。これに対しナイジェリア国軍とビアフラ軍のあいだで戦闘が激化し、一九七〇年一月にビアフラ側が降伏するまで続く「人道危機」となり、一〇〇万人を超える犠牲者を生んだ［中村　一九八二］。

南部アフリカでもポルトガル植民地だったアンゴラとモザンビークで、「解放組織」による紛争がみられた。アンゴラでは、独立闘争を戦っていた三派が一九七五年の独立直前に独立後の権力争奪をめぐり衝突した。結果的に政権の座についた社会主義を標榜するアンゴラ解放人民運動（ＭＰＬＡ）は、当時アパルトヘイト体制下にあった南アフリカの実効統治下にあった南西アフリカ（のちのナミビア）における「解放勢力」を支援していたため、南アフリカはアンゴラ政府への武力攻撃を始めた。この侵攻に対してソ連が武器供与をおこない、キューバが一万二〇〇〇の実戦部隊を投入した。この動きにアメリカも、南アフリカの支援下にあり反政府勢力となった「解放組織」のアンゴラ全面独立民族同盟（ＵＮＩＴＡ）への支援を開始することになった。こうしたかたちで、「独立」をめぐる解放闘争が、地域、さらには国際的な冷戦の枠組みのなかに取り込まれ、米ソの「代理戦争」の様相を示すことになった。

他方、モザンビークでも一九六〇年代半ばから政治独立をめざして解放闘争が続き、一九七五年「解放勢力」であったモザンビーク解放戦線（フレリモ）が政権の座につき、社会主義路線を採った。これに対し反政府勢力モザンビーク民族抵抗（レナモ）による破壊活動がおこなわれ、七〇万人の難民、一七〇万人の国内避難民が生まれた。レナモは白人政権下にあった南ローデシア、そして一九八〇年のジンバブエ独立後には南アフリカの支援を受けていた。紛争の性格としては、アンゴラに比べ南部アフリカ地域の政治力学のもとにおかれた紛争であった［ＮＩＲＡ・横田編　二〇〇二］。

独立と国民統合をめぐる紛争――中部アフリカ・北東アフリカ

中部アフリカもまた多くの紛争を経験してきた地域である。コンゴ共和国（現コンゴ民主共和国）における独立直後の路線対立をめぐるコンゴ動乱や、一九六二年の独立前夜に起きたルワンダにおける「社会革命」には一九九四年のジェノサイドにもつながるベルギー植民地統治の影響を強く受けた民族対立の構図がみえる。

コンゴ動乱は、新生コンゴの統治権をめぐって激しい権力闘争が繰り広げられたことがその特徴であった。パン・アフリカニズムを信奉するコンゴ国民運動（ＭＮＣ）のルムンバは、各エスニック・グループを統合してヨーロッパ的な中央集権的近代国家をめざした。他方、アバコ党（コンゴ人同盟）はコンゴ人だけの部族国家の建設を最終目的としながらも、それに行き着くまでの過渡的段階として連邦国家を樹立するという構想をもち、またコナカ党（カタンガ州部族連合同盟）は、カタンガ州の豊富な鉱物資源を独占し、カタンガ州の分離独立を狙いつつ当面は連邦主義の立場をとる勢力だった。動乱の発端は、首都レオポルドビル（現在のキンシャサ）で起きたコンゴ国軍の反乱である。ベルギー人の将校独占状態に対する兵士の不満が爆発した。反乱は地方にも波及し、白人に対する略奪暴行が頻発したため、ベルギー政府は、ベルギー人の生命と財産の保護を理由にコンゴに軍隊を派遣した。この機に乗じて、コナカ党はカタンガ州の分離独立を宣言し、一時的に国内に三つの政権が樹立されるなど混迷を深めた。一九六一年末のルムンバ暗殺を機にコンゴ統一の気運が高まり、一九六三年初めにカタンガ州の分離独立撤回を受け、ひとまず収束するものの不安定状況は続き、一九六五年五月にアメリカとの強い関係をもつコンゴ軍最高司令官モブツが無血クーデターを起こして政権を掌握し、のちの独裁体制の一歩を踏みだした［ＮＩＲＡ・横田編 二〇〇一］。ルワンダの「社会革命」は、植民地支配末期（一九五九年～一九六一年）にフツの政治家が、ベルギーによる植民地期に優遇されてきたツチの王であるムワミの支配を打倒しクーデターによって共和制を確立した事件を指す。これ以降、フツとツチとの対立の図式がより暴力的な側面を有することになった。

北東アフリカは、紛争、飢餓、難民に特徴づけられる地域として位置づけられてきた。スーダンでは、イギリスによる分断統治の影響を受け、独立運動の主体および自治政府の中心が北部のアラブ系イスラーム教徒だったことに対し、南部のアフリカ系非イスラーム教徒（キリスト教徒と伝統宗教信者）が独立前夜の一九五五年に反乱を起こして以降、一時期を除き紛争が継続した。そのなかで、「新しいスーダン」を構想する国家改革を提唱する一方、南部勢力の分離独立を求めるスーダン人民解放運動／スーダン人民解放軍（ＳＰＬＭ／ＳＰＬＡ）の活動が活発化した。ウガンダでは、独立後つづいた混乱への対応として、一九八一年に「国家改革組織」の典型例である国民抵抗運動／国民抵抗軍（ＮＲＭ／ＮＲＡ）が反政府武装闘争を開始した。きわめて高い規律をもった組織であり、一九八六年には首都カンパラを掌握し、ムセヴェニの指導のもと新政権を樹立した。帝政のもとで独立を維持してきたエチオピアでも一九六〇年代以降エリトリア（十九世紀にイタリアの植民地のかたちで形成され、エチオピアと連邦を形成したが、エチオピアに併合された地域）の分離独立を求めるエリトリア人民解放戦線（ＥＰＬＦ）による武力闘争をはじめとした紛争が続いた。一九七四年のクーデターによる帝政崩壊以降の、ソ連を中心とした陣営から支援を受けた社会主義政権下でも、その圧政に対し地方や民族を基盤とした反政府運動が活発におこなわれ、一九八〇年代には旱魃《かんばつ》を契機とした飢餓が蔓延した（その後エリトリアは一九九三年に独立を達成した）。隣国ソマリアは、一九六九年のクーデターで政権を得たシアド・バーレの社会主義政権下で、一九七四年のエチオピアの帝政崩壊の機に乗じてソマリ系住民の居住する領土拡張をめざし、一九七七年にエチオピアにオガデン戦争をしかけた。しかし、ソ連がエチオピアを支援したことで敗北し、結果的にエチオピアに居住していた多くのソマリ系住民が難民としてソマリアに流入したため、一九八〇年代には複数の反政府組織による攻撃が激化し不安定な状況に陥った。その後バーレ政権は戦略的重要性からアメリカの軍事・経済的支援を受けてかろうじて体制を維持したが、冷戦の終焉とともに始まったアメリカの撤退を受け、一九九一年に崩壊した［ＮＩＲＡ・横田編　二〇〇一］。

冷戦後の紛争

冷戦後の紛争の先駆けともなる紛争が始まったのは西アフリカのリベリアであった。アメリカからの解放奴隷を中心として入植した人びとにより一八四七年に建国されたリベリアでは、入植した少数派が「アメリコ＝ライベリアン」と自称し、長く政権を支配した。一九八〇年に内陸のクラン人の軍人であったサミュエル・ドーがクーデターで政権を奪取し、はじめて多数派の政権が樹立された。この政権のもとでアメリコ＝ライベリアン政府首脳の公開処刑をはじめ、クラン人の偏重など、民族対立の火種ともなる政策がおこなわれた。これに対し、一九八九年末チャールズ・テーラー（ドー政権期のアメリコ＝ライベリアンの官僚）率いる反政府勢力のリベリア国民愛国戦線（ＮＰＦＬ）がコートジボワールとの国境を越えて、ドー政権の打倒に向けた攻撃をおこない、政権下で迫害された他の民族をも巻き込むかたちで約半年で政権を奪った。ここで注目すべきは、テーラーは武器調達ルートとしてリビアのほか、ブルキナファソやコートジボワールの支援を受けたほか、東欧や東南アジアの武器市場から武器を調達していたが、その資金を鉄鉱石、ダイヤモンド、木材などの資源を非合法に輸出して得ていた点であり、「軍閥（ウォーロード）」という紛争主体を確認できることである。リベリア紛争では、西アフリカの地域機構である西アフリカ諸国経済共同体（ＥＣＯＷＡＳ）の編成する停戦監視団であるＥＣＯＭＯＧが治安維持に関与すると同時に、一部の勢力との紛争に巻き込まれるなど、紛争当事者となった。さらに、テーラーは、冷戦後に数多くアフリカの紛争地に流入してきたカラシニコフ（ＡＫ-47）を（一七歳以下の）子どもに携帯させ、戦闘に参加させるなかで生み出された「チャイルド・ソルジャー」を組織したことでも知られる。子どもを含む多くの民間人が紛争にかかわる傾向（紛争の「大衆化」）が強まった。

カラシニコフを持つチャイルド・ソルジャー
（リベリア，AFP＝時事）

しかもテーラー率いるＮＰＦＬは、隣国シエラレオネの反政府勢力であり、「軍閥」としてダイヤモンド鉱山を実効的に支配したフォディ・サンコーの率いるシエラレオネ革命統一戦線（ＲＵＦ）に対する支援をおこなうかたちで、隣国における紛争へも関与し、「紛争の越境」という特徴を示すこととなった。その後シエラレオネでは一九九二年四月の若手将校によるクーデターにより新たにストラッサー政権が樹立され、ＲＵＦとのあいだで交渉による早期の内戦終結がめざされたが頓挫した。一時国軍の兵力を増強したことにより政府が優勢に立つともみられたが、一九九五年ごろにはＲＵＦが優勢となった。劣勢打開のために、政権側はネパール人兵士からなる英国のグルカ警備会社、南アフリカのエグゼクティブ・アウトカムズ社（アパルトヘイト時代にアンゴラなどで活動した南アフリカ軍三二大隊の精鋭部隊を中心に設立された会社）と契約を結び、国軍の訓練、情報収集、治安維持などを業務委託した。「紛争の民営化」という特徴を示す事例である［武内編　二〇〇〇、ＮＩＲＡ・横田編　二〇〇一］。

南部アフリカでも、冷戦期に代理戦争の様相を示してきたアンゴラ内戦はその様態を変質させて継続された。一九九一年にアンゴラ解放人民運動（ＭＰＬＡ）とアンゴラ全面独立民族同盟（ＵＮＩＴＡ）のそれぞれの指導者のあいだで「包括和平合意」が締結され、一九九二年九月に国連選挙監視団のもとで総選挙が実施されたが、選挙結果に不満をもち、また武装兵力を温存していたＵＮＩＴＡはふたたびＭＰＬＡ政権に対する戦闘を開始した。ここでＵＮＩＴＡの指導者サビンビはダイヤモンド産出地を押さえる「軍閥」にその性格を変える。しかも、劣勢となった政権側は、最大の財源である石油関連施設を保護して政府軍の教練をおこなう顧問契約をエグゼクティブ・アウトカムズ社とのあいだに結び、一九九六年まで毎年更新をするなかで、ＵＮＩＴＡの掃討にかかわる戦闘活動にも関与させた。アンゴラ内戦は、最終的には二〇〇二年に戦闘中にサビンビが殺害されるまで継続する結果となった。

冷戦後のアフリカにおける紛争のなかでもっともよく知られている事例が、一九九四年に発生したルワンダにおけるジェノサイドであろう。この紛争では約三カ月という短期間に八〇万人ともいわれる犠牲者を出した。その背景には、植民地統治以降の少数派ツチと多数派フツ間にもたらされてきた政治関係、とくに一九九〇年に始まるルワンダ愛国戦線（ＲＰＦ：ウガンダに政治亡命したツチ難民の第二世代を中心に組織され、ウガンダのムセヴェニ政権の支援を得た反政府勢力）の侵攻後の内戦と、これに対抗するための多数派フツにおける急進派の台頭があり、一九九四年の大統領搭乗機撃墜事件を受けて、四月に虐殺が始まった。このジェノサイドは当時の急進派の支持を得たフツ政権の中枢部が周到に準備するなかで進められたことがわかっている。ただ、虐殺の混乱のなかで最終的に首都制圧に成功したのは反政府勢力RPFであり、報復を恐れた旧政府勢力や多数派フツの人びとは周辺国に難民として流出した。この難民の流入は「紛争の越境」というかたちで周辺諸国の新たな紛争を招いた。一五〇万人以上の難民が武器とともに流入したザイール(現コンゴ民主共和国)東部はきわめて不安定になり、この地域に居住していたルワンダ系住民を中心とした武装勢力が、アメリカの支援が後退し弱体化していたモブツ独裁政権の打倒に立ち上がり、コンゴ民主共和国の権力闘争にも連なる内戦に発展した。豊富な資源を産出するコンゴ民主共和国には周辺国を含むさまざまな勢力が関与し、「アフリカ大戦」とも称されるかたちで紛争が広域化し[武内編 二〇〇〇]、コンゴ民主共和国の東部地域は現在に至るまで不安定な状況が続いている。

北東アフリカでは、エリトリアの独立後、国家連合に近い友好関係を保っていたエチオピアとエリトリアの軍が一九九八年に国境地帯で軍事衝突するという、アフリカにおいては例外的な国家間紛争が発生した。背景にはエリトリアの拡張主義(エチオピアの港湾へのアクセスにもかかわる)や経済問題が指摘されるが、両者の対立は次の事例として扱う、バーレ政権崩壊以降のソマリア情勢にも大きな影を落としている。

二十一世紀の紛争

アフリカにおける紛争はおおむね収束に向かったが、残された紛争はきわめて複雑な図式のなかで生み出されたうえ新たな紛争主体が含まれており、政策対応が困難な状況にある。

二〇〇三年以降スーダン解放運動／解放軍（SLM／SLA）と正義と平等運動（JEM）という二つの組織が活動を本格化し、スーダン政府の支援を受けた勢力の攻撃などにより二〇万人以上の死者を出し、二五〇万人が国内外で難民化するという大きな人道的危機に陥っているのが、スーダン西部のダルフールである。この背景には、スーダンの南北和平が進展し、アメリカの影響力のなかで、南部とは「富と権力の分配」をおこなわざるを得ない方向性が明らかになった段階で、同様の動きがスーダン国内の他の低開発地域に波及することを防ぐための「見せしめ」の意図が存在したとも指摘されている。その意味では、スーダンで長く課題とされてきた南北対立の解決過程の副産物として生み出されてきた危機であるという面を有している（南部スーダンは結果的には二〇一一年七月、南スーダン共和国として独立した）。ひとつの「紛争解決」が新たな紛争を生むという連鎖が続いている［栗田　二〇〇九］。

また、近年のアフリカにおける紛争主体として、過激なイスラーム主義を思想的背景としてもち、テロを手段とする勢力の浸透があげられる。アル・カーイダとのつながりが疑われる勢力が西アフリカや北東アフリカで活動を拡大している。二〇一一年八月にナイジェリアの首都アブジャにある国連施設を狙ったボコ・ハラム（「西洋の教育は罪」を意味する）や、ソマリア中・南部にその活動範囲を広げ、二〇一三年九月にはナイロビで襲撃事件を起こしたとされるアル・シャバーブなどの活動である。

一九九一年の政権崩壊後、ソマリアにおける紛争の対立軸は、国連の平和執行への対抗関係ともかかわるかたちで展開し、（血族集団である）クランを基盤とした「軍閥」間の対立の色彩を帯びた。こうしたなかでソマリ民族の社会生活の軸のひとつであったイスラームの役割が重視されるようになった。紛争解決に際し、イスラーム法にもとづく正義／司法を実現するイスラーム法廷が設立されたのである。そのなかでイスラーム法適用にかかわる立場の相違が次第に新たな紛争の対立軸を構成するようになった。また、隣国エチオピア（さらにエチオピアの関与につねに敵対的な姿勢を示すエリトリア）との関係を中心とした「アフリカの角」地域における地政学的な要因、九・一一以降の「テロとの戦い」のもとでのアメリカの「アフリカの角」地域への対応といった国際政治の力学にもとづく要因が組み入れられ、複合的に影響を及ぼすかたちでソマリア紛争の図式は変化してきた。二〇〇六年六月には、イスラーム法廷連合（UIC）というイスラーム主義勢力が一九九一年の政権崩壊後はじめて、一時的にではあったが、ソマリア中・南部における秩序と安定を実現した。ところが、ソマリアをテロの拠点としない、そしてそのためにとくに（アル・カーイダ系の勢力との関係が疑われる）イスラーム主義政権の樹立を認めないという国際的な指向性のもと、アメリカの黙認のもとで隣国エチオピアがこの勢力を放擲《ほうてき》し、（欧米諸国にとって）より好ましい暫定政権樹立を支持する動きを示した［遠藤 二〇一五］。結果的には、その後、より過激化した

アル・シャバーブの戦士たち
（モガディシオ，AFP ＝時事）

イスラーム勢力であるアル・シャバーブが台頭し、それにともなう大量の難民、国内避難民の発生に拍車をかけることになった。

テロを手段とする紛争主体への対応

アフリカにおける紛争は、二十一世紀に入り趨勢《すうせい》的には収束しつつあることは繰り返し指摘したとおりである。そして、紛争を経験した地域においてはこれまでは、紛争地域における平和構築や国家建設といった、外部関与型で高コストの「あるべき国家」をつくる取り組みが中心におこなわれてきた。国家建設の対案としてはハイブリッド・ガバナンス（hybrid governance）が近年注目を集めてきた。これは「フォーマルな」国家（あるいは政府）と、それぞれの社会において一定の権威、正当性、能力を備えた「インフォーマルな」組織や制度とのあいだで業務分担をおこなって、効果的な統治を実現しようとする構想である。ただし、「インフォーマルな」組織の統治における限界も指摘されており、必ずしも明確な代替案になり得ていないのが現状である。

二〇一〇年代には、アル・カーイダと関係をもつイスラーム系武装勢力の活動はより活発化する傾向をみせた。二〇一三年一月十六日に北アフリカのアルジェリア南東部イナメネス近郊の天然ガス精製プラントにおいて発生した、イスラーム系武装勢力による襲撃・人質拘束事件は日本人も犠牲になったことから、大きな衝撃をもって受けとめられた。テロを手段とする紛争主体への対応としては、従来の国家建設やハイブリッド・ガバナンスといったアプローチには限界がある。

紛争の新たな展開（二〇二〇年代の動向）

一九九八年以降、緊張が続いていたエチオピアとエリトリアの関係は、二〇一八年に就任したエチオピアのアビィ首相の政策転換により改善した。サウジアラビアとアラブ首長国連邦の後ろ盾があったことを背景とするかたちで、二〇一八年七月九日にエリトリアを訪問したアビィ首相は、エリトリアのイサイアス大統領とのあいだで和平友好条約を調印したのである。しかし、この関係改善は、エチオピア国内における民族関係の緊張を高め、エリトリアとの緊張関係にあったティグライは、アビィ首相を中心とした連邦政府との関係を悪化させた。その結果、二〇二〇年十一月には、ティグライ州にある連邦政府軍の軍事施設に対するティグライ人民解放戦線（ＴＰＬＦ）によると疑われる攻撃を根拠として、アビィ首相は、ティグライ州を標的とする軍事作戦に踏み切った。二〇二一年段階では、州中央部などで、ティグライ武装勢力とエチオピア連邦軍、並びに連邦政府側を支援するエリトリア軍とのあいだの戦闘が報告されたほか、ティグライの武装勢力がアムハラにも攻撃を加えるなどしたが、二〇二一年末に連邦政府軍の無人攻撃機による攻撃により、連邦政府が有利な状況となった。加えてこの紛争は、エチオピア・スーダン国境問題にも波及するかたちとなっている。

　二〇一〇年代からその活動を活発化させてきたボコ・ハラムやアル・シャバーブなどのイスラーム主義武装勢力は、その活動を維持し続けている。加えて、サヘル地帯（サハラ砂漠と砂漠の南縁に沿った半乾燥地帯の総称）において、二〇〇〇年代以降その活動を活発化させ、二〇一三年以降二〇二一年にその撤退を発表するまで、フランスが軍事介入対象としていた「イスラーム・マグレブのアル・カーイダ（ＡＱＩＭ）」も、その活動をマリにとどまらず、ブルキナファソとコートジボワールにも拡大したほか、マリでは二〇二一年にフランスが撤退してロシアの傭兵（ワグネル社）が関与するなど新たな動きがみられている。

日本にとってもアフリカはすでに遠い地域ではない。資源開発や市場開拓を目的として、十分な秩序や治安が提供されていないアフリカの地に日本企業の進出が求められる状況となっている。変容するアフリカの紛争を理解し、最新の情報収集をふまえた多角的な対応が求められていく。

参照文献

遠藤　貢　二〇一五『崩壊国家と国際安全保障――ソマリアにみる新たな国家像の誕生』有斐閣。
栗田禎子　二〇〇九「「移行期」のスーダン政治――南北和平・民主化・ダルフール危機」『地域研究』九巻一号。
総合研究開発機構（ＮＩＲＡ）・横田洋三編　二〇〇一『アフリカの国内紛争と予防外交』国際書院。
武内進一編　二〇〇〇『現代アフリカの紛争――歴史と主体』日本貿易振興会アジア経済研究所。
中村弘光　一九八二『アフリカ現代史４』山川出版社。

2 経済の激動と開発援助

峯 陽一

アフリカの経済成長と格差の拡大

人は思い込みで生きている。刷り込まれた意識は変わらないものだ。アフリカは貧しい、あるいは貧しいけれども心は豊かだ、と思っている人もいるだろう。しかし、なんとなくそう思い込んでいるだけではないだろうか。じつのところ、世界には「元気なところ」と「(どちらかといえば)元気がないところ」があって、二十一世紀のアフリカ社会は前者に、日本社会は後者に属しているような気がする。

貧しさとか豊かさというのは、とりあえずお金に関係しそうなので、経済の話をしてみよう。図1はアフリカのGDP(国内総生産)の変化を示している。一九七〇年代末から一九九〇年代末まで、アフリカ経済はまったく成長しなかった。石油価格が低迷し、冷戦後にはソマリア、リベリア、シエラレオネ、ルワンダなどで流血の紛争が起きた。先進国の援助疲れもあった。二十世紀末の二〇年間に、アフリカは貧しくて争いごとばかりの大陸だというイメージが世界に定着してしまった。

ところが、図1の右側が示すように、二十一世紀の最初の十数年間、アフリカ諸国は全体として経済規模を拡大させ、年率五%ほどの経済成長を記録する。中国をはじめとするアジア新興国の旺盛な資源需要という要素が大きいが、アフリカに資金が流入するようになり、アパルトヘイトから脱した南ア

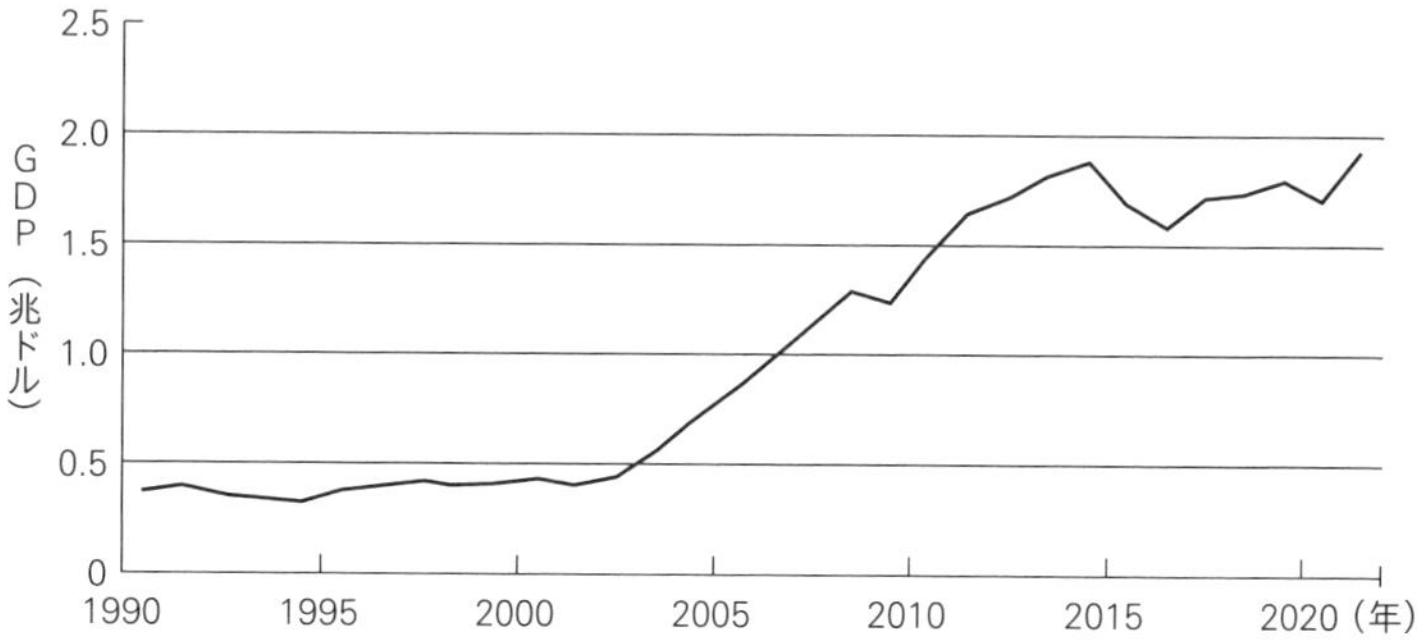

図1　アフリカのGDPの変化
World Development Indicators（http://wdi.worldbank.org　2022年11月6日閲覧）

フリカが地域経済に深く関与するようになったという要素もある。ただし、二〇一五年にはバブルが弾けた。一般的に、資源価格の低下はアフリカの石油輸出国の所得を押し下げるのでＧＤＰが落ち込むが、非産油国にはプラスになる。アフリカの産業の底力が試される時代になったと言えるかもしれない。

　アフリカでお金が回りはじめた。この変化がアフリカの未来にとって歓迎すべきことなのかどうかは、まだよくわからない。しかし、今世紀に入ってアフリカを何度か訪問した者は、誰であれ変化の激しさに驚いたに違いない。携帯電話やスマホが農村にまで普及してきた（3-2「ライフスタイル」参照）。大小の店の品揃えが豊富になってきた。商売人や労働者として中国人を多く目にするようになった。自動車が増え、都市では新車もよく見かける。日本よりはるかに進んだモバイルマネー（M-Pesaなど）を庶民が日常的に使うようになった。幹線道路ではトラック輸送などの物流が明らかに活発化している。一九八〇年代の日本のバブル景気は四年ほどで崩壊したが、アフリカの好況は、アジア経済が全体として成長しているかぎりは続きそうである。

　これまで多くの人びとが、アフリカ社会は「貧しいが平等だ」と考えていた。アフリカでは「分かち合い」の規範が生きている。

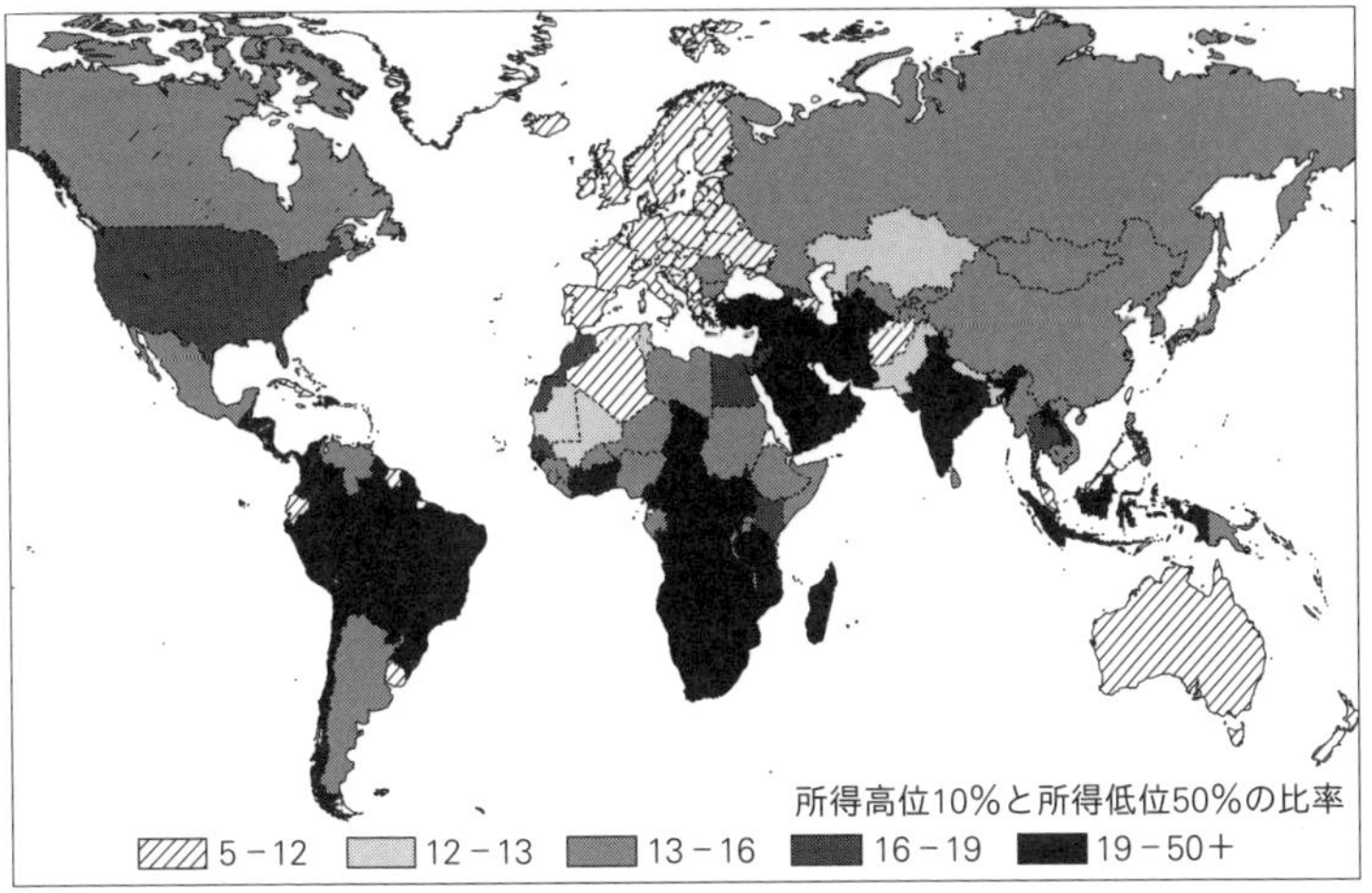

図2　世界の所得の不平等

[Chancel et al. 2021： 12]

困ったときは親族や隣人どうしが助け合う。これが理想主義者の立ち位置だった。他方では、同じ現象をみて悲観的な議論をする人びともいた。富を独占めする者が社会から指弾され、豊かな者が「たかり」の対象となるような社会ではイノベーションが生まれず、経済は停滞し、貧困からの脱却もできないというのである。

しかし今、私たちが目撃しているのは、こうしたアフリカ社会の枠組みが激しく揺さぶられている状況である。不平等を考えてみよう。社会の不平等を計測するために、ジニ係数がよく使われる。この指数は、社会の全員の所得が等しいという完全平等社会の数値が〇となり、一人の王様がすべての所得を独占し、残りの成員には所得がないという完全不平等社会の数値が一となるようにデザインされている。世界銀行の統計をみると、アメリカや中国における所得のジニ係数は〇・四程度、ヨーロッパ社会は〇・三から〇・四である。他方、ジニ係数の統計があるアフリカ諸国をみると、ギニアが〇・三〇、ナイジェリアが〇・三五、タンザニアが〇・四一、ブルキナファソが〇・四七、アンゴラが〇・五一などとなっており（いずれも二〇一八年）、南部アフリカの数字はラテンアメリカ諸国と同じくらいの水準である。平均余命、教育、所得の達成度を平均した人間開発指数（ＨＤＩ）の不平等がもっとも激しい地域は、サハラ以南のアフリカ諸国である［UNDP 2022：284］。

ジニ係数は計算方法がやや複雑なので、もっと単純な所得格差をみてみよう。図2は、世界各国において、もっとも豊かな一〇％の市民の所得をあわせた金額が、貧しいほうの五〇％の市民の所得をあわせた金額の何倍になっているかを計算したものである。日本は一三倍、ナイジェリアは一四倍、モロッコは一八倍、インドネシアは一九倍、インドは二二倍、ブラジルは二九倍、南アフリカは六三倍である。南アフリカは極端だが、中部から南部アフリカの国々はほぼすべて二〇倍を超えている。

アフリカの農村を知る者には常識だろうが、アフリカの農民の多くは自給農業に従事しており、そこからは基本的に貨幣所得は発生しない。現在のアフリカでは、インフォーマル経済の海に浮かぶフォーマル経済が、輸出部門を中心に大量の富を稼ぎ出している。その富の一部は身内に分け与えられたり、バブル的な投機や消費に向かうのだが、インフォーマルな経済活動は捕捉されないので、統計に表れてこない。そのような意味で、アフリカ諸国の所得の不平等はやや誇張されていると考えることもできる。いずれにせよ、アフリカに行くと、いろいろなところで「お金が回っている」ことを実感させられる。

植民地支配から独立へ

アフリカ経済は、これまでずっと世界から孤立してきたと考える人が多いようだ。そこから、グローバル経済と結びつくことでアフリカ経済は成長し、成長を通じてはじめて貧困削減も可能になるという議論になる。しかし、アフリカ経済の孤立という説は、二つの意味で歴史的に間違っている。まず、植民地化以前のアフリカは、活発な遠隔地交易で外的世界に結びついていた。北西アフリカのサハラ砂漠を越える陸路の交易ルートと、東アフリカのスワヒリ世界の環インド洋交易ルートの展開はよく知られており（2－2「古王国」参照）、遠隔地交易に特徴づけられるアフリカ経済は「アフリカ的生産様式」と特徴づけられることもあった［峯　一九九九：第一章］。

だが、もうひとつ、アフリカ諸国が次々と独立する直前の一九五〇年代に、アフリカが経済グローバル化の優等生だったという事実は、あまり知られていない。第二次世界大戦期に巨額のドル債務を抱えた欧州、とりわけイギリスは、債務返済のために熱帯植民地からの輸出を奨励した。アジア植民地が一足早く独立に向かうと、アフリカとカリブ海の植民地への期待が高まり、タンガニーカ（現タンザニアの大陸部）の落花生農場の機械化など、輸出向け商業農業の振興政策が展開された。一九五〇年の時点で、アフリカが世界人口に占める割合は八・八％だったが、アフリカの輸出額が世界全体の輸出額に占める割合は一〇％に達していたのである（表1）。

グローバル化の波に乗ることがアフリカの発展の必要十分条件だとするなら、アフリカは植民地時代に戻りさえすればよい、ということになりはしないか。一九五〇年代のアフリカは、輸出に支えられて成長していただけでなく、グローバル・スタンダードに完全に適合していた。公式に使わ

表1　世界の輸出に占める各地域の割合（%）

	1870	1913	1950	1973	1998
西ヨーロッパ	64.4	60.2	41.1	45.8	42.8
温帯の旧西洋植民地	7.5	12.9	21.3	15.0	18.4
アジア	13.9	10.8	14.1	22.0	27.1
ラテンアメリカ	5.4	5.1	8.5	3.9	4.9
東欧・旧ソ連	4.2	4.1	5.0	7.5	4.3
アフリカ	4.6	6.9	10.0	5.8	2.7
世界	100	100	100	100	100

［マディソン　2004：405］から計算。

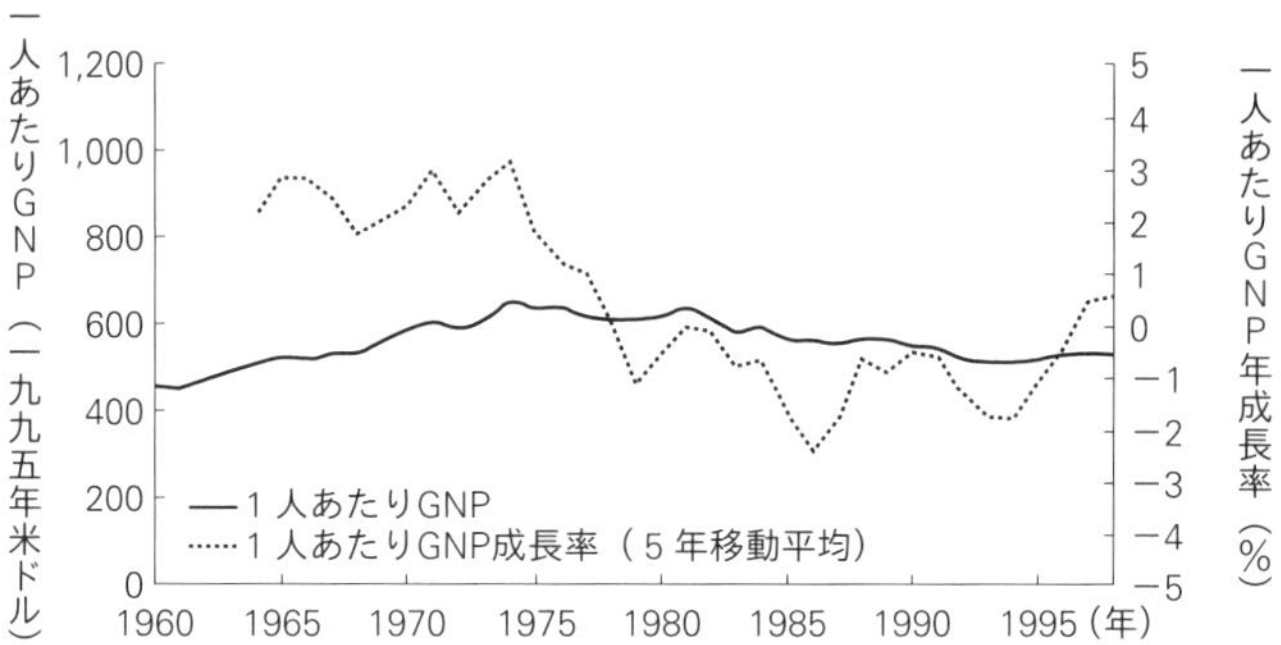

図3　アフリカの1人あたりの国民総生産（GNP）と成長率
[Cooper 2002: 93]

れる言語は英語やフランス語であったし、会計制度その他は宗主国そのままだった。これこそが植民地経済である。アフリカの人びとは、そんな時代に戻りたがっているのだろうか。

アフリカ諸国は独立した。サハラ以南では一九五七年のガーナ、一九五八年のギニアを皮切りに、一九六〇年には一挙に一七カ国が独立し、この年は「アフリカの年」と呼ばれている。ガーナのクワメ・ンクルマ首相は「汝ら、まず政治の王国を求めよ。他のことどもは諸君についてくるであろう」と述べた。アフリカの民衆は主権国家を手に入れた。ンクルマの夢は実現した。

ところが、そこに経済発展はついてこなかった。本章の冒頭でも述べたが、図3が示すように、一九七〇年代後半から二〇年にわたり、アフリカの経済成長率はマイナス成長が続き、人びとの物質的な生活水準は後退する一方であった（だからこそ今世紀の成長が「衝撃」なのである）。

アフリカ諸国は、なぜ政治的栄光の時代に続いて経済的退行を経験したのだろうか。その大きな要因として、独立後のアフリカ国家が小農の増産へのインセンティブを奪う政策を展開してきたことが指摘される。西アフリカの国々はカカオなどの輸出産品に、東南部アフリカの国々はメイズ（トウモロコシ）などの食糧作物に高率の税を課し、税収は非効率的な国営企業や軍の維持に向けられた。アフリカ史家フレデリック・クーパーは、そのようなアフリカ国家を「門番国家（gatekeeper states）」と呼んだ。ただし、こうした収奪的な経済制度は独立国家が植民地体制から引き継いだものである［Cooper 2002］。アフリカの住民の多数派を占めるのは農民であるが、小農部門の食糧生産が滞ったまま人口が増えていくと、長期的には物価が高騰し、賃金コストがかさみ、製造業も伸びない。これが経済の鉄則である。

構造調整から紛争、そして高度成長へ

アフリカ諸国の多くが低成長と貧困の悪循環に陥り、政府の債務が膨らむなかで、世界銀行と国際通貨基金（ＩＭＦ）は、一九八〇年代に入り、アフリカに「構造調整」と呼ばれる新自由主義《ネオリベラリズム》的な政策枠組みを強制するようになった。現在の世界銀行は政府の役割を再評価し、雇用創出を重視するようになってきたが、当時は「新自由主義の先兵」であった。国営企業の民営化、公務員削減、歳出の削減、規制の撤廃、補助金の撤廃、為替自由化など、日本ではやがて「小泉改革」として議論の的になるような一連の政策が、政治的立場が弱いアフリカやアジア、ラテンアメリカの国々において、極端なかたちで実験的に導入されたのである。

しかし、痛みばかりで果実は生まれず、図3が示すとおり、一九八〇年代のアフリカ経済の成長率には改善の兆しがみえなかった。むしろ、失業者の増加や公的支援の後退によって、この時期には乳幼児死亡率が上昇するなど、途上国の各地で福祉水準の低下がみられた。ユニセフ、世界保健機関（ＷＨＯ）、ＩＬＯなどの国連機関はこうした事態に警鐘を鳴らし、「人間の顔をした調整」を訴えた［Cornia et al. (eds.) 1987]。その流れの延長線上に、国連開発計画（UNDP）は、人間は経済成長の手段ではなくて目的である、という人間開発の考え方を提唱することになる。

一九八〇年代に進行した「政府の退場」は、アフリカ諸国の経済のみならず、政治をもきわめて不安定なものにした。インフォーマル経済においてダイヤモンド密輸をはじめとする犯罪的な地下経済の役割が肥大化し、弱体化した政府にかわって、非公然のネットワークが権力を行使しはじめた。さらに、冷戦の終焉とともに、独立後のアフリカ国家で成立していた伝統的なパトロン—クライアント関係は一挙に流動化する。集団間の抗争と権力再編が表面化し、一九九〇年代のアフリカは激しい紛争の時代を迎えた［武内 二〇〇九］。リベリア、シエラレオネ、ルワンダ、コンゴ、スーダン、チャド、ソマリアなどで、国際社会の関心を引く大規模な紛争が生起し、二十一世紀に入ってからは、コートジボワール、ケニア、ジンバブエなど、かつてはアフリカ経済の優等生だった国々でも、暴力的紛争が続いた。

だが、アフリカ全体をみると、二十世紀初頭までにこれらの紛争はおおむね沈静化（一部は慢性化）している。現在までに八割以上の国々が複数政党制へと移行し、アフリカに「壊れやすい平和」の時代が訪れたのである。ここにおいて、アフリカ経済は外部の世界に開かれ、急激な成長の時代を迎えるに至った。南北スーダンのように資源の利権が絡んで紛争が激化したケースがある一方、過去に熾烈な内戦を経験したアンゴラのように、現在は紛争当事者も銃を置き、バブル景気に沸き返っている国々がある。これらの国々で問われているのは、「成長の質」である。

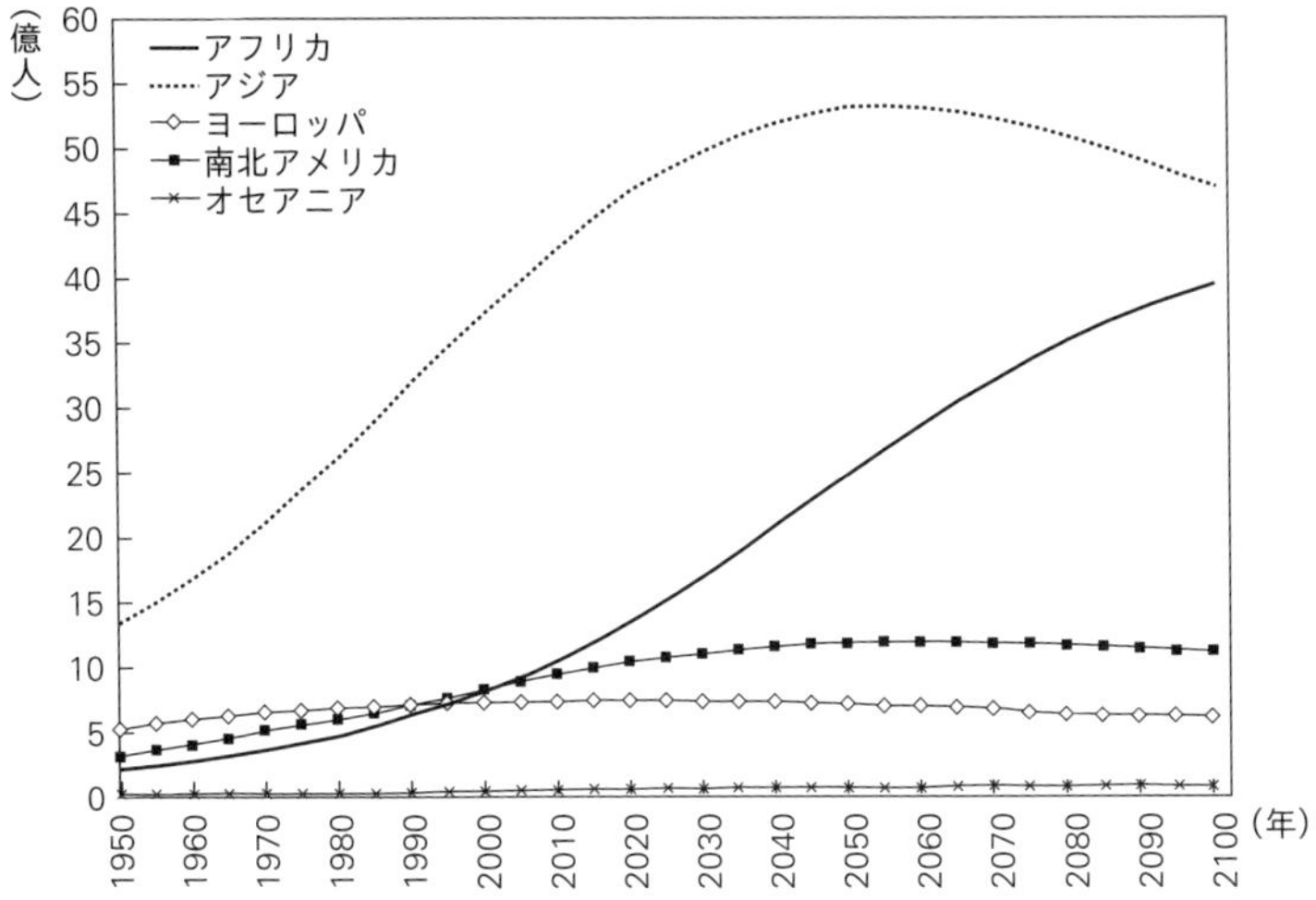

図4　世界の将来人口の推計
https://population.un.org/wpp/（2022年11月6日閲覧）

アフリカの未来

では、これからアフリカ経済はどういう方向に進んでいくのだろうか。ここでは人口推計をもとに、アフリカ経済の長期展望について議論しておきたい。

アフリカは、二十一世紀後半に持続的な人口増加が見込まれる、世界で唯一の地域である。図4が示すとおり、国連の人口推計によれば、アフリカの人口は二十二世紀前半には四〇億人に達し（アフリカの人口増加率そのものは一九八〇年代前半をピークに漸減しつつあるので、そこで頭打ちになると思われる）、やはり四〇億人規模のアジアと拮抗するようになる。南北アメリカやヨーロッパの人口は、あわせて二〇億人程度で大きな変化はない。未来について確定的なことは言えないけれども、一〇〇年後には地球人の四割がアフリカ人、四割がアジア人になることが統計的に予想されていることは、覚え

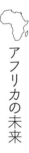

表2　世界の GDP に占める各地域の割合（%）

	1000	1500	1820	1870	1913	1950	1998
西ヨーロッパ	8.7	17.9	23.6	33.6	33.5	26.3	20.6
温帯の旧西洋植民地	0.7	0.5	1.9	10.2	21.7	30.6	25.1
日本	2.7	3.1	3.0	2.3	2.6	3.0	7.7
アジア（日本除く）	67.6	62.1	56.2	36.0	21.9	15.5	29.5
ラテンアメリカ	3.9	2.9	2.0	2.5	4.5	7.9	8.7
東欧・旧ソ連	4.6	6.0	8.8	11.7	13.1	13.1	5.3
アフリカ	11.8	7.4	4.5	3.7	2.7	3.6	3.1
世界	100	100	100	100	100	100	100

［マディソン　2004：308, 310］

ておきたい［峯　二〇一九］。

こうした人口増加に応じて、アフリカ市場は世界経済で巨大な存在感を示すようになるだろう。表2が示すとおり、世界のGDPの歴史的推計によれば、一〇〇〇年前にアフリカ経済が産出していた付加価値は日本経済の四倍以上で、地域別にみてもアジアに次ぐ規模だった。現在、アフリカ経済の規模は過小に評価される傾向がある。経済統計ではアフリカ経済は五〇を超える国ごとに処理されるため、「弱小国」がランキングの後半にひしめくかたちになっているのである。ところが、ンクルマの夢に従ってアフリカ諸国を単一の「アフリカ合衆国」として集計すると、二〇〇六年の国民所得統計では、集計されたアフリカはインド、ブラジル、韓国、ロシア、メキシコを抜いて世界で一〇番目の「大国」に位置している［マハジャン　二〇〇九：二五］。さらに、一〇〇年後の国連推計の人口ピラミッドをみると、アフリカ社会では、盛んに生産し消費する青壮年層が圧倒的な比率を占めることになる。アフリカが少子高齢化時代を迎えるのは、まだずっと先の話なのである。

しかし、こうした長期的な変化は、アフリカ社会に大きな緊張をもたらすことになるだろう。人口が増加するアフリカ社会は、土地豊富経済から土地稀少経済への構造変化を経験しつつある。フロンティアに囲まれて社会的流動性が大きいアフリカ社会は、土地が世襲の財産になり、階級の再生産が固定化するアジア型の社会に移行しつつあるのかもしれない［Iliffe 1987］。ただし、人口が増えることで資源をめぐる紛争が激化し、経済社会が手詰まりになるという「コモンズの悲劇」は、避けられない運命ではない。人口増加は技術革新の起爆剤にもなりうるからである［Boserup 1977］。ルワンダの人口密度はすでに日本よりも高い。アフリカ社会は多様な生態系に応じて多様な生業を生み出してきたが（1-3「生態環境」、1-4「生業」参照）、こうした初期条件の多様性をふまえて、アフリカ社会の家族構成や制度、経済構造、価値観は、大きく変わっていくだろう。その内実は誰にも予想できないが、アフリカが世界のなかでもっともダイナミックに変化する大陸になりつつあることは疑いない。

龍の贈り物

このような歴史的移行期に差しかかったアフリカにおいて、現在、中国が急速に存在感を強めている。アフリカ在住の中国人は一〇〇万人ともいわれているが、現地の中国大使館も実数は把握できていないようだ。アメリカの黒人ジャーナリストのハワード・フレンチは、中国語を話し、アフリカで暮らす中国人の本音を引き出している。「中国人がいないところには、行っちゃだめですよ……中国人がいないってことは、金儲けができないってことだからですよ」。なかにはアフリカ人を見下す者もいるが、中国社会に閉塞感を抱き、成功を夢見て海を渡った庶民たちだ［フレンチ 二〇一六］。アフリカの中国人は、東洋人として文化的に異質であるために目立っているところがある。アフリカの市場を中国商品が席巻しているのは事実だが、お値打ち感がある商品であれば売れるのは当然である。ただし投資に関して言えば、中国も大きく成長してはいるが、欧米勢力のほうがまだ圧倒的に強い。二〇二〇年のアフリカに対するＦＤＩ（海外直接投資）の供与国は、一位はイギリス、二位はフランス、三位はオランダ、四位は米国、五位が中国だった［UNCTAD 2022］。中国がアフリカの農地を次々と収奪し、中国向けの生産拠点にしようとしていると非難されることがある。気になる動きではあるが、現場で集めた情報と照らし合わせると誇張されているという報告もある［Brautigam 2015］。

一九九三年、日本はＴＩＣＡＤ（アフリカ開発会議）を開催し、世界のドナーの対アフリカ援助を知的にリードするかたちになった。二〇〇〇年には中国がＦＯＣＡＣ（中国アフリカ協力フォーラム）を開催するようになった。アフリカ諸国では巨額の援助を約束するＦＯＣＡＣに注目が集まりがちだが、インド、韓国、米国、ロシアもアフリカ・サミットを開催しており、とりわけウクライナ戦争の後は米ロの双方がアフリカの支持を取りつける外交に懸命になっている。アフリカの政策担当者と話していると、「日本と中国の援助哲学は似ていると思います。アジアからの支援のおかげで、西洋とは違うやり方があることがわかったのは、とてもよいことです」という意見を耳にすることがある。

アジアから出て、アフリカを自由に放浪する者がいる。中古車貿易を皮切りに起業を成功させた日本の若者による、アフリカビジネス指南書が面白い［石川 二〇一二］。著者は中国人ビジネスマンとパートナーシップを結び、華僑商法のノウハウを率直に学ぶことで、流通から製造業、投資事業へと事業を多角化してきた。しかし、対アフリカ援助の最前線を観察していると、欧州諸国や米国は大使館レベルでも緊密に連絡をとりあって行動を調整しているが、アジア勢にはほとんどコーディネーションがないことに気づく。アジア人にはアフリカ経験に関する学び合いの回路が欠落しているのである。

今後は、アフリカにおけるアジア研究の展開を支援してもいいだろう。アジアの経済成長の要因のみならず、成長がもたらした矛盾への対処法からも、アフリカが学べることは多いはずである。日本人がアフリカを他の世界から孤立した客体として研究していればよい時代は、すでに終わっている。学びは双方向的でなければならない。

対アフリカ援助をめぐる近年の論争の座標軸

締めくくりとして、援助について考えてみよう。一九八〇年代の半ば、エチオピアなどの一部のアフリカ諸国が深刻な飢饉に見舞われた。バブル時代を迎えつつあった日本ではマスコミによる飢餓救援キャンペーンが始まり、「飢えた子どもたち」を救おうとする募金が大量に集まった。「貧しいアフリカへの施し」という善意の押しつけへの批判もあったが、ＮＧＯという言葉が日本に定着したのも、間違いなくこの時期である。その後、グローバルな舞台でのアフリカ援助の流れはどう変わっただろうか。

第一に、アフリカへの人道援助の動きが、あらためて広がっている。二〇一五年までに一日一ドル以下の収入で暮らす貧困層を半減するなどの目標を掲げた国連ミレニアム開発目標（ＭＤＧｓ）は、アフリカでの目標達成をとくに重視するものだった。所得の向上のみならず、保健衛生や紛争予防、ジェンダーや環境保護などの課題に関心が集まるようになった。アフリカを念頭におきながら、人道援助と経済成長という二つの課題を結びつけた論客にジェフリー・サックスがいる。世界的ベストセラー『貧困の終焉』において、サックスはＭＤＧｓの取り組みを意識しながら、アフリカが貧困の罠から脱却するために、一度に大量の援助を投入することで、まず貧困層がスタートラインに立てるようにすべきだという議論を展開した。人道援助の「ビッグ・プッシュ理論」である［サックス　二〇〇六］。この考え方は持続可能な開発目標（ＳＤＧｓ）にも引き継がれている。

第二に、このように大規模な援助を求める議論への反作用として、アフリカ援助不要論もまた勢いを増している。主要な論客はウィリアム・イースタリーである。彼は上からの援助を舌鋒鋭く批判し、現場で問題解決の方途を探る「サーチャー（searchers）」の役割を強調する［イースタリー　二〇〇九］。公共支援よりも市場経済を重視する枠組みは新古典派経済学と親和性が強いけれども、イースタリーの主張の興味深いところは、上からの援助よりもアフリカ人自身の下からのイニシアチブを重視する姿勢を、西欧植民地主義に対する歴史的批判とあわせて提示しているところである。イースタリーの主張を受けるかたちで、ザンビア出身の黒人女性エコノミストのダンビサ・モヨは、アフリカを貧しくしたのは援助だと断じ、実利的な相互利益を追求する中国式のやり方のほうが、未来のアフリカの発展には有益だと主張する［モヨ　二〇一〇］。

第三に、インフラ支援を重視する立場がある。右の二つは、上からだろうと下からだろうと、人に対してはたらきかけようとするわけだが、経済発展の起爆剤になるのは港湾、道路、灌漑施設、発電所などの産業基盤であり、アフリカには巨大なインフラ需要があるという考え方をとる。戦後の日本は世界銀行からの借款を活用して、東海道新幹線、愛知用水、黒部ダムを建設した。『改訂新版　新書アフリカ史』［宮本・松田編　二〇一八］は河川を単位として地域を考えたのが大きな魅力だったが、現代のアフリカでは内陸と沿岸を組み合わせた「回廊」の発想で、広域的な経済開発の計画が立案されている。一九七六年に完成した中国のタザラ鉄道（日本ではタンザン鉄道とも呼ばれる）は、内陸のザンビアの銅資源をインド洋に運び出すもので、近年の中国のアフリカ投資のプロトタイプとなった。二〇一七年には中国の融資でケニアの「ナイロビ新幹線」が開通した。港湾都市モンバサとナイロビを結んでいるが、将来はウガンダにまで延伸するかもしれない。

さて、これらの立場をどう考えたらよいのだろうか。第一の「ビッグ・プッシュ」は官僚的な感じがして旗色が悪そうだが、人に対する大規模な支援は、じつはとても大切である。とりわけエイズ、結核、マラリアなどの感染症の対策は、薬の開発も提供も、それぞれの国に任せるのは負担が大きすぎる。ビル・ゲイツとメリンダ・ゲイツが財団を設立し、先進国で資金を集めてアフリカの感染症の撲滅のために奔走しているのは、効果がはっきりと確認できる「人助け」であり、そもそも労働者が病に倒れていたら経済発展もない。現場で動くのは専門家たちである。医療分野の支援は進めていくべきだろう。

日本は一九六八年からガーナ大学医学部の感染症研究部門を支援していたが、一九七九年に建物が完成した野口記念医学研究所は、西アフリカの感染症研究の拠点として成長し、新型コロナウイルス感染症に際しては検体の検査でも大きな役割を果たした。日本が集中的に援助したアフリカのプロジェクトとしては、一九九〇年代末から集中的に実施されたケニアの中等理数科教育の指導法の支援も知られている。地元の素材を使って理科の実験に取り組むような実践的な教員研修がケニアの全土に広がったが、日本が一歩退いたあとは、アフリカ人教員が担い手となってケニアから周辺国へと手法が伝播し、ローカルな工夫を引き出している［峯　二〇二三］。

第二の「サーチャー」のアプローチは、ミクロで水平的な協力を拓くもので、NGOの援助にも参考になるだろう。ただし、アフリカの現場を知っているのは現場の人たちだということを、忘れないようにしたい。スタートアップに小口の支援をしながら、支援者というよりパートナーとしてプロジェクトに「巻き込まれる」発想も必要だろう。椿［二〇二一］が描き出すように、アフリカのビジネスは、困難を解決する創意工夫に満ちている。電話線がきていないから携帯電話が普及し、銀行が近くにないからM-Pesaによる電子取引が広がり、電化が遅れているから個人宅が太陽光発電を取り入れる。ドローンを使った血液や医薬品の配達、ＡＩを使った診断医療、荷主と無数の個人トラック業者を結びつけるマッチング・システムの開発など、規制や業界団体の力が弱いだけに、いったん市場に受け入れられると事業が爆発的に成長することがある。経済学ではリープフロッグ（蛙跳び）と言うが、技術の発展段階を一気に飛び越えて、最新のシステムが主流になる可能性が、アフリカにはある。

第三のインフラ支援は、日本が単独で実施するには、もはや荷が重いかもしれない。他のドナーや国際機関とパートナーシップを結びながら、円借款と技術移転の組み合わせなど、アジアでの経験を還元することになるだろう。

ナイジェリア出身の米国人ジャーナリストのダヨ・オロパデは、「おばあちゃんの国」の未来を楽観的にとらえる。彼女はアフリカ各地を取材しながら、ヨルバ語で「焦る、急ぐ」といった意味をもつ「カンジュ」をキーワードとして、躍動するアフリカ社会の下からのビジネスを活写している［オロパデ二〇一六］。そこにあるのは、健全な政府が不在であるからこそ伸びていく「元気」である。これから老いていくアジアが、若きアフリカに対面する時代になる。世界市場の動きに翻弄され、アフリカの経済人（ホモ・エコノミクス）たちが歩む道は平坦ではないが、これから私たちは、まったく新しい発想で未来のアフリカとつきあっていかなければならない気がする。

参照文献
石川直貴　二〇一二『プータロー、アフリカで三百億円、稼ぐ！――二五歳無職の男が四年で年商三〇〇億』マガジンハウス。

イースタリー、W.　二〇〇九『傲慢な援助』（小浜裕久他訳）東洋経済新報社。
オロパデ、D.　二〇一六『アフリカ希望の大陸――一一億人のエネルギーと創造性』（松本裕訳）、英治出版。
サックス、J.　二〇〇六『貧困の終焉――二〇二五年までに世界を変える』（鈴木主税・野中邦子訳）早川書房。
武内進一　二〇〇九『現代アフリカの紛争と国家――ポストコロニアル家産制国家とルワンダ・ジェノサイド』明石書店。
椿　進　二〇二一『超加速経済アフリカ――LEAPFROGで変わる未来のビジネス地図』東洋経済新報社。
フレンチ、H. W.　二〇一六『中国第二の大陸アフリカ――一〇〇万の移民が築く新たな帝国』（栗原泉訳）白水社。
マディソン、A.　二〇〇四『経済統計で見る世界経済二〇〇〇年史』（政治経済研究所訳）柏書房。
マハジャン、V.　二〇〇九『アフリカ――動きだす九億人市場』（松本裕訳）英治出版。
峯　陽一　一九九九『現代アフリカと開発経済学――市場経済の荒波のなかで』日本評論社。
――　二〇一九『二一〇〇年の世界地図――アフラシアの時代』岩波新書。
――　二〇二三『開発協力のオーラル・ヒストリー――危機を超えて』東京大学出版会。
宮本正興・松田素二編　二〇一八『改訂新版　新書アフリカ史』講談社現代新書。
モヨ、D.　二〇一〇『援助じゃアフリカは発展しない』（小浜裕久監訳）東洋経済新報社。
Boserup, E. 1977 *The Conditions of Agricultural Growth: The Economics of Agrarian Change under Population Pressure*, Aldine.
Brautigam, D. 2015 *Will Africa Feed China?* Oxford University Press.
Chancel L., Piketty, T., Saez E., Zucman, G. et al. 2021 *World Inequality Report 2022*, World Inequality Lab.
Cooper, F. 2002 *Africa since 1940: The Past of the Present*, Cambridge University Press.
Cornia, G. A., Jolly, R., and Stewart, F. (eds.) 1987 *Adjustment with a Human Face, Vol. 1, Protecting the Vulnerable and Promoting Growth*, Oxford University Press.
Iliffe, J. 1987 *The African Poor: A History*, Cambridge University Press.
UNCTAD (United Nations Conference on Trade and Development) 2022 *World Investment Report 2022 (Regional Trends)*, UNCTAD. (https://unctad.org/topic/investment/world-investment-report　二〇二三年十一月六日閲覧)
UNDP (United Nations Development Programme) 2022 *Human Development Report 2021/2022*, UNDP.

3 自然保護と地域住民

岩井雪乃

アフリカの自然破壊

アフリカの自然と言えば、ゾウやライオンをはじめとした大型哺乳類が悠然とサバンナを歩いている風景を思い浮かべる人が多いだろう。たしかにアフリカには、地球上でも貴重な自然環境が残されている。アフリカ大陸の森林面積は六億七〇〇〇万ヘクタールで、世界の森林の一七％を占めており、そこには、アフリカゾウ、ゴリラ、チンパンジーといった、絶滅の恐れのある稀少な野生動物が棲息している。「生物多様性ホットスポット」と呼ばれる、固有で多様な生き物が集まる地域は世界に三六（二〇二三年現在）カ所あるが、そのうちの八カ所はアフリカに存在しているのである。

その一方で、これらの貴重な自然は、一九七〇年代以降、急速に失われつづけている。アフリカ大陸で一年間に失われる森林面積は三九〇万ヘクタールにのぼり、これはなんと日本の関東七都県に静岡県を足した面積に相当する［FAO 2020］。また、ホットスポットに棲息する種の多くが絶滅の危機にあるといわれており、たとえば、ケニアとタンザニアの国境に位置する東アーク山脈ホットスポットでは、一五〇〇種の固有種のうち、三三八種が絶滅危惧種の指定を受けている［BirdLife International 2013］。

このように森林が大規模に失われて野生動物の生息地が脅かされているのは、世界のなかでもアフリカと南アメリカの二大陸のみである（図1）。今世紀に入ってからは、先進国に加えてアジア地域でも森林の総面積は増加しているのに、なぜアフリカでは森林が減少するのだろうか。

大きな要因として、急速な経済成長と長期の紛争がある。近年のアフリカは、中国・インドに次ぐ経済成長をみせており、サハラ以南のアフリカのうち、ＧＤＰ成長率が五％以上の国が二一カ国もある［IMF 2022］。それらの国々では、ヨーロッパやアジアの企業が土地の権利を獲得し、木材伐採や農地開発、地下資源開発を進めている。このような大規模開発をおこなう投資力はアフリカ系企業や地元住民にはほとんどなく、外資系企業と政府に利益が回っている。そして、開発のために道路や生活インフラが整備され、住民が企業に雇用されるようになると、現金収入に依存する生活が浸透していく。こうした住民の生活スタイルの変化は、自然への負荷を加速化させることになる。自給的だった住民の自然利用が商業目的になっていき、農地の拡大、薪炭材の伐採量の増加、狩猟の増加などにつながっていく。そこに紛争が起こって、難民や兵士が流入してくるようになると、自然資源への依存がさらに高まり、森林や動物の減少を引き起こすことになるのである。

なかでも、コンゴ民主共和国のゴリラは、紛争の影響

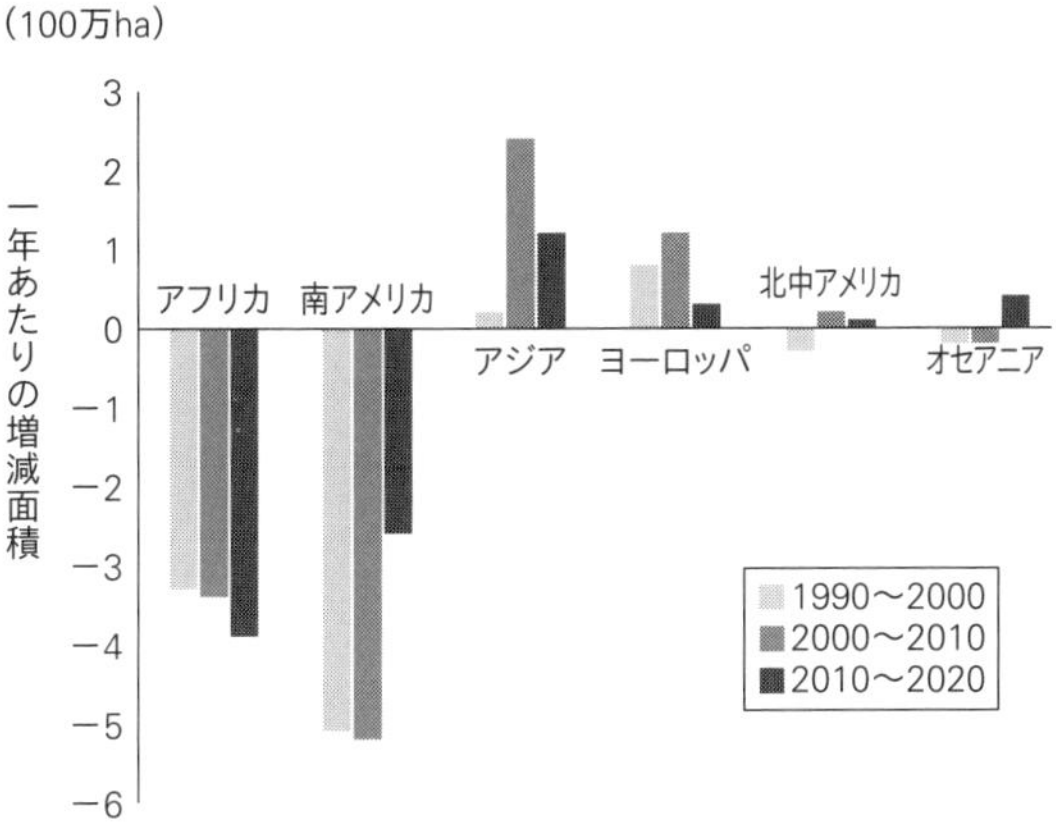

図1　森林面積の年平均変化（1990〜2020）
［FAO 2020］

を大きく受けている。同国の東側の一部は反政府勢力に占拠されており、国立公園の保護官たちが駐在することができない。そのために、兵士や難民、そして紛争によって困窮した住民によって、食肉や密売を目的とするゴリラの密猟が後を絶たないのである［山極　二〇〇三］。そして、この地域の紛争には、私たち日本人の生活も関係しているのだ。私たちの使う携帯電話に必要なレアメタル「タンタル」の鉱脈がコンゴ東部にあり、そのために政府軍と反政府軍、さらには隣国のウガンダやルワンダの軍も入り乱れて鉱脈を支配しようとしている背景がある。地域資源がグローバル経済に巻き込まれてしまったゆえの悪影響を、ゴリラがこうむっているといえる。

また、アフリカゾウの場合は、数千年も前からグローバル経済に巻き込まれてきた。アフリカからの象牙輸出の記録は、紀元前一四〇〇年にさかのぼるといわれ、輸出先のヨーロッパやアジアに近い西アフリカでは、一九七〇年ごろには個体数が一万頭以下になっていた。さらに、一九七〇～一九八〇年代には象牙の国際価格の高騰から密猟が増加し、一九七〇年代にアフリカ全土で一三〇万頭いたゾウは、一九八〇年代には六〇万頭に減少して絶滅危惧種になってしまったのである［Lemieux & Clarke 2009］。この象牙需要の高まりには、日本の高度経済成長にともなう印鑑の需要が影響していたという。私たち日本人の嗜好性や消費は、遠く離れて棲息するアフリカゾウの個体数にも影響を及ぼすのである。

これらの事例にみるように、アフリカの自然破壊は、アフリカ人自身の活動というよりも、グローバルな経済や政治の影響によって引き起こされている側面が強いのである。

自然保護と地域住民の受難

こうした森林の消失や稀少生物の減少が進み、さらには気候変動の影響が大きくなっている現状では、当然「アフリカの貴重な自然を保護するべきだ」という国際的な動きが生まれてくる。ＷＷＦ、コンサベーション・インターナショナルといった国際環境ＮＧＯや先進国からの援助が、森林や野生動物の保護に投入されている。そして、これらの支援のもとにアフリカ各国政府は保全のための法整備を進め、近年ではアフリカの森林の二七％が保護区に指定され、管理計画にもとづいて管理されるようになっている［FAO 2020］。

また、ゾウに関しては国際的な合意が形成されて、一九八九年にワシントン条約（ＣＩＴＥＳ）によって、象牙の国際取引が禁止されるようになった。ゾウ保護の気運の高まりは大きな変化をもたらし、密猟や輸出入の取り締まりが世界中で厳しくなって、ゾウの生息地を守るための保護区設定や法整備も進んでいった。

このようにアフリカの自然環境は、森林や動物が失われつつも、近年では歯止めをかける法整備が、国際的な支援のもとで進みつつある。これは、先進国にいる私たちのようなグローバルな視点からは、「良いこと」にみえる。ではその一方で、保護されるべき自然に密着して暮らす「地域住民」にとってはどうだろうか。じつは、この「自然保護の力」が、住民の生活を脅かしたり、文化を破壊している側面があるのだ。

日本では、工場建設やダム建設などの大規模開発が進行するとき、企業や国などの大きな組織が「環境を破壊する加害者」となる。そして地域住民は「被害者」となって、土地を奪われて移住を余儀なくされ、環境破壊の結果として生まれる公害や汚染をこうむりやすい。そのため日本では、開発の負の側面として現れる環境破壊に対抗する「自然保護」は、被害者となった住民を守ることにつながってきた。しかしそれがアフリカでは、農業や薪炭材の採取、狩猟といった住民の生活行為さえもが「自然破壊」とみなされ、規制の対象にされてしまう。そのために「自然保護」は住民の生活を抑圧する力になってしまうのである。

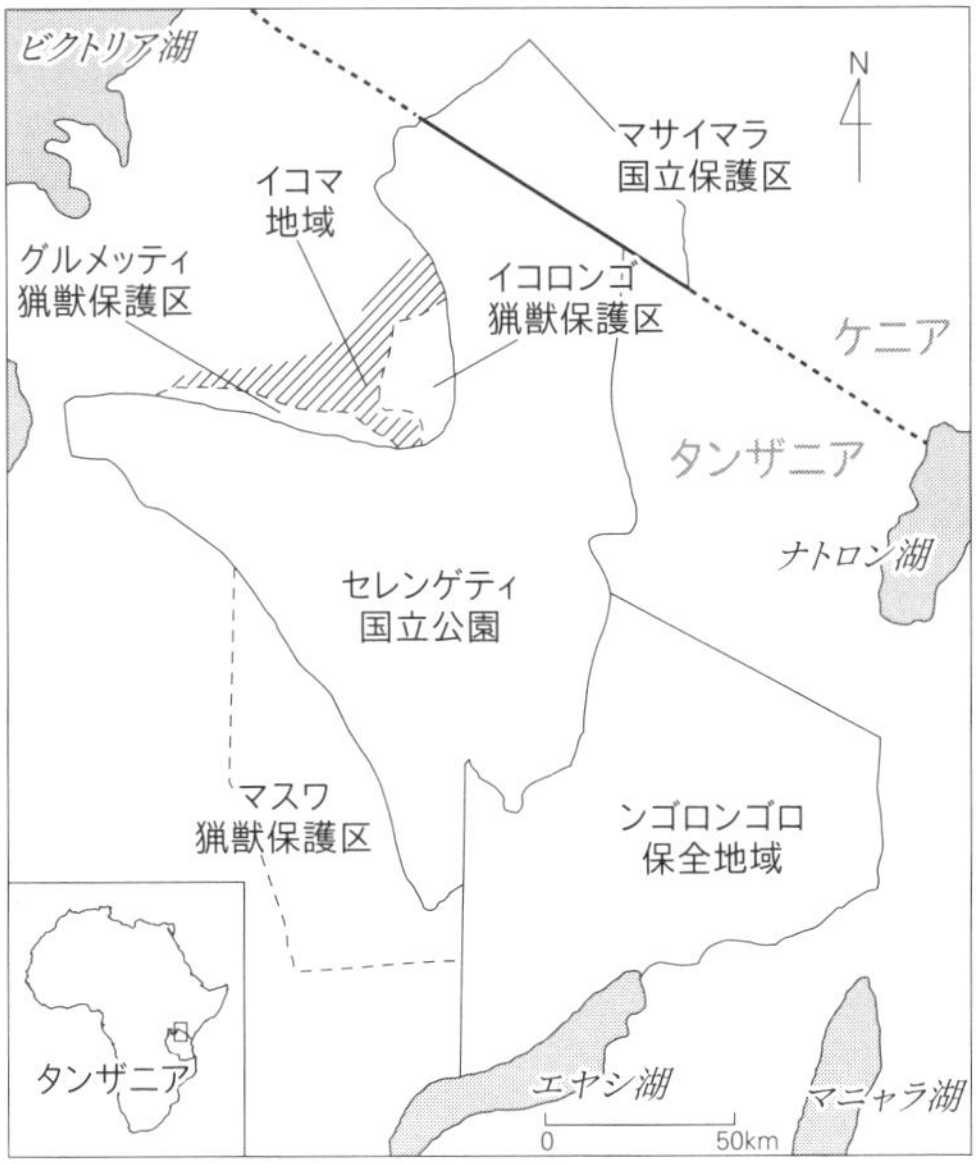

図2　セレンゲティ国立公園とイコマ地域

ヌーの大群

筆者は、二五年前からタンザニアのセレンゲティ国立公園に隣接するイコマ地域で、自然保護政策が地域住民に及ぼす影響を調査してきた（図2）。セレンゲティ国立公園は、アフリカで最大級の広さをもつ自然保護区で、ユネスコの世界遺産にも指定されている。一〇〇万頭のヌーが生息することで有名で、「ヌーの大群が川に向かって飛びこむシーン」は、テレビの自然番組でおなじみであり、人間の存在しない「野生の王国」として紹介されている。

しかし、そのイメージは、じつは私たちを含む先進国の人間が勝手に創ったものなのだ。セレンゲティが国立公園になる以前は、イコマを含んだ複数の民族がこの地域を利用し、民族間の相互扶助ネットワークを築いて生活していた。そこにイギリス植民地政府が、一九五一年に国立公園を設定してしまい、公園内に生活していたイコマを含む数千人の住民が軍隊によって強制的に移住させられた。そして、一五〇万ヘクタールという日本の四国に相当する広大な面積が、無人の「野生の王国」として創出されたのである［Shetler 2007］。

その後は、ワシントン条約によるゾウ保護の国際的な動きや、住民を自然保護に取り込むための観光推進政策が、イコマの人びとの生活に大きな影響を及ぼしてきた。その受難は、大きく以下の三点をあげることができる。⑴ゾウ保護のための狩猟取り締まりの強化、⑵観光が生み出す格差、⑶個体数を回復させてきたゾウによる農作物被害、である。以下では、それらを具体的にみていこう。

⑴ゾウ保護のための狩猟取り締まりの強化

イコマの人びとは、狩猟・農耕・牧畜を組み合わせて、降水量の不安定なサバンナ地域に適応した生

逮捕される密猟者

活を送っていた。狩猟から得られる野生動物肉（ヌーやシマウマ）は、彼らにとって重要なタンパク源であるとともに、旱魃《かんばつ》の年には商品として穀物との交換に使われた。また、狩猟には社会的な意味も大きかった。「狩猟はイコマの男の仕事」とされ、少年時代から弓矢遊びをして狩猟に親しみ、割礼儀礼を終えると本格的に動物を狩るようになる。家族のために肉を取ってこられるようになって、はじめて「イコマの男」とみなされていた。

さらに、現在は保護動物であるゾウは、イコマの人びとも伝統的に守ってきた動物である。「マチャバ」と呼ばれる一対の象牙はイコマの神であり、旱魃が続いたり感染症が流行したりするとマチャバに祈る儀礼をおこなった。ゾウは狩猟の対象にしておらず、やむなく殺した場合には、人間と同じ葬儀をおこなうべきだとされてきた。

そんなふうに野生動物と共存してきたイコマだが、一九八〇年代にゾウの減少が世界的に報道されるようになると、「自然を破壊する住民」とみなされるようになった。生業としても文化的にも重要だった狩猟は、ゾウを保護するために徹底的に取り締まられるようになってしまった。

実際には、象牙目的の密猟が盛んになったとき、イコマは象牙買付人に雇われて密猟団の一員になる村人が一部いたものの、積極的には密猟にかかわらなかった。彼らの主な獲物は、ヌー、シマウマといった季節移動する個体数の多い種で、おかず用に狩っていた。取り締まりが厳しくなってからは、この日常的な肉のための狩猟を継続するために、公園職員に見つかりにくい猟法（少人数で夜間におこなうワイヤー猟）を開発して、「自然保護」に抵抗していった［岩井　二〇〇一］。

とは言いつつも、つねに逮捕の危険にさらされ、「密猟」「違法行為」として否定的な価値を付与されてしまった狩猟は、イコマの若者のあいだでは「進んでやりたい仕事」ではなくなっている。見つかれば、公園職員から暴行を受けたり発砲されたりして命を落とす例もある。また、逮捕されて裁判になれば、家族は多額の保釈金を支払わなければならず、一家に大きな経済的損失を与える。そのため「わずかな肉のために捕まったらばかばかしい。息子には狩猟をやめさせた」という父親も多い。

イコマは農耕や牧畜も生業としているものの、みずからを「狩猟民（*windaji*）」と名乗り、狩猟にアイデンティティをおく民族であった。その彼らに、「アフリカゾウの保護」は、狩猟を誇りとして語れなくさせた。一方的に動物資源の利用権を奪われ、民族の誇りを奪われた彼らが、無条件に保護に賛成できないのは当然だろう。

(2) 観光が生み出す格差

「自然を破壊する住民」を自然保護に取り込むために、一九九〇年代には、セレンゲティ地域で「住民主体の自然保護政策（community conservation）」が導入されるようになった。そこでは、自然への負荷の高い生活様式を変えるために、「野生動物を持続的に利用する土地利用」、すなわち観光やスポーツハンティングを推進している［Kiss (ed.) 1990］。南部アフリカの私有保護区での研究からは、観光利益の追求によって同時に野生動物保護を達成できるとする、新自由主義的な成果が報告されている［Suich et al. (eds.) 2009］。はたして観光は、地域にポジティブな成果だけをもたらすのだろうか。

セレンゲティ国立公園の入園ゲートに近いイコマ地域のA村では、観光ホテルを誘致し、ホテルから土地使用料および宿泊税を徴収して村政府の収入とするしくみを一九九〇年代につくった。これによりA村では、二〇〇〇年に一軒だったホテルが、二〇一〇年には一〇軒になり、二〇一〇年の村への収入は二七万ドルに達した。このしくみ、A村に対しては観光からの利益を住民にうまく配分した成功例だが、一方で、他の村々とのあいだには格差を生み出す結果になってしまった。A村は公園ゲートに近いため、ホテルは争って土地を求めるが、他の村はゲートから一時間以上離れてしまうためホテルの立地には適さない。A村以外の村にホテルが建設されることはなく、観光利益は他の村には入らなかった。

この地域内の格差を是正するために、タンザニア政府は「Wildlife Management Areas」という新制度を導入した。これは、複数の村が土地を提供しあって動物保護区をつくる制度で、これによってA村を含んだ五村が協同して動物保護区をつくり、観光利益を得られる範囲は広がった［岩井　二〇一七］。しかし、既得権益を奪われたA村は不満を抱えているし、依然として格差の問題は残っている。国立公園周辺で、自然保護によって狩猟を禁止されたり土地を奪われたりした村は数十もあり、すべてに観光利益を配分することはできていない。観光がもたらす格差をどう調整するか、よりよい制度の模索は続いている。

(3)ゾウによる農作物被害

セレンゲティのゾウ個体数は、一九八〇年代は密猟によって四〇〇〇頭にまで減少したが、現在では六〇〇〇頭になり、一九七〇年代のレベル以上に回復している［TAWIRI 2015］。さまざまなゾウ保護策の結果、このように個体数が増加したことはグローバルレベルでは好ましいことだろう。しかし、ローカルレベルではこれまでなかった問題を引き起こしている。二〇〇〇年ごろからゾウが村の畑にやってくるようになり、農作物を喰い荒らす「害獣」となって、人びとの生活を苦しめるようになってしまったのだ。

村に向かっていくゾウの群れ

ゾウが村に来る理由としては、①農地が広がり公園ぎりぎりまで畑になってしまい、バッファゾーンとしてゾウが棲息していた地域が失われてしまったこと、②狩猟の禁止にともなってゾウが人間に馴れてしまったこと、が考えられる。

隣国ケニアや南部アフリカでは、ゾウから畑を守る対策として電気柵が一般的であるが、タンザニアでは資金難を理由に導入されていない。住民たちは自分で対策をとるしかない状況だが、ゾウに立ち向かうのは容易ではない。村人は、銃も車ももっていない。ドラム缶をたたいて音を出したり、強力な懐中電灯を当てたりして追い払うのが彼らにできる対策である。そして、その効き目はほとんどなく、怒ったゾウに踏みつけられて殺されてしまう事件も起こっている。

被害が年々深刻になっていくなか、政府をあてにせずにみずから現状を打開しようと、B村では二〇一四年から「追い払い隊」を組織している。ゾウは夜に畑にやってくるので、毎晩六〇人のメンバーが寝ないで見張りをし、ゾウがやってくれば群れを取り囲んで、手作りの爆竹を鳴らして追い払っているのだ。これによって、かなり被害を減らすことに成功しているものの、村人の負担は大きい。道具の費用を自己負担し、睡眠時間を減らし、生命の危険を負いながらの活動となっている。

このように、遠く離れた先進国の人間が「稀少」と考える動物種が増えることによって、地元には不利益が生じ、これまでの生活を変えなければならない状況が起こっている。そして、その状況に対して住民たちは、自分たちの力で生活を組み立てようと努力しているのである。

地域住民の生活を想像する

近年、地球環境問題として、気候変動、地球温暖化、生物多様性の減少、森林減少などがグローバルに注目されている。本章でみてきた「ゾウの保護と、それにともなう地域住民の受難」は、生物多様性問題への対応のなかで生じている。「ゾウを保護する」「ゾウの数が増える」「観光収入が入る」といった活動は、「生物多様性の保全」や「地球環境問題への対策」からは「良いこと」にみえる。しかし、その「自然保護」が、地域文化やもともとあった生活を破壊して、ローカルには「害」をもたらす側面もあることを、本章は示してきた。自然保護のために住民が土地を失って移住を余儀なくされ、これまで利用していた動植物を使うことができなくなり、それが地域文化の喪失につながっていくのである。

このように、グローバルな正義をアフリカの地域住民に押しつける不公正な構造は、ゾウのみならず、ゴリラやホットスポットの絶滅危惧種の保護など、「生物多様性の保全」や「森林保全」を進める地域で広く起こっている。さらには、地球環境問題の最大の課題である地球温暖化に関しても同様である。アフリカは、歴史的に二酸化炭素排出量が少ないにもかかわらず、自国で産出できる化石燃料を用いた開発事業をヨーロッパ諸国から阻まれているのである［Ramachandran 2021］。

とはいえ、このまま森林や野生動物が減少して自然そのものがなくなってしまっては、生物多様性の減少というグローバルレベルの損失のみならず、農業や森林資源に依存したローカルな住民の生活も立ちゆかなくなってしまう。また、開発のために二酸化炭素の排出を無秩序に増やせば、気候変動の甚大な影響を受けるのはアフリカの人びとであることは間違いない。なんらかの対策は必要だろう。では、どうすれば、地域住民の生活と地球環境問題対策を両立することができるだろうか。

大切なことは、住民たちがおこなう微細な創意工夫に寄り添い、それを支える意識を私たち外部者がもつことだろう。セレンゲティの例で示したように、住民たちは、圧倒的な権力と資金力で推し進められる自然保護政策に対して、抵抗を試みてきた。密猟となっても生活と文化の基盤となる狩猟を続け、その一方で、神であるゾウを殺さずに追い払うことで農業とゾウが共生する道を探っている。そして、観光利益をめぐる政府や企業との争いでは、訴訟を起こして自分たちの権利を守る動きも始めている。

このような住民の主体的なアクションに着目し、そこから自然との共生のあり方を展望したとき、これまでとは異なる「自然保護」や「生物多様性の保全」のあり方がみえてくるだろう。それは、「手つかずの野生の王国」や「稀少な動物種の楽園」といったグローバルな強者が求める自然ではなく、変動する政治経済状況の影響を受けながら生活を営んできた地域住民とのせめぎ合いのなかで存在してきた自然なのである。その歴史的背景を視野に入れながら、現在の住民の試行錯誤を後押しすることが、今私たちに求められている。これは、地球環境問題全体に通じる姿勢だろう。

参照文献

岩井雪乃　二〇〇一「住民の狩猟と自然保護政策の乖離――セレンゲティにおけるイコマと野生動物のかかわり」『環境社会学研究』七号。

――　二〇一七『ぼくの村がゾウに襲われるわけ。――野生動物と共存するってどんなこと?』合同出版。

山極壽一　二〇〇三「内戦下の自然破壊と地域社会――中部アフリカにおける大型類人猿のブッシュミート取引とＮＧＯの保護活動」池谷和信編『地球環境問題の人類学――自然資源へのヒューマンインパクト』世界思想社。

BirdLife International 2013 *Biodiversity Status and Trends Report for the Eastern Arc Mountains and Coastal Forests of Kenya and Tanzania Region, 2012*, BirdLife International.

FAO 2020 *Global Forest Resources Assessment 2020*, FAO.

IMF 2022 *World Economic Outlook Databases 2022*, IMF.

Kiss, A. (ed.) 1990 *Living with Wildlife: Wildlife Resource Management with Local Participation in Africa*, World Bank.

Lemieux, A. M. and Clarke, R. V. 2009 'The International Ban on Ivory Sales and its Effects on Elephant Poaching in Africa,' *British Journal of Criminology*, 49.

Tanzania Wildlife Research Institute (TAWIRI) 2015 *Population Status of Elephant in Tanzania 2014*, TAWIRI Aerial Survey Report.

Sherler, J. B. 2007 *Imagining Serengeti: A History of Landscape Memory in Tanzania from Earliest Times to the Present*, Ohio University Press.

Suich, H., Child, B., and Spenceley, A. (eds.) 2009 *Evolution and Innovation in Wildlife Conservation: Parks and Game Ranches to Transfrontier Conservation Areas*, Earthscan.

Ramachandran, V. 2021 'Blanket bans on fossil-fuel funds will entrench poverty,' *Nature*, 592.

4 感染症

嶋田雅暁

感染症とは？

感染症とは、ウイルス、細菌、寄生虫（原虫、蠕虫《ぜんちゅう》）などの微生物（蠕虫は微生物というには少々大きすぎるが）が人体内に入り込んで起こす病気をいう。このとき人体に侵入する生物（厳密にはウイルスは生物ではない）を「病原体」、侵入を受けた人を「宿主《しゅくしゅ》」と呼ぶ。

感染症が他の病気（たとえば、がん、心臓病、脳出血など）と異なる特徴、言い換えれば感染症の本質は、病原体の生き残り戦略としての宿主から宿主への伝播にある。がん、心臓病、脳出血などは基本的には人から人へうつらない。これに対して病原体は人から人へ移動し、感染症は人から人へとうつっていく。病原体がその住み処《か》とする宿主には生物であるがゆえに寿命があるので、病原体は生き残るために（子孫を残すために）新しい宿主につねに移動しなくてはならない運命にある。その移動先の宿主で起こす病気が感染症である。

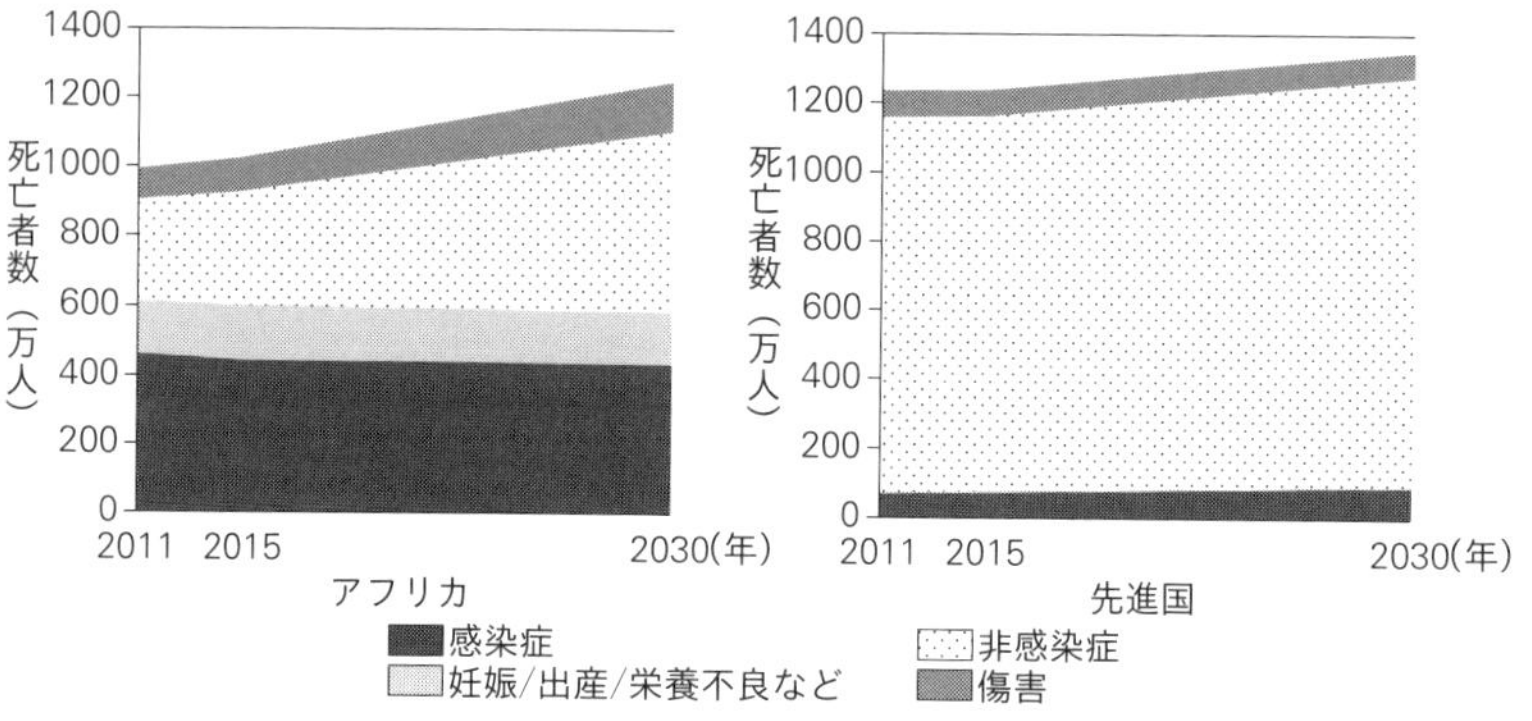

図1　アフリカと先進国の原因別死亡予測の比較（2011，2015，2030）
［WHO 2013a, b］をもとに作成。

なぜアフリカで問題なのか？

サハラ以南のアフリカ（以下、「アフリカ」）では感染症で命を落とす者が多く、その数は先進国（日本、カナダ、アメリカ、オーストラリア、ニュージーランド、それに欧州を指す）とは比較にならない。世界保健機関（ＷＨＯ）による二〇〇八年の死亡データ［WHO 2013a, b］を基礎にして算出したアフリカと先進国の原因別死亡者数の予測をみてみよう（図1）。

二〇一一年の時点で感染症で死亡する者は先進国においては死亡者全体の六％に満たないが、アフリカでは五〇％に近い。その後アフリカにおける感染症による死亡は漸減するが、二〇三〇年においてさえ、感染症は死亡原因の約三五％を占めていると予測されている。感染症がアフリカ社会にもたらす負担は他のどの地域と比較しても大きく、しかもここしばらく軽減しそうもない。

感染症で病気になるということは、個々人の生活の維持向上を脅かすだけではなく、社会全体の発展を阻害する大きな要因になっている。

熱帯という自然環境

なぜアフリカで感染症が猛威をふるうのか？　よくとりあげられる理由が貧困である。アフリカに対しては貧困⇒不潔⇒感染症という連想がいまだに生きており、ステレオタイプ化されているとはいえ、それはまた事実でもある。しかし、その前に確認しておきたいことがある。熱帯という独特な自然環境、地理的・気候的・風土的要因である。アフリカで感染症が猛威をふるう理由の第一はこれにある。

現在この地球上で命名され記録されている生物種の数は、植物約三二万種、動物約一三六万種、これに菌類なども含めて約一七四万種（微生物は除く）、いまだ人類によって認識されていない種を含めると優に一億を超えるとさえ考えられている。ところがこの膨大な数の生物種は地球上に一様に分布しているわけではない。多くは熱帯地に分布している（熱帯七四～八六％、温帯一三～二四％、寒帯一～二％）。地球表面の七％にすぎない熱帯雨林だけでも全生物種の約半数が棲息する。

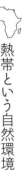

感染症の原因である病原体も例外ではない［Guernier et al. 2004］。他の生物種と同様に、熱帯地には他地域と比較して圧倒的多数かつ多種の病原体が潜んでいる。実際、感染症の多くは熱帯起源と考えられ、未知の病原体もここに多くが潜んでいると推測されている。また、これらの病原体を運ぶ昆虫などのベクター（病原体をある宿主から他の宿主へ運ぶことで感染症を媒介する生物）の種類も数も熱帯地に断然多い。

アフリカの多くの国々はこの熱帯地に属している。したがってアフリカでは「熱帯という独特な自然環境」に棲息する病原体に人間がさらされる機会、接触する機会が多い。その結果、アフリカでは先進国と比較して、より多数の感染症患者の発生とそれによる死亡がみられる。ちなみに、この熱帯地（亜熱帯もしばしば含まれる）、すなわちアフリカに特有に流行している感染症、または、世界に広く分布しているがとくに熱帯地で流行する感染症を、「熱帯感染症」あるいはたんに「熱帯病」と呼んでいる（表1）。

貧困などの社会環境

だからといって、アフリカの感染症を熱帯という自然環境だけで説明し尽くすことはできない。マラリア流行の歴史を例にとろう。マラリアのベクターであるハマダラカの棲息は高い年間気温に依存しており、これが熱帯地でマラリアが主に流行する理由である。しかし、そのマラリアはかつて、今よりもはるかに広い地域、北米、ヨーロッパ、それに日本でも流行していた。地球の平均気温が現在よりも〇・七度も低く寒かったといわれる十八世紀中期のことである。昨今温暖化の影響が危惧されているが、実際にはマラリア分布は今でも縮小の一途にある。必ずしも自然環境だけが感染症の分布を規定しているわけではない。

そこで、貧困⇓不潔⇓感染症という連想に戻ろう。アフリカは熱帯地に属するとともに、「発展途上国」と呼ばれる貧困国が多い地域でもある。不潔という要因は、宿主と病原体の接触の機会を増やし、病原体の宿主への侵入を容易に許し、宿主が病気になる可能性を高める。不潔でないためには（清潔を維持するためには）少なからず経済的負担が必要であることはいうまでもなく、貧困⇓不潔⇓感染症という連想はあながち間違っているとはいえない。

すでに述べたように、感染症では一義的に病原体の種類や数がその流行を規定する。病原体が多ければ感染症はそれだけ増える。しかしそれだけではない。人間の行動も流行の重要な要因となる。人間の

表1　アフリカと世界に対する代表的熱帯病の影響

病名		死亡者数（千人／年）	感染者数（千人）		新感染者数（千人／年）		流行国数		感染者のうちアフリカ居住者の割合(%)
			アフリカ	世界	アフリカ	世界	アフリカ	世界	
マラリア		627	—	—	228,000	241,000	45	85	95
住血吸虫症		11.5	219,130＊1	242,180＊1	—	—	50	78	90
リンパ系フィラリア症（糸状虫症）		—	10,140	51,420	—	—	31	72	39
オンコセルカ症（回旋糸状虫症、河川盲目症）		—＊2	20,800	20,900	—	—	31	34	99
睡眠病（ヒトアフリカトリパノソーマ症）		1.36	3.77	3.77	2.02	2.02	36	36	100
土壌伝播蠕虫感染症	鉤虫	—	117,700	438,900	—	—	55	118	27
	蛔虫	—	117,900	819,000	—	—			14
	鞭虫	—	100,800	464,600	—	—			22
リーシュマニア症	皮膚	—	—	—	13.9＊3	207.6＊3	19	90	7
	内臓	5.7	—	—	4.3	12.7	14	79	34
デング熱		36.1	—	—	＜1	56,900	35	129	＜1

＊1　ここには定期的予防投薬を必要とする人数を示す。実数はこの約3分の2。
＊2　直接死亡者はないが、視覚障害者は115万人と推定されており、その平均寿命は非視覚障害者より15歳短い。
＊3　多数の報告漏れがあると考えられている。実数はこの約5倍と推定される。

行動もまた病原体との接触の程度を変えるからだ。したがって、人間の行動を規定している、あるいは人間の行動が依存している、特定の地域の独特の文化や伝統、生活様式、果ては政治経済にすら感染症の流行は支配される。ひと言でくくれば「社会環境」、あるいは人びとの日々の営みに依存する。

感染症による死亡がアフリカで多い第二の理由がこの社会環境である。熱帯という特殊な自然条件下に存在する感染症はさらに社会環境によって大きな影響を受けることになる。

たとえば、下痢症は汚染された水や食物を摂取することで感染する。水や食物が汚染されるのはもっぱら人間の排泄物によるので、便所が完備されていないスラムなどの環境下（人間が作った環境）では病原体との接触リスクは増大する。住血吸虫症は川や湖などの淡水に浸かったときに病原体が皮膚を貫通して侵入することによって感染するが、水道や井戸などの安全な水がない地域では、川や湖での水浴びや洗濯、食器洗い、飲み水の確保は日常であり、病原体との接触を絶つことはできない。ＨＩＶ／ＡＩＤＳは人類が生き残るには欠かせない生殖活動で伝播するため、性的活動の文化的背景（たとえば一夫多妻制など）によっては、爆発的な流行拡大をみせることがある。

途上国の、たとえば貧困という社会条件は、個人の行動を規定しその個人の感染機会を増大させるだけではなく、感染症の伝播に大きくかかわり社会全体に大きな影響を与える。

医学の進歩は偉大で、アフリカの感染症に対してもその多くで予防法、診断法、治療法がすでに確立されており、開発中のものもじつは多い。たとえば、マラリアの予防には、議論はあるものの、殺虫剤を浸み込ませた蚊帳（長期残効型殺虫剤浸漬蚊帳）と屋内残留散布による方法が普及しつつあり、媒介蚊との接触を抑制する。治療にはアルテミシニン誘導体多剤併用療法（ＡＣＴ）に加え、新薬の開発も進められ、二〇二一年十月には一定の条件のもとではあるがワクチンの使用も推奨されるようになった。

結核では、予防としては古くからＢＣＧ接種があり、治療では直接監視下短期化学療法（ＤＯＴＳ：Directly Observed Treatment, Short-course）が功を奏している。ＨＩＶ／ＡＩＤＳでも飲みつづければ発症を抑え、他人への感染も防ぐことができる治療法がすでに存在し、その結果、先進国ではＨＩＶ／ＡＩＤＳの新感染者は劇的に低下している。

しかし、貧困国が多くを占めるアフリカでは、これらの予防法や治療法が現場に届けられない。二〇一九年、国家が保健医療のために費やした額は一人あたり、先進国では年間二〇〇〇ドル以上だがアフリカでは二〇〇ドル以下、その約三分の一は一〇〇ドル以下というありさまである［The World Bank 2022］。貧困、低い識字率、劣悪な保健医療施設、水道施設などインフラの未整備、治療薬の配布体制の不備、そのうえ政府はこれらを補う海外からの支援をコントロールできない。

地理的・気候的・風土的要因（自然環境）と社会的・経済的要因（社会環境）が錯綜していることが、感染症がアフリカで猛威をふるっている二つの大きな理由である。

タンザニアの公立病院の門前
病院には薬瓶がないため
患者はここで空き瓶を買い病院で薬を詰めてもらう

アフリカの感染症の特徴

では現在アフリカで猛威をふるっている感染症とは具体的に何か？　ここでは大きく三つのカテゴリーに分けて簡単に紹介する。

(1)　ビッグスリー　マラリア、HIV／AIDS、結核。世界の三大感染症を俗にこう呼んでいる。アフリカでは感染症死亡原因の半数がこの三疾患で占められ（図2）、世界の最重要課題として、持続可能な開発目標（SDGs）のターゲット三・三にNTDs（後述）と共に謳われている。

個々の疾患の詳細は他書に譲るが、ビッグスリーがアフリカで重要な理由は、感染症死亡原因の半数というだけではなく、この三疾患が重複感染し、互いに悪影響を及ぼしているという点にある。たとえば、HIVへの感染で抵抗力が弱っている人はマラリアにも脆弱になる、その逆もまた真、という悪循環が繰り返されている。

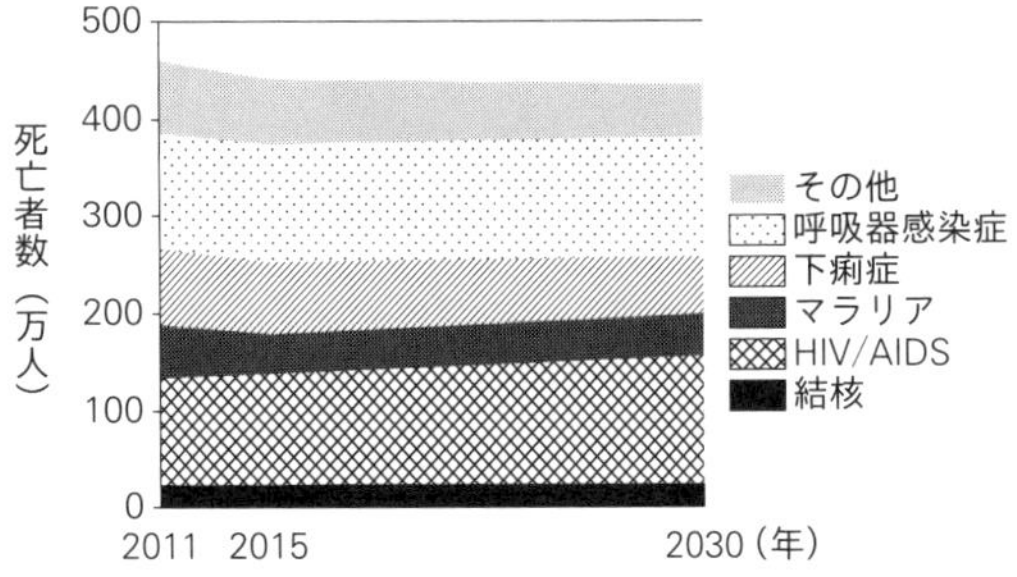

図2　アフリカの感染症による死亡予測（2011, 2015, 2030）
［WHO 2013a, b］をもとに作成。

(2)　新興感染症　新興感染症とは、WHOや米国疾病対策予防センター（CDC）が提唱したもので、かつては知られていなかったが近年新しく認識され、公衆衛生上問題となる感染症をいう。これまでに三〇以上が報告されており、アフリカ起源とされるものも多い（表2）。

アフリカ起源でもっとも有名なものはいうまでもなくHIV／

表2　アフリカ関連の主な新興ウイルス感染症

発見年	病原体の名称	疾患名	主な流行地	感染源
1967	マールブルグウイルス	マールブルグ病	西ドイツ、中央アフリカ	ヒト、霊長類
1969	ラッサウイルス	ラッサ熱	西アフリカ、ガーナ、ナイジェリア、シエラレオネ	マストミス（ネズミ）、ヒト
1976	エボラウイルス	エボラウイルス病（EVD）	サハラ以南のアフリカ	ヒト、霊長類、コウモリ
1977	リフトバレーウイルス	リフトバレー熱	サウジアラビア、イエメン、エジプト、サハラ以南のアフリカ（西アフリカの一部を除く）	蚊・家畜
1983	ヒト免疫不全ウイルス（HIV）	エイズ（AIDS）	世界中	ヒト
1985	クリミア・コンゴ出血熱ウイルス	クリミア・コンゴ出血熱	アフリカ、東欧、中近東、中央アジア、中国西部	ヒト、野生・家畜哺乳動物、マダニ

ＡＩＤＳである。一九八〇年代の初め米国で報告され研究が進展したが、実際はアフリカの狭い地域で長いあいだ「痩せ病」などと呼ばれて異変は気づかれていた。アフリカ社会からたまたま飛び出して（人の移動）全世界で流行したために世界中で知られるところになったが、それまでは世界からほとんど無視されていた。

致死率の高い（二五〜九〇％）エボラウイルス病（ＥＶＤ）は、中央アフリカ、西アフリカを中心に毎年のようにどこかで発生している。二〇一四〜二〇一六年のギニア、リベリア、シエラレオネにおける最大規模のアウトブレイクでは、二八六一〇人の感染者と一一三〇八人の死亡者を記録した。このとき、西欧へ若干の飛び火はあったものの、流行地封鎖などの強権的対策で、世界的大流行には至らずに済んだ。

新興感染症が問題になった理由として、都市化、人口移動の増加と促進、経済・商業活動の規模拡大、生態系の攪乱《かくらん》など、世界的な社会変化があげられている。そもそも、この世は莫大な数と種類の微生物（その実体はまだ人類の誰も知らない）によって組み上げられており、人はその中を動き回っているということを忘れてはならない（感染症を引き起こす微生物＝病原体はそのうちのほんの一部である）。人類の歴史のなかではごく最近のここ数千年数百年にとくに急激に起こったことだが、人口学的な変化、文化的な変化、行動学的変容などは、つねに微生物（病原体）の新しいニッチを提供してきた。自然環境や社会環境の多様性を考えれば、アフリカはニッチの最大の提供者かもしれない。「新興感染症」という概念は、近年今までになく大きなスケールの社会的環境変化が人間によって引き起こされ、微生物に対してさらなる機会を与えつつあることを示している。

表3　顧みられない熱帯病20疾患（群）［WHO 2020］

1	ブルーリ潰瘍
2	シャーガス病
3	デング熱・チクングニア熱
4	ギニア虫感染症
5	包虫症
6	食物媒介吸虫類感染症
7	アフリカ睡眠病
8	リーシュマニア症
9	ハンセン病
10	リンパ系フィラリア症
11	マイセトーマ（菌腫）、黒色分芽菌症および深在性真菌症
12	河川盲目症
13	狂犬病
14	疥癬とその他の外部寄生虫症
15	住血吸虫症
16	土壌伝播蠕虫感染症
17	毒蛇咬症
18	条虫症・のう虫症
19	トラコーマ
20	フランベジアおよび風土性トレポネーマ感染症

アフリカにはシャーガス病以外の19疾患（群）が存在する。

(3)　顧みられない熱帯病（ＮＴＤｓ：Neglected Tropical Diseases）

図２の「その他」のなかにＮＴＤｓと呼ばれる感染症（表３）が含まれる。アフリカでは見過ごすことのできない感染症である。

アフリカの感染症の多くは地球上の限られた地域に凝縮された病気であるため、とくに先進国すなわち富裕層の関心は低い。また、アフリカのなかでも、他の感染症と同様そこに住む誰にでも感染する可能性があるにもかかわらず、現実の感染は不平等で、被害者の大半が貧しい人びとまたは社会的に疎外された人びとに集中しているという事実がある。被害者の多くは政治的社会的に力のない差別された人たちであるがゆえに、これらの人びとの発言力は弱く、感染症に対する関心は低いままで、貧しい者は母国からすら顧みられることが少ない。さらに、貧しい人びとだけで構成されている地域社会内部においても、感染症は身体の変形をともなうなど貧困のシンボルであり、差別の対象になっている。

そこで、今ではこのような特定の感染症を、世界から無視され誰からも顧みられない病気と類別している。「顧みられない熱帯病」と名づけられたおかげで、今では少しは世界の注目を浴びるようになった。皮肉としかいいようがない。

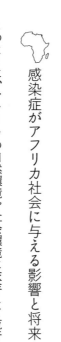

感染症がアフリカ社会に与える影響と将来

このように、アフリカの自然環境や社会環境に依存して流行しつづける感染症がアフリカ地域、アフリカの国々の発展を阻害していることは間違いない。

感染症という病気そのものの治療費や予防対策費などの直接的負担だけではなく、将来を担う子どもたちへの打撃、労働人口（二〇～四九歳）の減少など、社会を支える人的資源への影響は大きい。マラリアや下痢症、呼吸器感染症、寄生虫症などは主に子どもへの影響が大きく、就学率、学力の低下が報告されている。マラリアの流行地ではGDPのおよそ〇・五～一・〇％のロスがあるとの推計もある。

また、何と言ってもHIV／AIDSの流行はこの四〇年間にたいへんな規模でアフリカ社会を混乱させた。アフリカ南部の国々では、一九八〇年代に六〇歳前後まで伸びていた平均寿命が一九九〇年代には軒並み四〇～五〇歳台にまで低下した。生殖年齢で働き盛りでもある人びとを失うことで社会全体の活力が低下し、エイズ孤児など大きな傷跡、負担を残している。二十一世紀に入ってアフリカでも

ＨＩＶ／ＡＩＤＳの新規感染は減少してきているが、今でも世界年間新規感染の六〇％はアフリカで起きており、ＨＩＶ陽性者の三分の二は世界人口の一七％にすぎないアフリカに住んでいる。

はじめに示したように、アフリカの感染症は漸減傾向にある。この十数年で人と動物の健康および環境（気候変動も含む）が再認識され、アフリカへの世界的支援はいっそう強力に推し進められている。そのアフリカが新型コロナウイルス感染症（ＣＯＶＩＤ-19、以後「新型コロナ」と略）のパンデミックに巻き込まれた。アフリカにとっては外来の新興感染症である。アフリカという環境は病原体の繁殖に有利に働くと予想され、医療関係者、研究者の多くは当初、アフリカの壊滅的未来すら想像した。

ところが幸いに、ワクチン供給もままならないなか、この心配は杞憂に終わっている。アフリカの感染者数、死亡者数は報告数の一〇～一〇〇倍とも推定されているが、それを割り引いても他地域と比較すると圧倒的に少ないことがわかってきた。二〇二二年五月末日時点の推定死亡率は、人口一〇〇万人あたり欧州が四一四四に対しアフリカは一七七四にすぎない［Sachs et al. 2022］。感染経路が空気感染のため人口密度が低いアフリカでは伝播を起こしにくい、重症化は高齢者に偏るため人口構成が若いアフリカ諸国では死亡率が低く抑えられる、などがその理由とされる。新型コロナによる直接的被害は思ったより小さい。なお、社会的混乱が比較的小規模に終わった背景には、すでにアフリカではＥＶＤアウトブレイク時に、行動制限などについても盛んに議論されていたことがある。

しかし、間接的影響は無視できない。保健医療関係に限っても、従来から脆弱だった保健医療サービスはたちまち崩壊し、超過死亡（新型コロナ以外の疾患による死亡）の増加が報告されつつある。さらにこれまで不断に取り組まれてきたさまざまな疾病対策も中断あるいは遅延を余儀なくされた。その結果、たとえばマラリアでは、毎年着実に減少してきた死亡者数が、二〇二〇年、過去二〇年間ではじめて反転して前年を上回り、六万八〇〇〇人増の六〇万二〇〇〇人を記録している［WHO 2021］。総じてアフリカは、今回の新型コロナパンデミックを大きな混乱もなくやり過ごしつつあるようにみえる。だがアフリカがさまざまな病原体が蔓延する温床（自然環境と社会環境）であることに変わりはない。次のパンデミックはアフリカ起源かもしれない。

参照文献

Guernier, V., Hochberg, M. E. and Guégan, J.-F. 2004 'Ecology Drives the Worldwide Distribution of Human Diseases,' *PLOS Biology* 2(6).

Sachs J. D. et al. 2022 'The Lancet Commission on lessons for the future from the COVID-19 pandemic,' *The Lancet* 400.

The World Bank 2022 Current health expenditure per capita, PPP (current international $) -Sub-Saharan Africa. (https://data.worldbank.org/indicator/SH.XPD.CHEX.PP.CD?locations=ZG 二〇二二年九月二十六日閲覧)

World Health Organization 2013a Disease and Injury Regional Mortality Estimates for 2000–2011 (MDG regions). (http://www.who.int/healthinfo/global_burden_disease/estimates_regional/en/index.html 二〇二三年一〇月一四日閲覧)

——— 2013b Mortality 2015 and 2030: Baseline Scenario (MDG regions). (http://www.who.int/healthinfo/global_burden_disease/projections/en/index.html 二〇二三年一〇月一四日閲覧)

——— 2020 Ending the neglect to attain the Sustainable Development Goals: a road map for neglected tropical diseases 2021–2030. (https://www.who.int/publications/i/item/9789240010352 二〇二三年一〇月三十一日閲覧)

——— 2021 World malaria report 2021. (https://www.who.int/teams/global-malaria-programme/reports/world-malaria-report-2021 二〇二三年一〇月三十一日閲覧)

ゴリラ・ツーリズム

じつは、アフリカのゴリラ・ツアーのルーツは日本にある。一九五二年にニホンザルの餌付けによって始まった大分県高崎山などの野猿公園がモデルとされたからである。ドイツ人のワルター・バウムガルテルは、ウガンダ、ルワンダ、コンゴ民主共和国の国境にまたがるヴィルンガ火山群にトラベラーズ・レストを建て、ゴリラの餌付けを試みた。その指導に日本や欧米から霊長類学者や動物学者が招かれて、一九五〇年代の半ばから調査がおこなわれたのである。

しかし、ゴリラたちはけっして人間の餌に手を出さなかった。成果をあげたのは餌を用いずに接近を繰り返す人付け法を用いたジョージ・シャラーだった。彼は数十メートルの距離からゴリラの群れを観察することに成功し、マウンテンゴリラは世界で広く知られることとなった。調査は一九六〇年のコンゴ動乱で中断したが、一九六七年にふたたびこの地で調査を始めたダイアン・フォッシーによって、詳しいゴリラの生態が明らかになった。ルワンダ側のヴィソケ山にカリソケ研究センターを設立したフォッシーは、シャラーの方法に日本の個体識別法を導入し、すべてのゴリラに名前をつけて観察を始めた。フォッシーは野生のゴリラが自発的に接近して触れた最初の人間として有名になり、その写真は世界中の雑誌に公開されてヴィルンガとマウンテンゴリラの名は一躍有名になった。

ゴリラ観光の可能性に注目したルワンダ政府は、フォッシーに働きかけて観光客の誘致に乗り出した。一方で、急激な人口増加と畑地の不足からルワンダ政府は国立公園の四〇%の削減と農地への転換を決定し、森に侵入して罠をしかける地元民が増え、守ろうとしてフォッシーは孤軍奮闘する。おそらくその過激な運動が災いして、フォッシーは一九八五年に何者かに殺害されてしまう。

ルワンダ政府はカリソケ研究センターから離れたサビニオ山を中心にゴリラの群れを観光用に人

付けする事業を開始し、これは大きな成功を収めた。研究者や獣医が運営に参加して観光客の数や行動をコントロールし、ゴリラの健康をチェックしながら実施した。この事業は地元に雇用を生み出し、観光収入の一部は学校や診療所の建設など地元の発展のために使われるようになった。

今やヴィルンガに生息するマウンテンゴリラの数は、一九八〇年に私が参加して数えた約二四〇頭から二倍以上に増え、その半分がゴリラ・ツーリズムに開放されている。年間七万人のツアー客が訪れ、ゴリラの群れにつき八人の訪問が可能である。一日一時間のゴリラ観察に一人一五〇〇ドルを支払い、予約はつねに満杯状態である。観光が国家の外貨収入の一位を占めるまでになった。

この成功例に勢いづいて、アフリカ各地でゴリラ・ツーリズムの機運が広がった。すでにウガンダ共和国のブウィンディ、コンゴ民主共和国のカフジ（じつはヴィルンガよりも開始は早い）、コンゴ共和国のドキ、近年私たちが始めたガボン共和国のムカラバで観光客がゴリラを観察できるようになっている。人の訪問が増えるとインフルエンザや肝炎に感染したり、ストレスが増えたりしてゴリラの健康に悪影響が出る。すでに何頭も人獣共通感染症で死亡している。そのため、ツアーの運営には研究者が深くかかわり、観光客にルールを守ってもらうことが必要になる。

また、ツーリズムの実施には野生動物の被害に苦しんでいる地元の人びとの全面的な協力が不可欠である。そのため、被害を軽減して人びととゴリラとの共存を模索するとともに、地元に経済的効果をもたらす必要がある。これまでのエコ・ツーリズムは先進国の人びとによる未開の驚異に満ちた自然を好む、一種のオリエンタリズムが動機となっていた。自然はその土地に生きる人びとの影響を強く受けてきたのに、植民地化以後は多くの地域で伝統が否定され、自然とのかかわりが断ち切られてきた。そういった混乱の時代が去って、村人たちは昔からの知識をかき集め、再び自然との調和にもとづいた新しい文化を創造しようとしている。ゴリラ・ツーリズムはその動きを適切に後押しする促進剤にならなければいけないと思う。

（山極壽一）

いちばん新しい独立国とその破綻

南スーダン

スーダン共和国の南部地方は、二〇一一年七月九日に独立し、南スーダン共和国となった。アフリカでは五四番目、国連加盟国としては一九三番目の新生国家の誕生である。その後、新しい主権国家は誕生していないので、二〇二二年十月の時点でも、南スーダンは世界でいちばん新しい独立国である。この独立は、南スーダンの人びとが、スーダン人民解放運動／スーダン人民解放軍（SPLM／SPLA）が指導した闘争に参加し、二二年間にわたって内戦を戦い抜いた末に勝ち取ったものだ。この闘いは、スーダン全土で二五〇万人の死者と数百万人の難民・国内避難民を生み出した。現在約一二〇〇万人といわれている南スーダン国民は、全員が「生き残り」である。皆が、家族や友人の誰かを内戦で失っている。生き残った人びとは、犠牲者たちを思い起こしながら、全国の町や村で独立を祝った。

十九世紀中期以降から百数十年にわたって、現在の南スーダンの地域に住んでいた人びとは、さまざまな外来の国家、あるいは外部勢力の支配を受けてきた。したがって、南スーダン人にとって独立は、抑圧と搾取の長い歴史に終止符が打たれ、自由と平和、そして繁栄が到来することを意味したのである。独立を決定した、二〇一一年一月の住民投票では、九九％近い圧倒的多数が独立を支持した（投票率は九八％）。人びとは独立に希望を託した。独立が達成された七月九日は、全土が祝祭の雰囲気に包まれたのも当然であった。

しかし、南スーダンの人びとが新国家に託した希望は、すぐに裏切られることになった。長年にわたった内戦で荒廃したインフラの整備は一向に進まず、敵対し分断された国民のあいだの和解も進展しなかった。汚職腐敗は蔓延し、莫大な額の公金が、一握りの支配エリートの懐に入ることになった。新国家の失敗は、二〇一三年一二月、支配エリート間の権力闘争が武力紛争に発展し、内戦状態に陥ることによって決定的となった。支配政党であったSPLMと、国軍であったSPLAは、四分五裂した。国民どうしが複雑に分断されて、お互いに殺しあった、この意味のない内戦は、二〇二〇年二月まで継続した。そのあいだ、一〇〇万人を超える人びとが難民となり、国家建設と国民建設の営みは、ゼロにリセットされることになった。二〇二二年十月現在の南スーダンは、暫定政府のもとで移行期間にあるが、それがいつ終わるのかの目途は立っていない。

南スーダンにおける国家建設の試みは、独立後ではなく、二〇〇五年から開始されていた。内戦に終止符を打った包括和平合意（CPA）にもとづいて、六年間の移行期間中に、現在の南スーダンには南部スーダン政府と議会が設置され、一〇の州（state）それぞれにも政府と議会が設置された。国連と国際社会は、大規模な支援を実施し、南部スーダン政府自体も、石油収入に由来する年間千数百億円規模の予算を有していた。つまり、南スーダンは、自力でも戦後復興が可能な財力をもっていたのである。

こうした支援と資金にもかかわらず、南スーダンは、失敗国家から破綻国家への道を歩むことになってしまった。

植民地であったアフリカ諸国は、一九五〇年代後半から一九六〇年代前半にかけて、そのほとんどが独立した。それから半世紀後に独立を達成した南スーダンは、後発の国として、先発の諸国家の成功と失敗から、国造りについて学ぶことができる恵まれた立場にあったはずである。しかし、南スーダンの失敗は、指導者たちが、他のアフリカ諸国の歴史から、何も学ばなかったことを示唆している。

長年にわたる武力紛争が終結した国や地域における、戦後復興、そして国家と国民の再建は、グローバルな課題である。南スーダンは、この課題に国連と国際社会、国の指導者、そして国民自身がいかに取り組むべきかを考えるうえで、格好の事例である。私たちは、南スーダンの失敗から、何を学ぶべきかを真剣に検討しなければならない。

（栗本英世）

希望を学ぶ

Part 5
Hope

1 在来知

重田眞義

遅れたアフリカ農業?

旱魃《かんばつ》、飢餓、病気、貧困など、私たちがアフリカに対して抱いている否定的なイメージのかなりの部分がアフリカの農村と農業生産に関連している。一般にアフリカの農業は、十分な食糧を生産できないほどに「遅れている」と思われているだけでなく、同様の認識は、科学者のなかでも広まっている。アフリカ大陸と農業の特徴を、不毛な土地、不安定な降雨、劣悪な品種、非効率な農具、科学技術が普及せず低い農耕技術のもとで営まれている粗放な農法などと結びつけて否定的にとらえている研究者や開発実務者は多い。

しかし、はたしてこのようなアフリカ農業に対する見方は実像を映したものだろうか?

その答えは、本書の立場として当然ノーであるが、同時にイエスと答えるべき部分もあることは認めなければいけない。ただし、そこには一面の事実が全体を代表する真実のようにとらえられてしまう誤解があるようだ。そのような誤解を解き、アフリカの地で営まれてきた在来農業と、そのなかで育まれてきた在来知に備わっている希望を見出すのが本章のひとつの目的である。そして、結論を先取りして言えば、アフリカ農業と、それを支えてきた在来知には大きな可能性と希望がある。

具体的な事例を紹介しよう。

私がケニアの西部で撮ったシコクビエ畑の写真を見てほしい。生育段階がさまざまに異なる複数の品種が混播《こんぱ》された様子を見て、何を感じるだろうか？　小さな穂で種子も小さくて、これで十分な量がとれるのかと心配になるかもしれない。植え方は雑然として、間隔もまちまちである。収穫の労働作業がめんどうそうだと考える人もあるだろう。

ケニア西部のシコクビエ畑

一見して、この写真は遅れたアフリカ農業を説明するのに適した情報をたくさん含んでいる。しかし、これに「農学的」な説明を加えて解釈してみると最初の見方は簡単に覆される。
たとえば、生育段階のばらつきには利点もある。天水農耕による地域では、不均一な降雨や日照が作物の生育や開花に大きな影響を与える。受粉の時期に大雨が降ったり、種子の発芽や乳熟期に日照りが続いたりすると収穫は見込めない。品種の数を減らして生育段階が均一になればなるほど、被害は大きくなる。
小さな種子は乾燥が容易なので結果的にカビや害虫などの被害にあうことは少なく保存性が高くなる。大粒のコムギやトウモロコシに比べて、シコクビエやテフなどの雑穀は長期間にわたって発芽能力を保っている。農家は次世代の種子に、大きくて立派な穂を手刈りして選び保存するので、優れた形質が受け継がれていく。

種子を蒔くときは、畑全体にばらまく。もちろん作物によっては一カ所ずつ穴を開けて蒔く場合もあるが、小さな種子はばらまきが労力も少なくて合理的というのはアフリカに限ったことではない。熟した穂から数回に分けて収穫することは、鳥の害を防ぐことにもつながり、労働力も分散できる。

このように彼らの営みが「科学的」に説明できたことは、アフリカ農業の合理性を示す証拠のひとつと言ってよいだろう。しかし、ここで気づくべきは、最初に雑然とした畑の写真を見てあなたが感じたかもしれない心配の根拠であろう。

高緯度温帯地域の先進国に暮らす私たちは、無意識のうちに、自分たちがなじんできた農業（たとえば日本の平野部における水田稲作）を模範として比較していたのではないだろうか。劣ったものとしてアフリカ農業の今をみてしまう私たちの考え方の基準のほうを問題にすべきであって、現在アフリカの人びとが営んでいる多様な農業実践をひとくくりにして「遅れた農業」と断じることはできない。

アフリカ農業の危機？

統計によればアフリカの人口は堅調に増加しており、農業に適した土地は有限なので、遅かれ早かれ食糧生産は追いつかなくなるといわれてきた。

ところが国連食糧農業機関（ＦＡＯ）が発表している人口一人あたりの主要穀物などの生産量をみると、一九七〇年の六〇五・七キログラムに対して、二〇〇〇年の値は六二三・五キログラムになっている。統計でみるかぎりは生産が減少しているとは言えない。図１は、一九九二年から二〇二〇年までの人

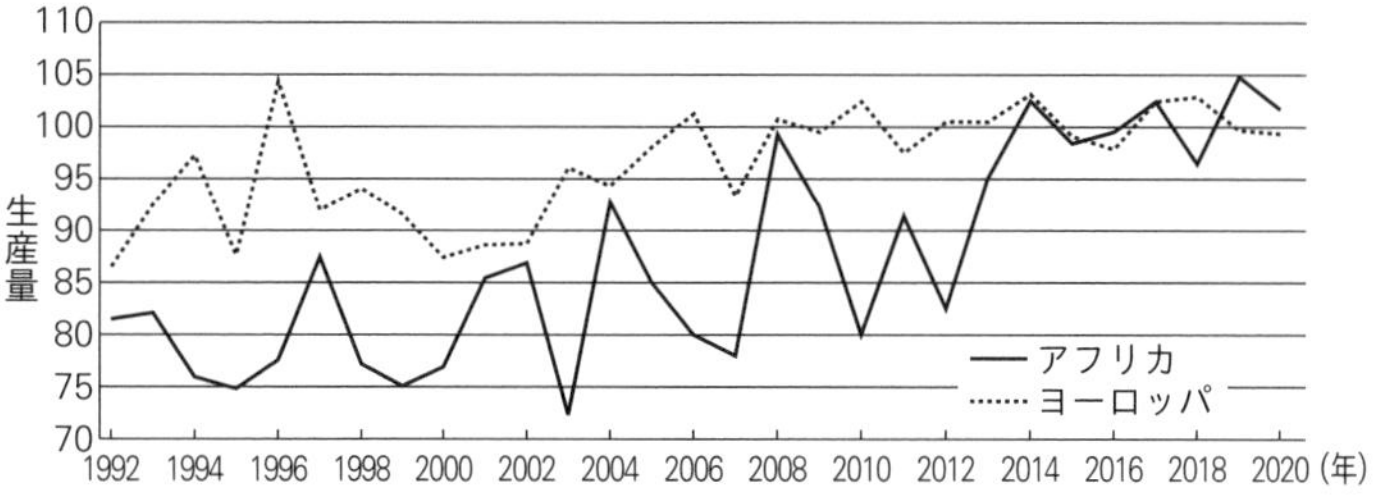

図1　人口1人あたりの食糧生産

口一人あたりの食糧生産について、二〇一四年から二〇一六年の世界全体の平均値を一〇〇としてその変化を示している［FAOSTAT 2022］。一九九二年時点のアフリカの指数は八一・四一だが、二〇二〇年には一〇一・五六となり、少なくともこの三〇年弱の期間をみるかぎりでは減少の傾向はみられない。アフリカの都市人口の割合は増加しているが、全体人口の六〜七割を占める農業人口の絶対数も増加している事実を考えれば、農業生産性は向上していると言える。

ＦＡＯの分析によれば、二〇一〇年のサハラ以南アフリカの農業成長は三・五％以上であり、現在の年間人口増加率の二％を大きく上回っている［ＦＡＯ　二〇一二］。アフリカ以上に増加しているアジアやラテンアメリカの諸国に比べ、むしろ長期的に農業生産が停滞しているのはヨーロッパ諸国である。

だからアフリカ農業に危機はない、と言いたいわけではない。人口増加と食糧不足というアフリカ農業のステレオタイプの根拠とされてきた数値が、存外かんたんに変化しているという事実が知られていないことが問題である。

もちろん、地域別に詳しくみてみると、生産が大幅に増加したのは西と北アフリカだけで、東アフリカは低迷していることがわかる。また、事実として一九七〇年代からサヘル地域には旱魃が続いており、かつてはナイジェリアの南部やエチオピアの北部において悲惨な飢餓状況があったことも歴史的な事実である。もちろんこれらの災害は、自然条件だけではなく、内戦や政治状況によって食糧や人の移動が妨げられることによって生じる「社会的飢餓」の要素が大きい人災であるという指摘がなされてきた［デブロー一九九九］。こういった事例は、アフリカには農業の「発展」を阻害するような内的要因がほかにも多く存在し、食糧生産は停滞してきた、あるいはこれからもうまくいかないという主張に根拠を与えている。

たしかに、内戦や紛争につながる不安定な政情、農業軽視の政策、旧来の土地所有システム、ジェンダー化された生産体系、未発達な農業インフラや流通インフラなど、いずれをとってみても、アフリカ農業の発展にとって好材料はなさそうにみえる［JAICAF 二〇〇三］。加えて、気候変動や都市化と人口集中、近代教育の浸透による若者の農業離れまであげれば良いところは何もなさそうである。たとえば、アフリカにおける農業開発の遅れの原因として、アジア諸国が国家予算の一〇～一五％を農業部門に投じてきたのに対して、アフリカ諸国は平均して五～六％の予算しかあててこなかったことが指摘されている［Lowder & Carisma 2011］。

このように、アフリカ農業の危機を指摘する個別の要因は枚挙にいとまがない。それゆえ、アフリカの農業を変えねばならないと考えるのは無理もないことだろう。

しかし、ここで問題化すべきは、統計の正しさや、不利な要因が事実かどうかではない。アフリカの農業が遅れたものであり、改良しなければならないという見方は植民地時代にさかのぼる。以来、アフリカ農業を近代化すべきであるという論者は、アフリカの内外を問わず主流派であった。なぜ、私たちはそう考えるようになったのか。アフリカ農業の停滞や危機が主張されてきた考え方の枠組みをとりだして検討し、それがアフリカ在来農業とその在来知の理解にどのように役立つかを繰り返し考えることが大切なのである。

在来とは

これまで私は、アフリカ農業を遅れたものとする見方を近代化論、伝統賛美論、そして科学主義の三つのドグマに分類して批判してきた［重田　一九九四、一九九八、二〇〇二］。さすがに声高にアフリカ農業近代化論を唱える人は少なくなったが、それはかたちを変えて私たちの考え方に影響を及ぼしている。

前述したケニアのシコクビエ畑の例のように、無意識のうちに私たちは効率や生産性を求める「近代」の価値観で判断し、近代―伝統の二元論にたってアフリカ農業は遅れていると考える。しかしそこで、その同じ事象を「科学的に」説明することができると、「伝統農業」は知恵がある、すばらしいと賛美してしまう。このように、近代化論と伝統賛美論は対立する考えではなく、科学主義によって結びつけられて相互に補強しあう三位一体の強固な理論的枠組みを形成している。

ポストモダンの思潮が終焉を迎えグローバリズムの席巻する時代にあって、アフリカ農業にかぎって言えば、そこに昔からずっと変わらず営まれる伝統と対立する近代というイメージが、生態学的な環境決定論とも組み合わさって根強く浸透してきた。伝統は再生し、再発見されるものであるとしても、それ以前の固定的な「伝統」があるというとらえ方からは逃れられないでいる。

アフリカ農業に「在来」という形容をつけるのは、今そこにあるアフリカ農業の実践をとらえる独自の視点をもたずにきた私たちが、伝統―近代の二元論に絡め取られないようにするという消極的な理由からだけではない。在来という形容を、優れて関係論的な用語として用いることで、支配的な価値観や主義から自由になり、アフリカで営まれている農業を相対的、文脈的に、そして正当にとらえて理解することができると考えるからである。

在来という言葉を定義しておこう。

「在来」とは、モノ（生き物を含む）、こと、ヒト、行為、思想、知識、生業、環境、制度、慣習、コミュニティなどあらゆる対象について、ある「地域」における対象相互間の関係性が「再編成」された状態を形容する言葉として用い、「在来化」は、その再編成が生じるプロセスを指す。多くの場合、在来化によって各対象は変成し、対象相互の関係性は変化する。

具体例をあげよう。

私がお世話になっているエチオピア西南部、南オモの農村でも近年、政府主導でトウモロコシの改良品種と肥料が小口金融と組み合わせて提供されるようになってきた。改良品種の種子は配布されるだけでなく、その播種や施肥の方法も普及員を通じて指導される。農業短期大学を卒業した普及員は、集まった農民の前で、メートル尺を使って畝間《うねま》を一・五メートルにするように指導する。それを見ていた農民のひとりが、この地域の基本的な長さの単位となっている肘から手の先までの長さを、畝間にあわせて測り、およそ五倍だと納得している。もちろん実際の長さは「科学的」な計測と一〇センチ程度の差があるが、栽培にさほど影響はない。これなどは、ささいな例ではあるが、外来の農業技術が瞬時に変成を遂げて在来化しているととらえることができる。

私が三六年前にはじめて南オモの高地を訪れたころは、牛耕は土地を不毛にすると言って鋤《すき》を使わない人びとが少なからずいた。しかし、現在では、同じ地域の畑地で牛耕がどこでもおこなわれるようになった。

在来農業はこれらの事例にみられるように不断の変化を遂げている。固定的な伝統農業を否定したり置き換えたりすることによってしか「近代化」が図れないという立場は「在来」という概念を用いれば無効になる。

外来のものが外部から暴力的に、しかも急速にもたらされる場合、在来のものは非常に弱い立場になってしまう。土地を囲い込み外部資本で経営されるプランテーション農業の多くは、在来知を疎外する立場をとるので、地域の農民が雇用されていても在来化を遂げることは非常にまれである。

モノや技術が、それとして本質的に悪である場合はほとんどないだろう。これまでアフリカ農業の場面で、人とモノや技術と、それらのあいだの関係性の結び方は、そしてそれにともなう価値観は、長い時間をかけて編成されてきた。外来のものが在来化する場合は、人びとがゆっくり主体的にそれを選択し受け入れ方を選ぶ、時間的、空間的なゆとりが必要であった。

問題はその関係性がねじれていた場合に生じるが、今日アフリカのある「地域」に暮らす人びとの主体性はグローバル化の進行によってますます疎外され、ねじれは大きくなっていくようにみえる。

在来農業の視点

現在アフリカで営まれている農業を、在来という視点でとらえると二つの特性が浮かび上がってくる。ひとつは、アフリカの農業は、それを支える諸要素の多様性を反映していて単調ではないという点である。アフリカの作物、生態、気候、文化、歴史、社会、そしてそれらの複合として現れる「地域」、そのいずれをとってみても一様ではないことは本書のなかで繰り返し指摘されているとおりである。

もうひとつは、農民の論理、あるいは農民の科学と言ってもよい在来の理論（在来知）の役割である。すでに一九八五年の著書『在来農業革命』のなかでリチャーズ［Richards 1985］は、「伝統農業」の改良発展のために最初にするべきこととして、農民の知恵に学ぶという態度の大切さに言及していた。

じつのところ、農民の実践に対する科学的説明とその解釈は、近代農学における研究テーマの大部分を占めてきた。極端な言い方をすれば、農学者は、農民がすでに実感しているさまざまな事象を、「科学的に」証明しているだけにすぎない。これを私は「農学（者）の後講釈《あと》」と呼んで、「在来農業科学」とも呼べるような農民のもつ在来知の優位性と意義を肯定的に評価してきた［重田　一九九四］。

そのような例を、私はエチオピア固有のエンセーテという作物にみられる品種の多様性の起源について論じたことがある［重田　一九八八］。その例では、農民の「科学」とも呼べるエンセーテの繁殖特性の把握にもとづいた栽培集団の巧妙な増殖方法と、儀礼的な野生集団の保護を通じて、結果を意図しない無意識的な行動の積み重ねが、エンセーテ品種の多様性を維持していた。そこでは農民の行動の動機や理由を、実用上の便宜や経済的合理性には求めることができず、収穫の損失に対する危険回避や保険といった適応的意義によって目的的に多様性が維持されているという論法をあてはめることができなかった。

アフリカ農業の多様性と在来知という二つの視点は深いところでつながっている。なぜならば、在来知にもとづく農民の行動は、さまざまな要素に対して選択的でも排他的でもなく、追加的傾向性をもつことが報告されてきたからである［重田　一九八八、佐藤　二〇一一］。農民と諸要素のあいだに在来という関係性が維持される結果、要素の多様性は増加する。そして在来知は、在来の定義からもわかるように、それを支える価値がつねに変化しつづけているということを前提している。

持続的な集約性

アフリカ農業を理解するためのもっとも重要なキーワードが多様性であるということに農業開発に携わる人びとの多くがようやく気がつきだした。同時に、在来知に学ぶという姿勢が当然のことになり、近年、「持続的な集約性」を多くの農業開発プロジェクトが達成目標に掲げるようになってきたことは互いに無関係ではない。

集約性について、アフリカ在来農業は、労働生産性と土地生産性の積で表される生産集積が一定であるという特質をもっている［重田 二〇〇二］。土地に余裕があれば労働投入は控え、土地が狭くなれば労働をつぎ込むという生産様式は、生産の拡大を志向しない生活様式のもとでは非常に理にかなったものである。

掛谷はアフリカ農業には、従来指摘されてきた外延的な農地の拡大によって生産を確保するエクステンシブな農業だけでなく、土地あたりの投入を増やすインテンシブ（集約的）な農業も含めた二つの傾向性があるとしたうえで、ザンビアのチテメネ農法（1-4「生業」参照）やタンザニアのマテンゴが営むピット農法（山の斜面に穴を掘りながら格子状の畝をつくり、土壌侵食を防ぐとともに肥沃度を保つ農法）を例にアフリカの在来農業における集約性の特徴を明らかにした［掛谷編 二〇〇二］。持続的な集約性の事例はすでにアフリカ在来農業のなかにあったのである。

この一〇年ほどのあいだにアフリカ大陸で実施されてきた四〇の農業開発プロジェクトの成果をまとめた「アフリカ農業の持続的集約化」というレビュー論文［Pretty et al. (eds.) 2011］は、単一ないしは少数の要素に集中して取り組んだプロジェクトに比べて、アグロフォレストリー（農林複合経営）や土壌保全、総合的害虫防除、種子、肥料、市場、技術とその普及・教育など多様な要素を取り入れた場合に、作物生産が平均二・一三倍に向上し、その結果として農民の経済的立場が改善されたと報告している。
これらの成功事例を敷衍すると、多様な選択肢があることが農業の生業基盤の安定と危険回避の方策であったことがみてとれる。

アフリカが直面してきた危機はアフリカ在来農業が内包する問題に起因するというよりは、外来の事物とその影響、そしてそれを支える思想や政策によって生じてきた。これまでの「開発」が、農民と農業実践の選択肢を減らし、その多様性の幅を狭めてきたことにこそ原因があったと言える。排除と選択を旨とする近代農業の論理が多くの農業開発の失敗を招いたのに対し、外来の要素に包摂的（inclusive）なアプローチをとる在来の論理に適合した開発手法がようやくおこなわれるようになったと考えるのは楽観的すぎるだろうか。

農業の実践的地域研究へ

ではこれからのアフリカ農業はどのような方向に希望を見出すことができるのだろうか。

伝統農業は、機械化し化学肥料と改良品種を用いて収量をあげるべきであると考えるに格好の対象であった。これに対置されるのが外部資材の投入を極力抑えて、「環境資源共生営農システム」［廣瀬 二〇〇六］とも呼べる、環境に配慮した保全的農業をめざそうという主張である。

前者はしばしば規模の拡大や単作化を志向して市場経済を相手にするのに対して、後者は食糧の安定供給と環境への配慮と持続性を重視する傾向がある。しかし両者は必ずしも相反的でなく、実際にはさまざまな程度の組み合わせがあるだろうし、両者ともに農民の生計維持が容易になることを期待していることは間違いない。アフリカの農民が不幸になることを最初から願うプロジェクトはない。とすれば、今これから求められるのは、在来農業の考え方や思想をふまえた具体的な「開発」の進め方のソフトウエアではないだろうか。

そのひとつとして、私は「実践的地域研究（engaged area studies）」という手法を提唱したい。その意味合いは、対象とする人びとのさまざまな生活実践に私たち外部者が積極的にかかわり与するということにある。研究や実践にとって中立の立場はありえないと主張することは過激すぎるかもしれないが、アフリカの人びとの営みに学ぼうとするとき、つねに、みずからの立場やかかわりが絶対的な価値ではありえないという、不断の自省的な問い直しを続けることはできる。そうすることによって私たちが抜き差しならない当事者性を意識することは実践的地域研究の前提である。誤った判断をすることもあるだろう。しかし、誤りを最小限にするための努力はつねに可能なはずである。

これまでアフリカ農業にかかわる研究者や実践者が手をこまねいていたわけではない。アフリカ農業の発展をめざして、多種類のアプローチがとられてきた。農業を地域社会のなかで包括的にとらえる総合的な農村へのアプローチは少なくない。

一九七〇年代に流行したファーミング・システムアプローチや、その後登場した開発手法の潮流を受けて取り入れられた参加型あるいは農民主導型アプローチなどは当初から、包括的な視点と、農民の論理への配慮を組み入れていた。八〇年代の生業システム（livelihood system）アプローチは、農業を食糧生産の手段としてしかみなかったこれまでのアプローチと決別して、ポリティカル・エコロジー論なども取り入れて、世帯レベルから国家あるいは地球レベルの諸要素の相関関係に配慮するようになった。最小投入持続型農業が登場したのもこのころである。そして現在、これらのアプローチの集大成として、農業が変化するメカニズムとその動因を全体論的に理解しようとする革新システム（innovation system）アプローチが主導されるようになった［Sanginga et al.（eds.）2009］。

私は、革新システムアプローチが、その普遍論的な色合いさえ別にすれば、地域の農業について関係論的な要素の連関と変成に注目する在来性の視点とぴったり重なりあうと考えている。これは掛谷ら［二〇一一］が、地域開発の鍵概念として、地域における革新の総体を「在来のポテンシャル」と名づけていることとも符合している。

在来農業を学ぶということは、実践的地域研究の枠組みのなかで、変化する総体としての農業をとらえるということにほかならないのである。

参照文献

掛谷　誠編　二〇〇二『アフリカ農耕民の世界——その在来性と変容』京都大学学術出版会。
掛谷　誠・伊谷樹一編　二〇一一『アフリカ地域研究と農村開発』京都大学学術出版会。
佐藤靖明　二〇一一『ウガンダ・バナナの民の生活世界——エスノサイエンスの視座から』松香堂書店。
重田眞義　一九八八「ヒト‐植物関係の実相——エチオピア西南部オモ系農耕民アリのエンセーテ栽培と利用」『季刊人類学』一九巻一号。
——一九九四「科学者の発見と農民の論理——アフリカ農業のとらえかた」井上忠司・祖田修・福井勝義編『文化の地平線——人類学からの挑戦』世界思想社。
——一九九八「アフリカ農業研究の視点——アフリカ在来農業科学の解釈を目指して」高村泰雄・重田眞義編『アフリカ農業の諸問題』京都大学学術出版会。
——二〇〇二「アフリカにおける持続的な集約農業の可能性——エンセーテを基盤とするエチオピア西

南部の在来農業を事例として」掛谷誠編『アフリカ農耕民の世界――その在来性と変容』京都大学学術出版会。
デブロー、S・ 一九九九『飢饉の理論』（松井範惇訳）東洋経済新報社。
廣瀬昌平 二〇〇六『国際協力成功への発想――アジア・アフリカの農村から』農林統計協会。
FAO 二〇一二「サハラ以南アフリカ――潜在力の実現」WSFS（World Summit on Food Security）課題の要約。（http://www.fao.or.jp/WSFS-kadai/WSFSissues_6.pdf 二〇一三年二月一日閲覧）
JAICAF 二〇〇三「提言 アフリカ農業・農村開発協力について――TICADⅢのために」社団法人国際農林業協力協会。
FAOSTAT 2013 'Food per capita net production index by region' 1992–2010, Average. （http://faostat3.fao.org/home/index.html#VISUALIZE 二〇一三年二月一日閲覧）
Lowder, S. K. & Carisma, B. 2011 'Financial resource flows to agriculture: A review of data on government spending, official development assistance and foreign direct investment.' ESA Working paper No. 11–19. Agricultural Development Economics Division, Food and Agriculture Organization of the United Nations.
Pretty, J., Toulmin, C., and Williams, S. (eds.) 2011 *Sustainable Intensification: Increasing Productivity in African Food and Agricultural Systems,* Earthscan.
Richards, P. 1985 *Indigenous Agricultural Revolution: Ecology and Food Production in West Africa,* Hutchinson.
Sanginga P. C., Waters-Bayer, A., Kaaria, S., Njuki, J., and Wettasinha, C. (eds.) 2009 *Innovation Africa: Enriching Farmers' Livelihoods,* Earthscan.

2 助け合い

平野（野元）美佐

生活のなかの助け合い

アフリカの大半の人びとは、当たり前の毎日を生きるためにさまざまな奮闘を強いられる。収入が限られるなかで、病気になれば病院に行き、薬を買い、子どもを学校にやりたいと願う。もちろん、日々の食べ物は欠かせない。よって十分な収入がない人びとは、自分が手にしている資源を最大限に活用しようとする。人びとがもつ重要な資源のひとつは、人のつながりであり、助け合う仲間である。人びとはそのような人間関係の維持、構築に努め、その人間関係を駆使して日々の暮らしに立ち向かう。

当たり前ではあるが、世界で助け合いがまったくない地域はない。日本でも、各地で多様な助け合いがおこなわれてきた［恩田　二〇〇六］。その一方で、国家の福祉制度や民間の保険制度（これらを間接的な助け合いとみなす場合もあるがここでは除く）の整備により、かつて村落社会でおこなわれていたような対面的な助け合いは減る傾向にある。しかし現在、経済不況、格差の増大など社会の不安が高まるにつれ、日本でもふたたび助け合いやコミュニティの再生に注目が集まっている。一〇〇年以上前に、相互扶助について論じたロシアの革命家クロポトキンは、ダーウィンの「生存競争」という考えに対し、動物にも助け合いがあり、ましてや人間は古くから助け合いをおこなうことで生き延びてきたのだと主張した［クロポトキン　二〇一二］。彼によれば、助け合いは人間の本能である。助け合いをそのようにとらえれば、経済不況や社会の困難に直面した人びとが助け合いを求めるのは当然のことと言える。

アフリカの人びとは、植民地から独立して以降も、政治の腐敗、構造調整政策による混乱、グローバル化した新自由主義経済の席巻、内戦や飢饉など、過酷な環境下での生活を強いられてきた。そのなかで、ＮＧＯや国際機関、政府の援助を受けることができた人はごく一部である。国家が人びとの生活保障をほとんどおこなってこなかったアフリカの多くの地域では、都市であれ農村であれ、人びとはつねに助け合いを生活の基盤とし、数々の困難をくぐり抜けてきた。二〇〇四年に国民健康保険計画が導入され、保険制度が庶民にも普及しはじめているガーナのような国もあるが、保険が導入されても対面的な相互扶助は減らず、むしろそれにともない新たな助け合いが活性化しているという［浜田　二〇一〇］。このガーナの事例からも、アフリカにおける助け合いの根強さが垣間見える。保険制度もなく、国家の保障をあてにできない他の多くの国々では、人びとは直接的で対面的な助け合いを暮らしの支えにしてきたのである。

助け合いといえば、村落共同体がまず思い浮かぶ。アフリカの農村では、農繁期に世帯間などで畑を交代で手伝う「労働交換」が広くおこなわれてきた。手伝ってもらった側は、現金ではなく酒や食べ物を振る舞い、自分もまた仲間の畑を手伝う。現在、賃労働がとって代わった地域も多いとはいえ、このような互酬的な助け合いが農村には深く根づいてきた。

一方、所与の共同体がなく、多様な背景をもつ人びとが集まる都市においても、人びとは活発に助け合いをおこなってきた。アフリカの都市人類学では、故郷から離れて暮らす都市移住民が、いかに相互扶助的な関係を形成しているかに注目し、そのネットワークや自発的結社（ボランタリー・アソシエーション）について、一九六〇年前後から現在まで数多くの研究がなされてきた［宮治　一九七六、Tostensen et al. (eds.) 2001 など］。本章では、アフリカの都市で暮らす人たちがどのように関係を結び、助け合っているのか、現在のありようとその役割を考えてみたい。

自然発生的な助け合い

アフリカの都市生活は、都市化が匿名化、個人主義化に向かうとされる先進国とは異なり、多くの対面的な助け合いに取り巻かれている。まず、南アフリカ、ケープタウンのスクウォッター・キャンプ（不法占拠者集落）の日常生活をみてみよう［池谷　二〇〇一］。このキャンプでは、全国各地から集まった、故郷も民族も異なる人びとが、電気も水もない粗末な掘立小屋にひしめくように暮らしている。近隣住民はその出身にかかわらず、スコップや洗濯用バケツ、アイロンなど日用品の貸し借りを頻繁におこない、近所の市営住宅の知人から一緒に水をもらう仲間をつくり、その人に共同でお礼をしたりする。テレビのある家には近所の人たちが集まり、葬礼の寄付集めなどもおこなっている。彼らは「悲惨な暮らし」とみられがちな状況下で、近隣の人間関係を楽しみながら、日常的に助け合っていたのである。

このような近隣住民の助け合いは、他の都市でも広くみられる。筆者が暮らしたカメルーンの首都ヤウンデの庶民地区でも、人びとは、民族、宗教に関係なく、無数のささやかな助け合いをおこなっていた。水道のない家は水道のある家から水をもらい（あるいは安く買い）、テレビのない家はテレビのある家でサッカーの試合を見せてもらう。現在は携帯電話が普及しているが、少し前までは、近所の家の電話番号を人に教え、何時にかかってくるからとその家に上がり込んで待つことがふつうであった。隣の家に鍵を預けたり、少しのあいだ子どもを見てもらったりする。近隣に暮らしていることが互いの信頼となり、助け合う仲間となるのである。

都市の仕事の現場はどうであろうか。タンザニアのマチンガと呼ばれる零細商人の事例をみてみよう［小川　二〇一一］。タンザニア第二の都市ムワンザの古着商人たちは、中間卸売商や小売商として、日々仕入れの駆け引きを繰り広げている。しかし、自分の商売に有利な条件さえ引き出せればよいとは考えず、互いに相手の経営・生活状況を推し測りながら交渉をする。また、ライバルである小売商どうしが、ときに協力して客に対峙し、販売することもよくみられる。このような状況判断と機知はウジャンジャと呼ばれ、マチンガに必要な狡知である（3－1「ポピュラーアート」参照）。このように、マチンガの商売戦略であるにせよ、また一時的で不安定なものであるにせよ、熾烈な競争が繰り広げられる商世界においても共同性が立ち上がり、「助け合い」がおこなわれていることは注目される。それは、商売上だけでなく、共に「都市を生きぬくための」助け合いでもある。

ここにあげたような、いわば自然発生的な行為は、助け合いとして人びとに意識されている場合もあれば、意識されていない場合もあるだろう。庶民の暮らしでは、このような振る舞いは当たり前のことだからである。しかしこれとは別に、アフリカ都市には人びとが意識しておこなう組織化された助け合いも多くみられる。

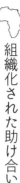

組織化された助け合い

ケニアの首都ナイロビの、組織化された助け合いの例をみてみよう［松田　一九九六、一九九九、二〇〇九]。二十世紀初頭からナイロビで出稼ぎをしてきた西ケニア出身のマラゴリの人びとは、慣習的互助活動を近代的組織に作り替え、助け合ってきた。葬式講、小屋の新築、遺体の村への移送などの活動は、人びとの都市生活の必要から生まれ、助け合いの組織（結社）を通じて実現されてきた。彼らは、都市生活にはつきものの政治的経済的変化の波にもまれるなかで、組織のメンバーシップをクラン、民族、村単位などさまざまに取り替えながら、そして活動内容を変化させながら助け合いを維持してきたのである。重要なのは、それがただの生活の方便に終わらず、たとえば死者祈念儀礼の発明のように、「過酷な都市社会における文化的生活を人びとに保障してきた」[松田　一九九九：八三] ことである。つまりマラゴリの人びとは助け合いをとおして、新しい都市文化をも生み出してきたのである。

マラゴリの事例にみられるように、死にまつわる事柄は、アフリカ都市に生きる人びとにとって大きな関心事である。エチオピアの首都アジスアベバでは、出自や宗教を超えて、近隣住民による葬式講が広く組織されている。ひとりで複数の葬式講に参加する人も珍しくないという [西　二〇〇九]。会員は会費を積み立て、会員やその家族の死に際し、共同で葬儀を準備し、埋葬し、喪に服する。この活動の裏には、都市において、「死体をゴミのように棄ててはならない」[西　二〇〇九：二三六] という人びとの思いがある。よって会員たちは、多くの制約のなかで葛藤しつつ、会費を払っていない居候や「一時的な滞在者」をも葬ることになる。会員というメンバーシップがありながらも、人びとは目の前の「他者」の死について揺れ動くのである。エチオピア政府はかつて、葬式講を「反政府活動の温床」とみなしていた時期もあったが、現在はその普及に目をつけ、社会開発のネットワークとして利用し、葬式講のメンバーにマイクロクレジット（主に貧困層を対象とする少額融資制度）を導入する例もあるという。

マイクロクレジットは、ムハマド・ユヌス氏が創設したグラミン銀行によるものがよく知られているが、互助グループをつくって返済するという助け合いの要素が含まれている。アフリカにも一九九〇年代以降、各国政府やＮＧＯによって導入が進んでいる。

しかしアフリカにはマイクロクレジット導入前から、地域によっては貨幣経済が浸透する以前から、土着の「金融」があった。それが日本でも古くからみられる「頼母子講《たのもしこう》」である（ほかにも、無尽《むじん》、講、沖縄では模合《もあい》などと呼ばれる）。沖縄を除く日本の多くの地域では、経済成長や銀行の普及などによって廃れたり、銀行に姿を変えたりしたが、アフリカをはじめ世界の多くの地域では、今も活発におこなわれている［たとえば Ardener & Burman (eds.) 1995］。

頼母子講はマイクロクレジットとは違い、融資する銀行のような中心的組織はなく、メンバーどうしが自分たちのカネで貸し借りをおこなう。一般的なやり方は、仲間を募って定期的に集まり（週に一度、月に一度など）、毎回全員が決められた金額を持ち寄り、その合計すべてを一人（か数人）に渡すというものである。これをメンバー全員が受け取るまで繰り返し、一サイクルが終了する。金銭の流れだけをみれば貸し借りであるが、多くの場合、参加者は「助け合い」と考えている［野元 二〇〇五］。そのしくみ上、いったん頼母子講に参加すれば、一サイクルが終了するまでは支払いを続ける義務が生じる。逆に言えばこの義務により、苦しい生活ながらもまとまった金額を手にすることができ、それを元手に起業したり、商品を買いつけたりすることも可能になる。この意味で、頼母子講はマイクロクレジットの元祖ともいえる。

頼母子講はもちろん、経済的な意味しかもたないのではない。たとえば、セネガルの首都ダカールに暮らす女性たちは、近隣の人びとや同業者と、フランス語で「トンチン」と呼ばれる頼母子講を組織している。しかしそれは貯金や貸付のためだけでなく、助け合う仲間を再確認する意味もある。つまり彼女たちは頼母子講を通じて、「日常的に、とくに意識することなくおこなわれている相互扶助を組織として目に見えるものにする」［小川 一九九六：四一四］のである。都市の人間関係はともすれば流動的であるが、頼母子講はそのネットワークをある程度固定化することができるのである。

頼母子講の世界

カメルーンにおいて、活発に頼母子講（トンチン）をおこなっているのは、バミレケの人びとである。彼らの頼母子講は植民地化以前から存在し［Warnier 1985; Ardener 1964; 野元 二〇〇五］、バミレケ都市住民は、故郷の頼母子講を移住先の都市に持ち込んだとされている。頼母子講を利用して資金を貯め、経済的な成功を収めた者も多い。

バミレケは、カメルーン全国、とくに都市部やプランテーション地域に移住し、商売などで身を立てる者が多かった。なかには、零細事業から一代で大企業家になった者もいる。このようなたたき上げの企業家に話を聞くと、バミレケの「伝統」である頼母子講を活用しなかった例はほとんどなく、「頼母子講がなければ、今の成功はなかった」と口をそろえる。

首都ヤウンデに出て成功した二人の企業家をみてみよう。Aさんは、パン屋の売り子としてキャリアをスタートし、タクシー運転手、パン工場の経営などを経て、現在はホテルを複数経営する企業グループのトップである。彼はキャリアのなかで、頼母子講だけでなく銀行融資を受けた経験もあるが、もっとも重要な事業であるホテルを建設する際には、銀行に融資を断られ、頼母子講一本で資金をやりくりし、無事ホテルを完成させた。一方、建築資材を輸入し、一等地に店をもち販売するBさんは、銀行から融資を受けた経験はない。少ない稼ぎだった配管工時代から少額で始めた頼母子講だけで、少しずつ事業を拡大してきた。AさんもBさんも、事業が軌道に乗っている今も、頼母子講をおこなっており、事業の維持・拡大に役立てている。

頼母子講をおこなっている人は成功者ばかりではない。AさんもBさんも貧しい時代から頼母子講を利用していたように、むしろ貧しい人たちの生活安定・向上の手段という面がある。収入がまったくない人はともかく、バミレケの多くは、少額でもある程度の稼ぎがあれば、頼母子講に参加しようと考える。たとえばCさんは、市場の売り子として調味料を販売している。夫は失業中で自分の稼ぎも少ないが、毎週、頼母子講に参加している。頼母子講をしていれば強制的に貯金ができ、ときおり、まとまった金額が入る。それを商売の足しにしたり、子どもの学費にあてたりする。

このように、バミレケは貧困層から富裕層までそれぞれの階層で頼母子講を組織している。この多様な階層が一堂に集まり頼母子講がおこなわれる場もある。それが、同郷の人びとが組織する同郷会である。バミレケの故郷バミレケ・ランドは一〇〇以上の村（首長を頂点とする首長制社会）に分かれている。それぞれの村の出身者たちが、ヤウンデにおいて、同じ村出身者どうしで同郷会をつくっている。活動の目的は助け合いであり、具体的な活動としては、自分の都合にあわせて貯金しクリスマスや新学期などに満期になる「バンク」、メンバーやその家族の死亡に備える「保険」、メンバーの葬礼にダンスグループとして踊ったり、メンバーが食べる料理を持ち寄る「葬礼参加」、そして頼母子講である。同郷会の頼母子講は、経済状況にあわせて全員が参加できるよう、高額のものから低額のものまで複数の金額を設定している。

このようなバミレケの同郷会の活動は、コロナ禍でどのように継続されたのだろうか。新型コロナウイルス感染症が広がりはじめた二〇二〇年三月、カメルーン政府は五〇人以上の集まりを禁じた。一〇〇人以上が集まることも珍しくないバミレケの同郷会の多くは、その期間、集会のかたちをとらず、めいめいが集会所にカネを持ち寄って頼母子講を継続した。その他の活動は中断された。その後、カメルーンでは厳しい感染症対策が長期にわたってとられることはなかったため、同郷会の活動は比較的早期に正常化した。

一方、ケニアの人びとがコロナ禍で苦しんだのは、感染症そのものより、外出禁止令をはじめとする強権的な感染症対策やそれにともなう警察のハラスメントであった［松田 二〇二二］。外に出たりマスクを着用していないなどの理由で、人びとは警察から暴力を受けたり、賄賂を要求されたりすることとなった。日銭を稼ぐ人びとは、外に出なければ一銭も得られない。厳しい状況下で収入が減り、「絶対的生存困難」［松田 二〇二二：三］に陥った西ケニアの村人は、その困難を乗り越えるため、互助講を柔軟に変化させた。対面の集会ができない状況で、互助講の活動は、携帯電話のショートメッセージや送金サービスを駆使して継続された。また、月々の支払いが困難になったメンバーに対し、従来のように除名せず、ツケとして緊急避難的に帳簿上で貸し出しメンバーシップを維持させた［松田 二〇二二：一七―二〇］。もともと余裕のない暮らしにコロナ禍が追い打ちをかけたわけだが、人びとはギリギリの工夫をし、助け合いを続けていたのである。

助け合いの「失敗」と希望

アフリカの多くの国はすでに独立五〇周年を迎えているが、独立以来、人びとの生活が右肩上がりに良くなったとは言いがたい。コロナ禍以前より貧富の差は拡大しつづけており、大多数の貧困層は以前より厳しい状況におかれている［Sparks 2011 など］。また経済の好調さゆえ外国資本が多く流入し、都市開発の名目でスラム（と呼ばれる一般庶民地区）や古い市場が解体され、人びとの貴重な収入源となってきた零細事業へのハラスメントがますます執拗になるなど、庶民の生活に打撃を与えている。このような状況下、従来のような助け合いを続けることが難しくなっているともいわれる。

さらに、助け合いの世界はいつも清く正しい、というわけではない。むしろ逆に、本章であげた助け合いの事例の裏には、無数の「失敗」があふれている。家に親切で泊めてやった友人が家財道具を持ち逃げし、頼みに応えて商品を多く貸し付けてやった商人がそれきり戻ってこず、葬式講の出納係が積立金を使い込み、信頼していた仲間が頼母子講のカネをもらってゆくえをくらます。このような、裏切られた（あるいは裏切った）苦い物語をいくつも抱えている人はけっして珍しくない。

つまり、人びとは、生活に余裕があるから、あるいは必ず報われるから人を助けてきたのではない。余裕がなくても身を削るようにして人を支え、たとえ裏切られてもまた人を支えてきたのである。その意味で、アフリカの人びとがおこなう助け合いには、それを支える一人ひとりの信念、決断、そして希望が込められている。さらに、人びとは「貧しいから助け合う」というだけではなく、より良いかたちを求めて試行錯誤を繰り返し、周りの環境の変化に合わせて助け合いの方法を変化させ、継続してきた。

アフリカの活発な助け合いは、アフリカの貧困層に対する世界の支援の不十分さや不適切さを訴えているのかもしれない。しかし、つねに人との競争を強いられ、何かあれば「自己責任」と言われる今の日本を生きる私たちは、アフリカから、人と人とが支えあう互恵的な生き方を学べるのではないだろうか。

参照文献

池谷和信　二〇〇一「ポストアパルトヘイト時代における都市のコーサ社会」嶋田義仁・松田素二・和崎春日編『アフリカの都市的世界』世界思想社。

小川さやか　二〇一一『都市を生きぬくための狡知――タンザニアの零細商人マチンガの民族誌』世界思想社。

小川　了　一九九六「農村から都市に出てきた女性たちはいかにして生活を防衛するか――セネガルの首都ダカールの場合」和田正平編『アフリカ女性の民族誌――伝統と近代化のはざまで』明石書店。

恩田守雄　二〇〇六『互助社会論――ユイ、モヤイ、テツダイの民俗社会学』世界思想社。

クロポトキン、P.　二〇一二『増補修訂版　相互扶助論』（大杉栄訳）同時代社。

西　真如　二〇〇九『現代アフリカの公共性――エチオピア社会にみるコミュニティ・開発・政治実践』昭和堂。

野元美佐　二〇〇五『アフリカ都市の民族誌――カメルーンの「商人」バミレケのカネと故郷』明石書店。

浜田明範　二〇一〇「医療費の支払いにおける相互扶助――ガーナ南部における健康保険の受容をめぐって」『文化人類学』七五巻三号。

松田素二　一九九六『都市を飼い慣らす――アフリカの都市人類学』河出書房新社。

――　一九九九『抵抗する都市――ナイロビ移民の世界から』岩波書店。

――　二〇〇九『日常人類学宣言！――生活世界の深層へ／から』世界思想社。

――　二〇二二「西ケニアの村人にとってコロナ禍とは何か――共同・互助にみるアフリカ潜在力の可能性」落合雄彦編『アフリカ潜在力のカレイドスコープ』晃洋書房。

宮治美江子　一九七六「アフリカの都市化における voluntary associations の役割」林武編『発展途上国の都市化』アジア経済研究所。

Ardener, S. 1964 'The Comparative Study of Rotating Credit Associations,' *The Journal of the Royal Anthropological Institute of Great Britain and Ireland*, 94(2).

Ardener, S. and Burman, S., (eds.) 1995 *Money-Go-Rounds: The Importance of Rotating Savings and Credit Associations for Women*, Berg.

Sparks, D. L. 2011 'Economic Trends in Africa South of the Sahara,' In I. Frame (ed.), *Africa South of the Sahara 2012*, 41st ed., Routledge.

Tostensen, A., Tvedten, I., and Vaa, M. (eds.) 2001 *Associational Life in African Cities: Popular Responses to the Urban Crisis*, Nordiska Afrikainstitutet.
Warnier, J.-P. 1985 *Echanges, développement et hiérarchies dans le Bamenda pré-colonial (Cameroun)*, F. Steiner.

3 和解と共生

阿部利洋

「アフリカの紛争解決を学ぶ」は矛盾？

アフリカから紛争解決を学ぶ、という表現は矛盾しているだろうか。アフリカには紛争地がたくさんあり、シエラレオネの紛争をとりあげた『ブラッド・ダイヤモンド』（二〇〇六年）やジェノサイド時のルワンダを舞台とする『ホテル・ルワンダ』（二〇〇四年）を映画で観た、という人もいるだろう。実際、一九九〇年代以降、チャド・コンゴ・リベリア・中央アフリカ・スーダン・ルワンダ・ソマリア・シエラレオネなど、アフリカ大陸の各地で武力紛争が生じている。こうした情報からは、「アフリカでどういう紛争があったか学ぶ」ことはできても、「アフリカの紛争解決を学ぶ」という発想は湧いてこないに違いない。

けれども、紛争解決分野、それも個人間のものではなく、社会・国レベルの武力紛争に関する紛争解決分野では、アフリカで実施されたプロジェクトは、理論・実務の両面において最先端の知見を提供している。どのように紛争を収束させ、紛争時の被害や対立関係を扱い、将来の再発予防をはかるか。こうした課題に対する新しい試みは、アフリカ大陸のいくつかの社会ですでに共有され、またアジアやラテンアメリカの諸国にも伝播している。本章では、そうした知見を生んだアフリカにおける取り組みの代表例として、南アフリカの真実和解委員会（Truth and Reconciliation Commission：ＴＲＣ）と、ルワンダのガチャチャ（Gacaca）をとりあげる。

現代の紛争と移行期正義

さて、現代のアフリカで急増した紛争はどういう特徴をもっていたのだろうか。これについては、アフリカもまたグローバルな時代の潮流から孤立しているわけではなく、冷戦後の世界に頻発した武力紛争の特徴を共有している。それらは、⑴被害者の数が膨大である、⑵（前出の⑴とも関連するが）一般市民（非戦闘員）の被害が多い、⑶勝者（側）と敗者（側）が比較的明確でないまま紛争が収束する傾向がある、⑷（⑶の帰結として）紛争後の社会で被害者と加害者が共存しなければならない、といった点として指摘されている。

こうした特徴をもつ紛争は、紛争終結後にさまざまな難題を突きつける。「戦争が終わったから、通常の社会生活を再開しよう」という段階へはスムーズに移行しないのである。たとえば、法曹の多くが犠牲になり、多くの国民が司法の中立性を信用していない社会で、どのように法規範を回復するか。敵対者間の相互信頼をどのように再構築できるか。膨大な被害をどのように扱うか。紛争の事実・記憶を、公にどのように記録したらよいか。誰がどのように責任をとるべきなのか。そもそもどのような責任をとれるのか。さらに、こうした課題を、少ない政府予算と見通しが確実でない国際援助を頼りに、どのような政策に反映することができるのか。こうした難題に対応する政策の選択肢や、それらをめぐる議論を総称して、「移行期正義（Transitional Justice：ＴＪ）」という分野が形成されてきた。

ＴＪという用語やカテゴリーが一般化してきたのは比較的新しく、たとえば、この分野の先駆的テクストとしてよく引用されるルティ・Ｇ・テイテル著『移行期正義』（Ruti G. Teitel, *Transitional Justice*）の刊行が二〇〇〇年、学術誌『移行期正義研究』（*International Journal of Transitional Justice*）の創刊が二〇〇六年である。国際的な武力紛争とその予防・解決をめぐる関連概念としては、平和構築や人間の安全保障があげられるだろう。ＴＪの政策および研究対象には、国際法廷、被害者補償、集合的記憶の保存、和解、トラウマ対応、説明責任、紛争時に形成された経済格差や不正の是正、ＴＪプロジェクトが国内政治に利用されるリスク、ローカル・ニーズ／ローカル・オーナーシップといった論点がある。こうした論点のうち、とりわけ和解と説明責任の追求やローカル・オーナーシップを反映した政策のパイオニアとなり、それと同時に、ＴＪ分野におけるそうした概念・政策の進展に直接的なフィードバックを与えてきたのが、南アフリカのＴＲＣであり、ルワンダのガチャチャだったわけである。

この二つは、紛争処理をおこなうに際して、国際法と国際法廷の知識と経験を豊富に有する（主として欧米人）専門家が、現地の容疑者を裁くスタイルとは大きく異なるものである。圧倒的な権威と正当性を押し出すそうした専門家が決定を下す垂直的な構図に対して、ＴＲＣやガチャチャの紛争処理方式にうかがえるのは、対話、参加、ローカル・オーナーシップといった水平的な関係を想起させるキーワードである。では、ＴＲＣとガチャチャは実際に何をしたのだろうか。以下に、ＴＲＣとガチャチャの概要と活動の具体的なエピソード、そしてこれまで指摘されてきた問題点などを、順にみていくことにしよう。

南アフリカのＴＲＣ

南アフリカの紛争は、アパルトヘイトという人種隔離制度をめぐるものであった。使用できる施設や居住可能な場所、就《つ》いてよい職業、果ては恋愛・結婚してよい相手まで人種別に区分され、その境界線をまたぐ者には容赦なく「法的な」処罰が下された。社会資源のほとんどを独占し、選挙権を有する白人と、それ以外の人種に属する人びとの対立は、一九九〇年代前半には年二万人以上の死者を出す混乱状況に至っていた。一般的には人種差別で悪名高い当時の南アフリカ社会は、政治暴力による犠牲者数をみるかぎり、内戦と評しうるような事態におかれていたのである。

一九九四年にカリスマ的な政治家であるネルソン・マンデラが初の黒人大統領に就任したとき、はたしてどのような手法によって、過去の憎悪と対立、そして膨大な犠牲を扱うことになるのか、国際的な注目も集まった。アパルトヘイトをめぐる対立は、短く見積もっても数十年のスパンで説明される。もし裁判をおこなうとすれば、被告の数も膨大なものとなるだろう。体制転換後の政府に、そのような裁判をおこなう余地があるのだろうか？

新生南ア政府が採用したのは、真実と和解を掲げる斬新な手法であった。加害者は、みずからの加害行為をすべて自白し、その内容に政治的な理由があったと認められれば、特赦（amnesty）が与えられる。被害者は、ＴＲＣの定める紛争期間（一九六〇〜一九九四年）と人権侵害カテゴリーに該当する出来事であれば、誰でも証言でき、ＴＲＣはそれを記録文書として保存する（二万二〇〇〇人から二万八〇〇〇件の証言を受理した）。全国各地で公聴会を開催し、ＴＲＣによって選ばれた証言者は、公の場で過去の記憶を聴衆と共有する（公聴会は一九九六年から二〇〇〇年までの五年間で約三八〇回開催された）。紛争の公式

元公安刑事・ベンジーンと拷問を受けた元活動家・イエンゲーニの対面
(Zenzile Khoisan, 2001, *Jakaranda Time*, Garib Communications)

記録とも言える委員会活動報告書を公開する（その分量は、七巻組四五〇〇ページに及んだ）。

これらの活動内容を裁判と比較すれば、次のようになる。法律の専門家が審理・判定をする裁判に対し、ＴＲＣは法律家に加えて宗教者や大学教授、社会福祉専門家なども委員に任命された。限られた被告の有責性を判定する裁判に対し、ＴＲＣは広範な情報収集を優先させ、人びとに相互理解を求める。そして、検察側と弁護側の敵対的な弁論から特徴づけられる法廷審理に、ＴＲＣの掲げるような和解の理念が与えられる居場所はないだろう。

ＴＲＣがその理念を推進するための、主たる方法論としたのが証言の共有である。前述のように全国各地で開催された公聴会は、日々、メディアでとりあげられ、開催地域以外の人びとも日常的に接することのできる情報源となった。そのなかでも象徴的な証言とされ、繰り返し報じられた光景に、次のようなものがあった。

かつて反アパルトヘイト活動家の拷問を指揮していた刑事・ベンジーンの証言である。この証言が正当なものだと認定されれば、特赦がおりるのだ。刑事と弁護士は、入念に練ってきたであろう陳述を開始する……。しかし、会場には彼に拷問を受けた元活動家・イエンゲーニがいた。彼は、刑事に直接質問したいと申し出る。さらに、当時の拷問手法をその場で再現するという被害者が現れた。

「〔水に浸した布袋を頭にかぶせ、窒息させる拷問を〕いろんな人に繰り返しやった。拷問される人間の叫び声やうめき声を聞きながら、その人間を死ぬ寸前まで追い込むんです。いったいあなたはどういう種類の人間なんですか？　そんなことができるのはどんな人間なんですか？　ベンジーンさん、どういう種類の人間がそういうことをできるんです？」

ベンジーンの両目が潤んでいる。

「イエンゲーニさん、そう聞いてきた人はほかにもいます。私もまた自分に問いかけてきました。そのことを、こういう場で、大勢の見知らぬ人たちの前で、口にするのは容易なことではありません。精神科医のところにも行きましたよ。私がどんな種類の人間なのか評価してもらうために」

ベンジーンの顔は紅くなり、苦しそうだ。けれども、彼はその反対尋問に屈するつもりはない。この場のやりとりで特赦の可否が決定されるのだ。

「私もまた、あなた方に正直な答えを求めます。拷問したのは、あくまであなたが自白する前でしたね？　私は正しいですね？　答えてくれませんか？」

ここにみられる対話は、必ずしも融和的なものではなく、部外者が安易に期待するような和解の現実とはかけ離れている。しかし、長年続いた紛争対立のなかで、敵対者側がそれぞれどのような信念をもっており、これまで語られることのなかった思いが何か、互いにすれ違う記憶の接点が何か、公の場でわずかに表明される。こうした機会が紛争後の社会で数年のあいだ、日々の社会生活を構成する要素となっていたことの意味は、政治的指導者を裁く法廷とは異なる視点から理解しなければならないのである。

ルワンダのガチャチャ

ローカル住民の参加を紛争処理の制度に取り込むという点では、ルワンダで実施されたガチャチャはより徹底している。一九九四年に七〇〇万の人口のうち八〇万人が犠牲になったといわれるジェノサイドを、一般人から判事を選出し、原則として全住民参加のローカル法廷を設けることで対処した。その方式は、被告一人に膨大な資金と多数の専門家をあてがい、数年から一〇年にわたる準備・審理を継続する国際法廷とは対極にある。以下、主に佐々木和之［二〇一六］と武内進一［二〇〇二、二〇〇五、二〇〇八］の研究に依拠し、ガチャチャの活動を紹介する。

ガチャチャとは、ルワンダ語で芝生、あるいは「芝生に座って話し合うこと」を意味し、つまり村レベルでの紛争処理を指す。従来は、小規模な民事事件（物を盗った、壊したなど）にのみ適用されていたローカル・ジャスティスの形式が、ルワンダ史上例のない異常事態が生じたあと、社会・国レベルの紛争処理制度として、はじめて適用されたのである。

ガチャチャ法廷の大きな特徴は、ふだんは農民や教師など、司法とは無関係の仕事をしている一般市民が各地域における判事や議事進行の事務方となり、当該地域の住民は週一回開かれるガチャチャへの参加が義務づけられた、ということである。紛争後のＴＪプロジェクトにおいて、ローカル・オーナーシップの考え方を、制度的にこれほどまでに体現した取り組みはほかにない。

日本の裁判所組織に地方裁判所・高等裁判所・最高裁判所などの区分があるように、ガチャチャも、罪状に応じて審理される段階が分けられた。ルワンダの行政組織は、小さい順にセル（人口規模一〇〇〇人程度）、セクター（同一万人）、郡（同数万人）、県（同数十万人）となっており、そのそれぞれで、罪状の軽い順にガチャチャによる裁きがおこなわれた。全国で設置されたガチャチャの広がりは、セル・ガチャチャが九〇一二三、セクターおよび控訴審ガチャチャが一五四五という規模であった。ルワンダ政府はガチャチャによる虐殺関連事件の審理数を一九五万八六三四件と公表している。

たとえば、ルハンゴでおこなわれたガチャチャの様子は次のように報告された（Jeb Sharp, 'Rwanda's gacaca courts', The World (14 February 2007) https://theworld.org/stories/2007-02-14/part-ii-rwandas-gacaca-courts、写真も参照。二〇二二年七月三〇日閲覧）。七人の判事と、ユーカリの木陰に集まった住民の前に、被告の男が立っている。一九九四年当時一九歳の民兵だったムニャカヤンザ（フツ人）は、ガチャチャで自白し懲役六年が宣告されたが、すでに六年服役しており、追加で二年の公益労働刑を命じられた。ジェノサイドを生き延びた一人が、その刑は軽すぎるとして上訴した。ジェノサイド当時一九歳の民兵だった彼は、通行人の民族的帰属を調べる路上検問グループの一員だった。ある日、「隊長」と呼ばれていたツチの男が通りかかり、ムニャカヤンザたちは男を捕らえ、別の兵士に引き渡した。「隊長」はそのまま車で連れ去られ、殺害された。住民たちはムニャカヤンザが拷問に加わったのかどうか、問いただした。

ルハンゴでおこなわれたガチャチャの様子

「自分は隊長の殺害を計画していない。権限がないので、命令されたら「行かない」とは言えなかった。当時の状況で命令に逆らえないのは皆知っているはずだ。殺害も暴行もしていない」。しかし、目撃者の一人は、「彼はその車に同乗して行った」と言う。被告を擁護する者が出てきて、「彼が権限をもっていなかったのはわかる。彼は自分の行為を認めて自白し、赦しを求めたじゃないか」と言った。判事たちはしばらく合議したが、まだ十分に審理できていない、として判決を引き延ばした。ちょうど雨が降り出して人びとは解散し、村の少年たちは急いで判事のベンチを片づけにかかった。

このような取り組みが制度化された理由としては、和解と共生をうながす、という理念が語られる一方で、むしろ、紛争後社会に特有の制約によるところも大きいと指摘されている。ジェノサイド後のルワンダ政府は、加害行為におよんだとされる容疑者を刑務所に拘置していたが、その数は一二万人にのぼり、一万二〇〇〇人の収容定員を大幅に超過していた。また、内戦によって法曹の多くが死亡もしくは国外逃亡しており、容疑者の数に対応する通常の法廷を維持することができなかった。こうした制約を反映するかたちで、自白による刑期の短縮が明文化されたのである。たとえば、殺人者には懲役二五年以上の罪が科されるが、ガチャチャでの自白・謝罪を条件として一二〜一九年に減刑され、刑期の半分が公益労働刑に振り替えられたうえで、拘禁刑の最大三分の一が執行猶予期間とされた。内戦終了後に十数年収監された者は、その期間もカウントされるので、ガチャチャの判決が有罪であっても、その時点で刑期が終了した、とみなされるケースも生じた。また、公益労働は出身地域での近接型公益労働と政府が設置した宿営地におけるキャンプ型公益労働が設定された。後者は実質的に、政府が自由に使える無償労働の供給源になっていた、とする分析もある［佐々木　二〇一六］。最近では、公平性や証人保護、さらに当初の目標であった和解に関する問題点もいろいろと指摘されており、必ずしもガチャチャが「対話を通じた和解と共同体の修復を実現した取り組みであった」と位置づけられるわけではない［片山　二〇一九、佐々木　二〇一六、武内　二〇〇八］。それでも、「被害者と加害者が膨大で、専門家がおらず、国家予算もない」状態で、どのような正義が可能なのか考えるとき、ガチャチャチャの取り組みから学ぶべきことは多い。

対話とローカル参加を制度化する

南アフリカのＴＲＣとルワンダのガチャチャは、大規模な紛争と膨大な犠牲に対して、証言・対話とローカル参加を重視するやり方で対処した。これは、「犯罪は法で裁かれねばならない」と考える者にとっては驚きであると同時に、先に述べた現代の紛争形態から不可避的に導かれるものでもあった。社会・国レベルで武力紛争が生じたあとに、当該社会のなかに超越した権威をもつ中立者を見つけるのは難しく、しかも、その権威に対する人びとの信頼と関心を期待するのはさらに困難である。そうした状況のなかで、全国各地に証言や対話の場を設けることは、個々の被害と社会的・歴史的な意味づけを結びつける政策的可能性をもたらしたのである。

他方で、「こうした取り組みがアフリカで発展してきたのはなぜか」という問いかけもある。前述のような否定的条件のなかで、それを逆手にとるようなブレイクスルーが編み出されたのだ、と考えることは可能である。個人的には、南アフリカの元活動家が「解放運動を何十年も経験してきた自分たちにとって、交渉することは文化なんだ」と話してくれたことを思い出す。あるいは、現代的な儀礼という見方ができるかもしれない。アフリカの儀礼文化に、こうした取り組みの地下水脈を探るのである。この場合、対話とローカル参加が何をもたらすのか、という点が重要である。儀礼は一般的に、それをおこなう「社会の境界線を確認し、あるいはつくりだす」効果をもつが、そのことを言い換えれば「社会

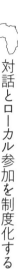

の自己認識に寄与する」性格ももつということである。対話とローカル参加のメカニズムを洗練させるということは、「自分たちのどこに、どのような問題があって、それがなぜこうしたかたちで現れたのか」を共に考え、共に記憶するということなのだ。儀礼的な紛争解決というとすでにある型を反復する印象を与えるが、むしろ、その「社会の自己認識を高め、あるいは深めていく」方向性に注目するべきだろう。ＴＲＣやガチャチャをこのようにとらえることはＴＪ研究や政治学といった関連分野への問題提起となる一方で、その固有の背景を再検討する契機になる。

もっとも、先にみたように、ＴＲＣやガチャチャのようなプロジェクトが、つねに肯定的なものとして受けとめられるわけではない。対話と参加が方法論のポイントであれば、「何を、どのように語れるか」や「誰が参加するか」の内実によって、プロジェクトの評価が分かれる。紛争後の国内政治の影響を排することができず、特定の人びとを利するような条件が付され、対話の場すら偏向したものとして受けとめられることもある。

このようにさまざまな課題を抱えつつも、ＴＲＣとガチャチャが「法律専門家による裁判」モデルに代わる選択肢を提示したのは確かである。そして、社会各層の構成員が多様に関与する活動形態は、紛争処理の局面にとどまらない、どのような社会的影響を及ぼすことになるのか、検討する余地を残すのである。

参照文献

阿部利洋　二〇〇七『紛争後社会と向き合う――南アフリカ真実和解委員会』京都大学学術出版会。

―――― 二〇〇八『真実委員会という選択――紛争後社会の再生のために』岩波書店。

片山夏紀　二〇一九「ガチャチャ裁判が命じた賠償をめぐる当事者の交渉――ルワンダ・ジェノサイドに関連する罪の赦しと和解」『アフリカレポート』五七号。https://doi.org/10.24765/africareport.57.0_22
佐々木和之　二〇一六「〈和解をもたらす正義〉ガチャチャの実験――ルワンダのジェノサイドと移行期正義」遠藤貢編『武力紛争を越える――せめぎ合う制度と戦略のなかで』京都大学学術出版会。

武内進一　二〇〇二「正義と和解の実験――ルワンダにおけるガチャチャの試み」『アフリカレポート』三四号。

―――― 二〇〇五「ガチャチャの開始――ルワンダにおける国民和解の現在」『アフリカレポート』四一号。

―――― 二〇〇八「ルワンダのガチャチャ――その制度と農村社会にとっての意味」武内進一編『戦争と平和の間――紛争勃発後のアフリカと国際社会』アジア経済研究所。

ヘイナー、P.B.　二〇〇六『語りえぬ真実――真実委員会の挑戦』(阿部利洋訳)平凡社。

アフリカでビジネスを起こす
——サラヤの軌跡

ウガンダ

近年『アフリカ進出戦略ハンドブック』といったタイトルの本が書店に平積みされている。こうしたアフリカビジネスブームの背景事情は、日本政府がアフリカに対しておこなっている二〇一六年の第六回開発支援会議（TICAD）において、当時の安倍首相が一〇〇社の日本企業代表団を率いてナイロビに乗り込み「民間ビジネスを巻き込んだアフリカの発展」を謳いあげたことに象徴されている。

しかし、こうした上からのアフリカビジネスブームとは別に、下からアフリカ相手のビジネスに取り組み、成果をあげている企業がある。その代表格が「サラヤ」である。その挑戦の経験について、最初期から現場でかかわってきた現コミュニケーション本部長の代島裕世さんと海外営業部アフリカビジネス開発室長の北條健生さんからお話を伺った。以下はそのエッセンスである。

一九五二年創業のサラヤは、赤痢の予防のための石けん液開発から始まった大阪発の「手洗い」企業だ。会社は「環境・衛生・健康」を切り口に成長していく。その過程で、当初は純然たるCSR（企業の社会的責任）事業のひとつとして、環境保護をはじめとする途上国の問題にかかわりはじめた。ウガンダにおける活動も、ユニセフ主導の「手洗い普及啓発活動」の一環でもあった。しかし何度も現地に通い、現実を知り、人びとと文化に触れ合うなかで、アフリカでは多くの人びとが、劣悪な衛生環境で落とさずに済む命を失っていく事実と向き合い、社会における企業の存在根拠を見つめ「何をすべきか」を真剣に考えるようになった。

しかし単なる慈善や同情では世界は変わらない。企業であるかぎり、「民間企業としての道理」である利潤をあげることを抜きにすべきではない。困っている人びとに対する寄付や援助ではなく、そこに市場を創出し利潤をあげながら社会に貢献する方向をめざすことにした。幸いサラヤでは、「ビジネスと社会貢献は二者択一ではなく表裏一体」という哲学が浸透していたので、ウガンダでそれを実践する挑戦が可能になった。
二〇一一年にウガンダで会社を立ち上げ、数ある「手洗いビジネス」の選択肢のなかから「病院」へのアルコール消毒剤の提供にターゲットを絞った。水道インフラも完全ではない社会、さらには消毒剤を購買する経済力も脆弱な社会で「アルコール消毒剤」を販売する（援助や無料配布ではなく）ことはとても高いハードルだった。しかし、病院でアルコール消毒剤を使用すれば、院内感染を低減できるということは、世界中で価値が認められている普遍的な行為であり、結果として多くの命が救われることの意義に疑いの余地はない。であるなら、今たとえ、アルコール消毒剤の市場がなくても、「市場がないところに市場を作ればよい」という結論に至るのは当然だった。それからさまざまな苦労と挫折を積み重ねながら（その経緯は田島隆雄、『情熱の大陸―サラヤ「消毒剤普及プロジェクト」の全記録』に詳しい）ウガンダにおけるサラヤのビジネスは軌道に乗り、単なるCSRや慈善事業としてではなく、二〇二〇年度からは累積赤字を解消し利益を生み出す一人前のビジネスとなった。今では、「サラヤ」という固有名詞が、消毒剤としての一般名詞として流通するほど、その活動は社会的に認知されている。

二〇一七年からは、ケニアでも会社を設立した。現地では冷凍設備や食品輸送システムが十分整備されておらず、さらにはレストランやスーパーにおいても衛生管理の重要性が十分に認識されていない。そこで、衛生的な食品加工のための施設・設備をレンタルし、急速冷凍装置や各種洗剤などの衛生製品を適正に活用できる「シェアキッチン・ビジネス」を展開するなど、食品衛生の分野でも、ウガンダと同様、一〇〇％現地スタッフのケニア支社で展開している。

アフリカでビジネスを立ち上げるとき、「グローバル基準」や「日本基準」で進めるのは、進める側にとってはやりやすい。しかしそれがもつ利点と同じように、アフリカ社会（現地）の考え方ややり方のもつ利点にも目を向けるべきだ。その両者の対話のなかで、双方が納得するやり方、考え方を創り出すことが大事であり、その意味で、ビジネスにおいてもアフリカから学ぶことはとても多いことを実感している。

（松田素二）

ケニアのスラムに学校を作る

ケニア

ケニアのナイロビにあるキベラスラムという貧困地区に「マゴソスクール」という学校を運営するようになって二三年が経つ。そもそもこの学校は、スラムの貧困当事者であり自身も孤児だった私の親友、リリアン・ワガラが一九九九年に粗末な長屋の一室に二〇人の孤児を集めて始まった小さな寺子屋だった。

　私はそれよりさかのぼること二〇年以上前に、世界のさまざまな国を放浪しながらアフリカにたどり着いた。アフリカ大陸を東から西へと陸路で旅をしながら、想像を絶するような過酷な状況下でも驚くべき生命力で逞しく生き抜くアフリカの人びとの生きる姿に魅了された。それまでの自分自身の常識や価値観がことごとく覆されていくような、魂が震える驚きと感動がアフリカに溢れていた。アフリカの多様で雄大な自然のなかで、さまざまな民族がそれぞれにとても豊かな暮らしの知恵をもち、力強く日々を生き抜いていた。

　しかし、たまらなく惹かれる彼らの生きざまには、数多くの困難や苦労も満載だった。政情不安や紛争、病気、干魃や洪水などの災害、貧困、さまざまな理不尽な状況が、暮らしにつねにつきまとっていた。「同じ人間なのに、なぜ？」と、私は何度も自分に問いかけ、そして答えは見つからなかった。あまりにも違う現実のなかで、私たち人間は生きている。世界はそういうものなのだと、まるでわかったかのように、納得して通り過ぎることは私にはできなかった。だから、旅の最後に私はもう日本には帰らず、アフリカで生きていく人生を選んだ。アフリカの人びとが生きる現実を、他人事としてではなく、我が事として生きていきたかったのだ。

　私はケニアのナイロビで仕事を見つけ、生活をはじめた。現地の人びとが得られる給与水準と同じレベルの収入で、同じように生活した。毎日くたくたになるほど労働し、稼いだお金で切り詰めて生活する。そんな毎日のなかで、路上の浮浪児たちと仲良くなり、煎ったピーナッツを新聞紙にくるんで道行く人に売り歩く少年や、荷物を運んで小銭を得る少年、車の見張りや洗車をする少年などと顔見知りになり会話するようになった。聞いてみると、父親はなく、母親が病気だという話を語るようになり、家まで一緒に行ってみるとそこはスラムだった。そして、スラムのなかにとてもたくさんの友達ができていった。

スラムの暮らしは厳しい。働けど働けど十分な稼ぎは得られず、日に三度の食事が得られる人などほぼいない。粗末な住居に過酷な生活環境、長時間の重労働に休む暇もないが、人びとは明るい。どんな困難がそこにあろうとも、生きることを諦めず、助け合い励まし合いながらあの手この手で生きる彼らのことが私はとても好きになった。

そんな彼らが何よりも望んでいることは、子どもたちには学校で勉強させてやりたいということだった。十分な食事が得られなくても、何とかして子どもを学校に行かせ、より良く生きるチャンスを与えたいと彼らは願い、努力していた。だから私は、スラムのなかに、親を亡くした子どもたちや貧困児童のための学校を作っていくようになったのだ。

最初は、ただ腹を空かせている子どもたちにご飯を食べさせてあげたくて、大きなお鍋で炊き出しをはじめた。するとそこに集まってきた子どもたちに、勉強を教えようというスラムの若者たちがやってきた。食事を作ってくれるおばちゃん、しつけをしてくれるおじさんも、みんなスラムの住民たちだ。今年は一年生、翌年は二年生、と毎年一学年ずつ教室を足していったら、何年もの積み重ねで今では幼稚園から高校生・大学生までいる大所帯となった。

マゴソスクールは今では五〇〇人の生徒たちが学ぶ学校になり、卒業生は一〇〇〇人を超えた。私の想像が及ばぬもっと先へと、彼らは進んでいくことだろう。この国を良い国にしたいという情熱をもって教える教員たちと、学ぶ生徒たち。そんな彼らの物語を、私は日本の今を生きる人びとに伝えたい。より良い世界をめざして、共に努力しよう。そして、異なる世界をつなぐ架け橋になろう。

（早川千晶）

結び　未来を展望する

松田素二

現代世界の危機とアフリカ

これまで五つの視点から「アフリカからの学び」についての提案をおこなってきた。近代日本社会におけるアフリカ認識は、ヨーロッパの「まなざし」をそのまま受け入れることで、長いあいだ、未開と野蛮の存在として「見下す」ものであったことは否定できないだろう。二十世紀の末になると、日本が経済的にも精神的にも豊かになったことを反映して、アフリカの後進さや悲惨さに同情し、救済や援助の対象として認識するようになった。事実、この時期、日本のアフリカへの援助額は世界トップクラスだった。二十一世紀に入り、豊富な天然資源を切り札にアフリカが目覚ましい経済成長を遂げるようになると、それに対するまなざしは、同情や救済の対象から「成長のためのパートナー」に格上げされた。しかし、序で指摘したように、日本社会のアフリカ認識の根底には、近代初期から一貫して、アフリカを「対等」にとらえる精神に欠けてきた。それは、「助けたり」「必要な資源を確保したり」「製品を販売したり」する対象としてアフリカを認識することはあっても、自分自身や自分たちの社会のあり方、生き方についての困難を解決するために、アフリカから学ぼうとする思考や実践が著しく欠如してきたということだ。私たちが、こうした困難の解決や新たな知識を求めて学ぼうとする先は、今日でも依然として、アメリカや、西ヨーロッパの社会であり、けっして、アフリカではない。

こうした日本社会の風潮は、けっして、偶然や個人的趣向によるものではなく、数百年に及ぶ世界史の展開のなかで構造化されてきた意識の必然的結果であり、この流れに抗するために、本書では、アフリカからの五つの学びとして、一、多様性を学ぶ、二、過去を学ぶ、三、同時代性を学ぶ、四、困難を学ぶ、五、希望を学ぶ、をとりあげ具体的な現場から検討してきた。これらをふまえて、最後に、現代世界の未来についての可能性をアフリカをとおして展望することにしよう。

現代世界と多文化共生

二〇二〇年代の世界は、不確実性と不安定性によって特徴づけられるだろう。新たなパンデミックの出現や、超大国間の新たな覇権対立やそれを背景にした地域紛争、といった事態によるリスクとは別に、気候変動や温暖化などの地球環境問題のような、より長期的・永続的で、構造的なリスクに私たちは直面している。そのなかのひとつが、グローバル化の急激な進展による異質な文化との出会い、接触、摩擦だろう。かつては、国民国家の領域に存在するのは、ほぼ国民のみであり、日本のように、それを「単一言語、単一文化、単一民族」ととらえて安定性と確実性の「強み」としてアピールする政治家もいたほどだ（もちろん、その時代であっても日本という国民国家内には、在日韓国・朝鮮人やアイヌ民族をはじめいくつものマイノリティ集団が存在したが、その独自性や権利はほとんど否定されてきた）。

しかし今日の日本では、大都市のコンビニやファミレスに行けば外国人の若者に接客されることは日常だし、地方都市の町工場や農業・漁業の現場でも多くの外国人が働いている。つまり、異なる文化・

言語や国籍、民族性を備えた外国人が隣人でいることは、今や日本社会の当たり前の光景となっているのである。

日本と異なり、ヨーロッパでは、移民の受け入れは二十世紀後半に著しく進んだ。とりわけかつて植民地にしていた地域からは大量に「旧宗主国」であるイギリスやフランスに移民が流入した。とりわけ二十一世紀に入ると、止むことのない戦乱を逃れて、イラク、シリア、ソマリア、スーダンなどから難民として、崩壊しかけた国家や不安定な経済に将来の希望を失った北アフリカ（マグレブ）、中東、サブサハラ・アフリカなどからも経済移民がヨーロッパに押し寄せた。二〇一五年のヨーロッパ移民危機はその象徴だった。もともと移民によって建国され、移民に寛容だったアメリカにおいても、メキシコや中米、カリブ諸国から夥しい数の移民希望者が押し寄せ、深刻な社会問題となっている。

二〇二〇年時点で日本の総人口に占める外国籍住民の数は、二・三％で、一九九〇年の〇・七二％に比べると三倍以上に激増しているが、ヨーロッパにおける状況とは比べものにならない。ヨーロッパでもっとも多く移民を受け入れてきたフランスでは、二〇一五年時点では移民の占める割合は一一％であり、フランスで生まれた二世を含めると二五％にものぼる。人口の四人に一人は、異なる言語・文化・民族性にルーツをもっているのである。イギリスにおいても、もっとも移民人口の多いロンドンでは、二〇二〇年では総人口の三五％が移民で占められていた。このように異なる文化をもつ住人が隣人となる傾向は、世界的な趨勢となっているのである。

異なる文化をもつ隣人が増えるに従って、当然、さまざまな摩擦や対立も顕在化していく。もっとも単純で暴力的な反応は、彼らを排除・排斥しようとする動きである。実際、移民排斥と移民の権利制限を訴える政治家は、かつての泡沫候補扱いから一変して重要な政治勢力となり、時には政権を握ることになった。ポピュリズムと総称されるこうした動きは、日本も含む世界各地で顕著になっている。二〇一七年、アメリカにトランプ大統領が誕生して、移民流入を防ぐためにメキシコ国境に「壁」を建設したり、同じ時期にフランス、イタリア、ドイツ、スウェーデン、デンマークなどで移民排斥を唱える「極右政党」がいずれも「大躍進」を遂げた背景には、移民受け入れをめぐる強い疑念が指摘できる。

異なる文化をもつ人とひとつの社会やコミュニティで隣人として共に生きることは、現代世界ではますます困難になっている。一方で、夥しい数の人びとが国境を越えて移動し、ある社会のニューカマーとなったり、そうして移民した人びとの二世、三世が自分のルーツとなる文化を保持しながら隣人として暮らす現実がある。他方で、彼らの文化が、もともとあったホスト社会の文化やアイデンティティと衝突し、それを理由に彼らの排除排斥を訴える動きが強化される。こうした一見すると両立不可能な状態が、世界各地で生起している。これが現代の多文化共生をめぐる困難なのである。

この困難を乗り越えるためには、法律による暴力規制や制度による権利擁護だけでは十分ではない。当事者の行動や思考、価値観の変更まで射程に入れないかぎり、問題の根源的な解決は実現できないからだ。そこには新しい視点と知恵が必要になる。アフリカ社会には、この困難を解決する手がかりを与えてくれる豊富な経験がある。人類社会の未来を展望するために、このアフリカの知恵についてみていくことにしよう。

多民族・多文化共生とアフリカ

多文化共生のための手がかりをアフリカ社会に見出そうという提案は、一見奇異に響くはずだ。なぜなら、今日のアフリカ社会こそが、現代世界における多文化多民族対立の悪しき象徴となっているからだ。アフリカ社会は、非理性的な民族対立による悲惨な被害を受けてきた犠牲者であり、国連や国際社会からの善意の介入を必要としている張本人だという見方は広く浸透している。一〇〇〇を超える夥しい数の民族（アフリカ社会の場合は、かつての「未開観」とセットになった「部族」という呼び名が使用されることが多い、つまり文明社会に現れると「民族」と呼び、未開社会の場合は「部族」とみなすのである）が、相互に対立し憎悪しあい殺戮を重ねるという「部族対立」イメージは、「多文化共生」とは正反対のものだ。実際、一九六〇年代、西欧宗主国から次々と独立を勝ち取っていった「アフリカの年」以降、二十一世紀の今日に至るまで、この大陸で民族間の敵意と対立を原因とする（とみなされてきた）紛争がおさまったことはない。

一九六〇年代のビアフラ戦争、断続的に二〇一一年の南スーダン独立まで続いたスーダン内戦、ほかにも二十世紀末にアフリカ各地で同時多発的に続いたリベリア、シエラレオネ、ルワンダ、コンゴ、ソマリア、エチオピアの内戦などは、夥しい犠牲者と社会に癒しがたい傷を残した。二〇一〇年代以降も、対立と衝突はおさまることがない。二〇一三年には、独立したばかりの南スーダンでディンカ人（大統領派）とヌエル人（前副大統領派）による激しい戦闘と相互殺戮が発生し、南スーダンは再び内戦状態となった。中央アフリカでは、二〇一二年から民族、宗教、生業などが複雑に絡み合った内戦が続き、マリでもほぼ同時期に北部でトゥアレグ人の武装蜂起から内戦へと発展した。エチオピアでは、二〇二〇年にはそれまで政権中枢を独占していながら排除されたティグライ人と中央政府との内戦が勃発した。こうした紛争や内戦のほぼすべてが、民族（部族）対立を基調とする構図でとらえられてきた。

たとえばアフリカ諸国が独立を勝ち取り、バラ色の未来を展望していた一九六〇年代後半に起こり、東西冷戦構造のなかで大国が背後で糸を引いたビアフラ戦争の場合、基本的な対立図式は、ナイジェリアの「伝統的」な南北対立（イスラームである北部のハウサ・フラニ民族と、キリスト教徒である南部のヨルバ・イボ民族の対立）を下敷きにして、ハウサ・フラニ対イボという「部族対立」として報道された。一九九〇年代前半、世界を震撼させたジェノサイドが起こったルワンダ内戦においては、政権を握っていた多数派のフツ民族が、飛行機墜落による（フツ人）大統領の不可解な死をきっかけに、ゲリラ戦争を起こした少数派のツチ民族を大量殺戮したとされる。わずか数カ月のあいだに、総人口の一割が殺戮され、三割近くが難民となった「ルワンダの悲劇」もまたフツ対ツチの「伝統的部族対立」が引き起こした「アフリカ的紛争」として認識された。また、数十万の犠牲者を出し、世界のメディアの注目を今も集めているスーダン西部のダルフール紛争も、アフリカ系黒人住民とアラブ系民兵とのあいだの人種・民族的対立とみなされている。独立後、政治的安定を享受してきたといわれるケニア社会を揺るがした二〇〇七〜二〇〇八年の選挙後暴動も、与野党の政治的対立というより、キクユ対ルオというケニアの「伝統的」「部族対立」の構図で説明されることが多かった。近年の紛争においても、南スーダン内戦におけるディンカ対ヌエル、マリ北部内戦初期のトゥアレグ対マンデ系民族、エチオピア内戦のティグライ人対反ティグライ人として語られてきた。

このように現代アフリカで生起する紛争や衝突は、たいていの場合、「部族対立」を原因とするアフリカ社会固有の後進性によって解釈され、国際社会に了解されてきたのである。これでは、多文化共生のお手本とは程遠いということになる。

しかし、こうした「部族対立」の認識枠組みそのものがアフリカをみる「まなざし」を歪めてきた張本人だった。アフリカ社会を歪めてとらえてきたこの視点は、「アフリカスキーマ」として定立されるが、その特徴は、アフリカ社会とアフリカの人びとを、西欧近代社会の市民と正反対の世界に位置づけ理解する姿勢にある（アフリカスキーマについては松田［二〇一九］参照）。それは、理性（合理性）に対する情動（非合理）、進歩に対する未開・停滞、文明に対する野蛮という図式による理解である。したがってアフリカにおける紛争は、後者の象徴である「部族」どうしの理不尽で残忍な闘争であり、近代社会の理性では理解不能なものとされる。そこにおける「部族」は、閉鎖性と排他性を特徴とする文化集団であり、全体への無条件の服従と忠誠を示す理不尽な政治集団であり、未開性と野蛮性を備えた本源的集団だった。このような未開で理不尽な集団どうしの共存や和解は不可能というのが、「アフリカスキーマ」によるアフリカ社会の紛争理解だったのである。この認識枠組みに従うかぎり、アフリカを多文化間の衝突、対立、敵意と憎悪という運命から解き放つ知恵の源泉ととらえ、そこから学ぶ姿勢は生まれることはないのである。

アフリカ的民族像の可能性

今日、多文化共生という言葉を使うとき、私たちは無意識のうちにある文化イメージあるいは民族イメージを前提にして話を進めている。それは、文化や民族を明確な境界をもった永続的で固定的な実体としてとらえる見方から生まれている。たとえば、「大震災のとき、古来日本人のあいだで育まれてきた日本文化の美徳としての共助の精神が役立った」と言うとき、それは何世代にもわたって継承されてきた実体としてイメージされる。日本民族というときも、それは日本人の両親、先祖から生まれた個人の選択の余地がない、生まれながらの生得的な特性であり、どこに移住してもその特性はついてまわる。

それは自然で本源的な帰属なのである。アメリカに移住しアメリカ国籍を取得した元日本国籍者がノーベル賞を受賞しても、それは「日本人の栄誉」であり、逆に日本に移住し日本国籍を取得した元モンゴル国籍の相撲取りが優勝しても、それは「モンゴル人力士の勝利」として報道され、それがなんの違和感もなく受容される。

　こうした民族や文化に対する見方にもとづいて、これまで私たちは多文化共生、多民族共生について考え議論してきたのである。ところがアフリカ社会の経験は、このような文化観、民族観を一変させる［松田　一九九九a］。もうひとつの別の民族像がそこには確認できるのだ。私たちが無意識のうちに頭にインプットしている民族像は、単一の言語（母語）をもち、文化・慣習を共有し、先祖伝来の土地で暮らしを続けている、ほぼ同質の身体的特徴をもった集団というものだ。方言はあるものの同じ日本語を話し、刺身を食べたり、浴衣を着て夏祭りに行ったりする文化を共有し、地域によって風土は異なるものの、日本列島のどこかに居住し、黒い髪、黒い眼をもつ「私たち」の塊が日本人というわけだ。こうした民族観は日本社会だけが例外的に創り出したものではない。韓国や中国あるいはアメリカやイギリスにおいても流通している、いわば近代社会の定番の民族観なのである。しかしながら、アフリカ社会が育んできた民族観は、これとはまったく異なるものだった。

アフリカ的民族編成とアフリカ潜在力

　まず根本的に異なるのは、民族というものの成り立ちである。近代社会における民族像は、人びとがそこに生まれおちる（選択・変更不可能な）生得的な集団だが、アフリカ社会における民族像は、人びとがより良い生活を築くために暫定的に創り上げる便宜的な社会集団なのである。もちろん集団のコアになる人びと（系譜上の祖先を共有する数世代のメンバーから成る一族）はつねに存在していて特定の言語を話し、特定の習慣を保持している。しかしその土地には周囲の異なる言語、異なる習慣をもった人びとが食客（居候）として自在に流入し、先住のコア集団もそれを基本的には寛容に受容しながら、協同して民族集団を構成する。そのうえコア集団自身も頻繁に移住を繰り返し、移住先の土地では別のコア集団の食客となるというように、全体として流動性のきわめて高い漂泊文化を生成しているのがアフリカ社会だった［松田　一九九九b］。

したがって、私たちが常識としてもっている近代型民族観の特性（言語、文化・慣習、領域、帰属意識）という点からすると、まったく異質な民族像が誕生することになる。言語状況についても優勢なひとつの言語はあるものの、つねに複数の言語の話者を包含するマルチリンガルな社会となっており、言語自体もこうした状況のなかでつねに新たな語彙や表現を生み出している。それにともない、伝統や慣習も固定的で排他的なものとは程遠く、異質な集団の慣習が取り入れられたり新たに創造されたりすることになる。たとえば死霊観念をもたなかった民族がそれを新たに取り入れたり、割礼の習慣のなかった社会が割礼を受け入れたりという、文化の生成刷新は日常的な現象だったのである。移動・流動性の高いアフリカ社会においては、先祖伝来の土地という観念自体が本来存在しない。今日、民族紛争の際に頻繁に登場する「先祖伝来の土地への他民族の侵入」という意識や思考は、ヨーロッパによる植民地支配によってもたらされたきわめて近代的なものなのである。東アフリカ、西アフリカ、南部アフリカ社会をとおして、現在、ある民族のホームランドとしてみなされている土地にその民族（のコア集団）が流入してきたのは、せいぜい二〇〇～三〇〇年、あるいは一〇〇年程度以前のことにすぎない。そのうえ、前述したように、コア集団自身が再移動を繰り返し、他集団の食客集団としての流入、加えて頻繁な他集団との婚姻という流動状況によって、先祖伝来の領域（土地）という観念は成立しようがないのである（［松田　二〇二二］参照）。

このように、植民地支配される以前のアフリカ社会の多くは、小規模な出自集団（コア集団＝一族）が自由に流動しつづけ異なる人びと（コア集団＝一族）と混じりあい、分離・統合・融合して集団間の垣根の低く緩やかにつながる地域社会を作り上げていた。こうした流動性が高く境界が柔軟な民族においては、首長の命令一下、民族の全構成員が他民族に全面戦争をしかけることなど原理的に不可能だった。絶対的な民族への帰依や忠誠・服従といった、私たちには想像しやすい価値観は、アフリカ社会においてはそもそも出現しようがなかったのである。

多民族共生世界の破壊

アフリカ社会が本来、近代社会型の民族とはまったく異質な民族を生み出し、高い流動性と低い境界性を特徴とする多民族共生を実現していたとすると、なぜ、今日のアフリカ社会では、排他的で暴力的な「部族対立」が際限なく生起しつづけているのだろうか？

その答えは、ひと言で言うならコロニアリティとポストコロニアリティのなかに求められる。コロニアリティとは、もちろん、アフリカに対する西欧列強による植民地支配の結果、アフリカ社会が潜在的に発展させてきた民族集団編成のしくみが、植民地統治にとって妨げになるため、強制的に解体され近代型の民族像が持ち込まれたことを指す。またポストコロニアリティとは、政治的独立（経済的には旧来の西欧支配が継続した）を勝ち取った新興アフリカ国家の政治エリートたちが、植民地政府（ヨーロッパの宗主国）が活用した近代型民族像を、みずからの政治的基盤の確保と「独立の果実」の独占のために再強化し再活性化してきたこと（あるいはそれ以外の選択肢が閉ざされていたこと）を意味する。

イギリスやフランスがアフリカの植民地支配に乗り出した十九世紀、彼らの数は圧倒的少数だった。わずか数十人の白人行政官で数百万人のアフリカ人を統治しなければならなかった。それを可能にしたのは、現地人「酋長」（もしくは王）を介して人びとを管理するしくみであり、そのための政治的道具が、近代型民族観だった。近代型民族観によると、民族の構成員は生得的にひとつの民族に所属することになる。この近代型民族観のアフリカ版が、アフリカ部族観であり、それに従えば、アフリカの部族は、みずからの「酋長」に絶対的な帰依を示す、閉鎖的で排外的な未開集団となる。植民地政府は、こうした未開で野蛮な集団の「酋長」を通じて、「部族」どうしを互いに争わせ、アフリカ人を支配しようとしたのである。

こうしたヨーロッパ宗主国の試みにとって、流動性が高く境界性の低いアフリカ的な民族集団のあり方は、危険きわまりないものだった。植民地統治の根幹は、アフリカ人からの税と労働力の搾取にあった。そこで「酋長」を通じて、徴税しようとしたり、賦役を課そうとしても、まずそのような「酋長」をもたない社会が多かった。さらに民族への忠誠心や土地（領域）への帰属意識が脆弱な人びとは、容易に流動・漂泊を繰り返し、植民地政府の把握から逃れてしまう。そこで植民地政府は、こうした流動・漂泊を暴力的物理的に禁止し、植民地領域のなかに、トライバルランド（部族居留地）を設定して、そこに人びとを固着させた。そのうえで、その領域内のアフリカ人の帰属部族を定めて（徴税、徴用、徴兵用に）登録し、植民地政府が任命（発明）した「酋長」のもとにおいた。このようにして今日のアフリカの「部族」は誕生したのである［松田　一九九八］。

宗主国からの独立を求めるアフリカ人政治エリートのナショナリズム運動も、多くの場合、こうした「部族」を基盤にして組織せざるを得なかった。そして独立後は、「部族」はそのまま彼らの政治的動員の基盤となり、今日の紛争の「主人公」として登場することになったのである。

アフリカ的民族編成の潜在力を活用する

しかし近代型の民族観は、今日、大きな行き詰まりをみせている。この民族観のもとでは、帰属意識は、単一（唯一）、固定的、絶対的なもので、同じような民族意識をもつ他集団とひとたび敵対関係に入ると、際限のない相互暴力の悪循環に陥ってしまう。お互い顔も知らずなんの関係ももたない二者が、ただ異なる民族に所属しているというだけで、殺戮しあうという集団間の全的対立の構造は、近代の国家間の戦争に典型的な現象だろう。

こうした全的対立を予防し緩和する可能性を有しているのが、アフリカ社会が潜在的に発展させてきた民族集団編成の原理であった。原理的に言えば、単一に対して複数、固定的に対して流動的、絶対的に対して相対的な民族帰属の意識を作り上げるしくみがその特徴である。具体的には、一人の人間が複数の民族集団に帰属する多重帰属や、ひとつの民族から別の民族集団に帰属先を変更する民族変更、さらには近隣の複数の民族集団がその内部に相互に友好関係をもついくつものサブ集団関係を構築する（つまり争いの起こりやすい隣接する集団内に、「友人」「身内」関係にある小集団をいくつも作り上げ、（民族）集団どうしの全面的対立を予防する）、民族横断的同盟ネットワークの形成という、植民地支配によって破壊される以前のアフリカ的民族編成は、今日の民族集団間の対立と緊張の高まりという文脈のなかで、部分的に再生され紛争の予防に大きく貢献している。

アフリカ的民族編成は、多民族共生を実現させるうえで実践的で効果的な知恵なのだが、その具体的な核心となる、紛争解決の技法について次に検討してみよう。それこそが、日本社会を含む現代世界が希求する多民族多文化共生にとって重要な手がかりを与えてくれるからである。

多民族が共住する環境で民族集団間の対立や衝突が起こったとき、その衝突（ときには大量無差別殺戮が引き起こされる場合もある）はいかにして解決され、両民族集団間に和解や癒しがもたらされるのだろうか？　日本やアメリカなどでは、この答えはひとつしかない。それは法によって裁くということであり、具体的には裁判をとおして加害者を処罰することである。近代市民社会の基本は、非人格的な法による支配であり、それをとおした正義の実現にあるので、この答えは疑いようがない。しかし、もし民族集団どうしの全的対立の結果、夥しい数（一九九四年のルワンダの場合数百万人）の人びとがこの暴力の連鎖に身をおいたとすると、どうやって紛争は解決され、どのようにして社会の和解は可能になるのだろうか？　法による加害者処罰という方法で、多文化多民族共生は実現されるだろうか？

今日の多文化多民族共生の困難は、基本的に、その民族／文化観が近代型の単一的固定的民族を前提にしながら、その結果引き起こされる民族間の全的対立を解決する方策をもたない点にある。たしかに法廷による加害者の処罰は、個人の責任を問うときには有効だ。虐殺の最高指揮官や個人間の殺人事件の解決には役に立つのである。しかしながら、近代型の全民族どうしの全的対立という衝突を予防したり、その後の和解を実現することはできない。

なぜなら暴力の行使の現場に動員された人びとは、単一で絶対的な民族帰属によって、同様の帰属意識をもつ見知らぬ他者に攻撃を加えているだけだからだ。それは、太平洋戦争において見知らぬ米兵を射殺した日本人兵士の個人的責任を問うことができないのと同様である。しかし国家間の戦争においては、殺戮の責任を問うことはせず、逆に英雄として勲章を授けることが当然とされている一方で（それは全的対立の構図が創り出す必然である）、民族紛争の場合は個々人の加害者を法廷で裁くのが近代市民社会の法の支配の原則だとする、明白な二重基準が今日の民族紛争の解決と和解を不可能にしてしまった。法廷による加害者処罰は、多民族状況における紛争解決と和解の最良の手段とはとうてい言えない。なぜなら全面的対立によって傷つけあった（攻撃しあった）ほぼすべての隣人どうしが、紛争後も、同じ地域社会（コミュニティ）で共に生きていくための方法や思考が一切欠けているからだ。

植民地政府が考案し支配のために活用した近代型民族による「部族対立」が頻発するアフリカ社会は、こうした限界にいち早く気づくことになった。そこで彼らは、もともとアフリカ社会が育ててきた民族観にもとづく紛争解決と民族間和解と共生の知恵と手法を、現代の文脈で再生することでこの困難に対処してきた。もちろんそれは単純に過去の文化をロマン化して賛美し回帰することを意味しない。彼らは固有に発展させてきたアフリカ的民族編成と紛争解決のエッセンスを再創造して、新たなチャレンジを試みているのである［松田　二〇一一］。

アフリカ的民族編成のエッセンスとは流動性と多重性であり、紛争解決のエッセンスとは折衝と対話である。たとえば今日、民族紛争解決の制度として、慣習的あるいは土着の紛争解決装置の見直しと創造的適用が提起されているが、それは真実を追求し加害者を処罰するのではなく、集団どうしが対話し必要な補償をおこなう営みを、アフリカ社会が外世界との交渉のなかで作り出してきた知恵と重ね合わせて再創造するものだ。民族間のみならず、牧畜民対農耕民、キリスト教徒対イスラーム教徒という全的対立図式を緩和するために、政府や国際機関の調停とはまったく異なる次元で、日常生活を共にする小集団から代表を選び対話を可能にする場を設定する試みも、「在来」的紛争解決法として生成されている。そこにおいては、人びとの生活の必要からつくられた知恵や制度のすべてが「在来」であり、それは（法がもつような）単一で絶対的基準をもたない対話と折衝による、流動的で不定形のものなのである。

共生のための叡智：パラヴァー・不完全性・ウブントゥイズム

この絶対的基準を外部にもたない対話と折衝による紛争（対立）の克服法は、現代世界と未来社会がアフリカから学ぶべき叡智と言えるだろう。その核心に位置するのが、「パラヴァー」と総称される思想と実践である。二〇二〇年に新型コロナウイルス感染症で亡くなったコンゴの思想家であり政治家であり兵士でもあったワンバ・ディア・ワンバが、アフリカの伝統的社会における自前の「もめごと」解決をもとに、現代的思想として発展させたパラヴァーは、元来、ポルトガル語で「言葉」や「発言」を意味するpalavraから来た語だが、一九八〇年代以降、ワンバはこの言葉を、誰でも参加できてそこで自由に意見を述べることができるアフリカ社会の問題解決の場を指す言葉としてとらえなおした。

パラヴァーにおいては、合意を達成するために私たちが民主主義的に正しいと教えられた「多数決」を用いることはない。その場に参加した紛争当事者たちの自由で制限のない意見の開陳が合意の達成まで続けられる。パラヴァーは、法廷のように「問題の（上／外からの）裁断による解決」ではなく、人びとの交渉力によって問題の（下／内からの）解決をおこなう。そのめざすものは、誰かの処罰ではなく、当事者双方の現在と未来の共生を保障することである。

このように民族間で紛争や対立が起きたとき、最終的には法と法廷で裁定するのではなく、つまり、一方が他方を論理的に否定（論破）して自己の正しさ（正義）を主張するという「ディベート・スタイル」とはまったく異なる、日常のおしゃべりや雑談、感情的な表現やジョークを交えた対話の継続によって合意に至るというのがパラヴァーという知恵であった。これに対して、対話の継続はすばらしい提案だが、争いが「対話」で解決したら警察や裁判所はいらないだろうという反論は容易に想像できる。しかし現実には、大小さまざまな揉めごとを抱えてきたアフリカ社会において、この方法が有効に機能した場面は少なくない。農村の些細な諍い、牧畜民の婚資をめぐる対立といった小さなレベルの争いの解決から、ルワンダのジェノサイドや南アフリカのアパルトヘイトのようなより深刻で大きなレベルの問題の解決までパラヴァーが活用され成果をあげてきたのである［松田・ニャムンジョ・太田編　二〇二二］。

アフリカでは、社会に一〇〇％依存するのでもなく、逆に、一〇〇％個人主義で自分が思うように自由勝手に生きると主張するのでもない、特別な相互依存的な生き方をする人間を前提として、社会関係が構築される。その独自の人間観が「ウブントゥイズム」である。サブサハラ・アフリカに広く分布するバンツー系諸語では、人間を表す言葉の語幹は -ntu であり、そこから人間性 humanity を表す言葉として、東アフリカのスワヒリ語では utu、南アフリカのズールー語では ubuntu が派生する。その人間観が「ウブントゥイズム」である。この言葉は、アフリカの宗教学者、哲学者のあいだでは半世紀以上前から流通していたが、これを現代世界に再生させたのは、南アフリカのネルソン・マンデラ大統領だった。マンデラは、数十年に及ぶ合法的な人種差別体制（アパルトヘイト）によって夥しい犠牲者を出し社会に和解不可能なレベルの分断と憎悪が生み出された現実の解決のために、パラヴァーにもとづく加害者と被害者の対話と赦しを提案し、その基盤となる哲学としてウブントゥイズムを提唱したのである。

ウブントゥイズムの思想的、社会的意味づけを試みたニャムンジョは、「ウブントゥイズム」の前提として、すべての人間の「不完全性」を主張する。自律した自由な個々人が手をつなぎあうイメージは、ヨーロッパ近代が発達させた個人主義的な人間観だ。この人間観においては、コンプリート（完全）な人間が他の人間を論破したり凌駕したりして自分の世界を築いていくことにもつながる（コンプリートな人間こそが理想的な人間像だからである）。しかしながら一方で、不完全で相手を凌駕しないようなかたちで個人がつながっていくという認識がアフリカ型人間観（ウブントゥイズム）の基盤にはある。そう考えると、たとえば民族間の紛争の解決にあたっても、そもそも、ベースにある人間観が、西洋近代型とはまったく違っているため、解決の仕方も変わるのが当然なのである。私たちが学校で教わってきた個人主義的人間観に立てば、加害者を特定し、社会から隔離して処罰することは、「正しい解決方法」となるのだが、アフリカの人間観（ウブントゥイズム）に従うと、加害者を社会のなかにとどめ、これからも共に生きていくための方策こそが「正しい解決法」となる。そして現代世界と未来社会が必要としている共生の方法は、この方向性なのである。

民族対立が頻発する現代アフリカ社会は、じつは多民族共生と和解を模索する実験地であり、そのための有効な知恵と制度を創り出しつつある先進地でもあった。それは現代世界の多民族多文化共生の思考が前提とする民族観とは異なる次元の民族像を指し示すものであり、異なる集団どうしがその差異を固定化も絶対化もせず、対話によって新たな共同性を構築しながら共住の場を生成していく挑戦でもあった。この点こそが、人類社会の未来のために世界がアフリカ社会から学ぶべきもっとも重要な課題のひとつと言えるだろう。

参照文献

松田素二　一九九八「民族紛争の深層――アフリカの場合」原尻英樹編『世界の民族「民族」形成と近代』放送大学教育振興会。

――　一九九九a「近代市民社会とアフリカ――アフリカから何を学ぶのか」楠瀬佳子・洪炯圭編『ひとの数だけ文化がある――第三世界の多様性を知る』第三書館。

――　一九九九b『抵抗する都市――ナイロビ移民の世界から』岩波書店。

――　二〇一九「「アフリカ」から何がみえるか」『興亡の世界史　人類はどこへ行くのか』講談社学術文庫。

――　二〇一一「理不尽な集合暴力は誰がどのように裁くことができるか――ケニア選挙後暴動の事例から」『フォーラム現代社会学』一〇号。

――編　二〇二一『集合的創造性――コンヴィヴィアルな人間学のために』世界思想社。

――　二〇二二「アフリカ史の挑戦――アフリカ社会の歴史を捉える立場と方法」永原陽子責任編集『アフリカ諸地域　～二〇世紀』(岩波講座　世界歴史第一八巻)、岩波書店。

松田素二・ニャムンジョ、F・太田至編　二〇二二『アフリカ潜在力が世界を変える――オルタナティブな地球社会のために』京都大学学術出版会。

改訂版あとがき

本書の初版が刊行されたのは、二〇一四年三月である。そのときの書名は『アフリカ社会を学ぶ人のために』であった。このたび改訂するにあたって、書名を『アフリカを学ぶ人のために』に変更した。本書の大目標は、「アフリカに教える」でも「アフリカを紹介する」でもなく「アフリカから学ぶ」ことであった。私たちが学ぶ対象は、アフリカの社会や文化だけではなく、アフリカの自然、人間、超自然の総体であることを強調するために、「アフリカ社会」ではなく「アフリカ」に変更した。このシリーズはすべて「＊＊を学ぶ人のために」という表現で統一されているので、『アフリカを学ぶ人のために』としたが、編者の意図を正確に表現するなら『アフリカから学ぶ人のために』となるだろう。

本書の初版が出て八年が経ち、この間、アフリカ、とりわけ本書が主要な対象とするサブサハラ・アフリカ社会では大きな変化が相次いで生起した。この期間の、地域ごとの変化を列挙するだけでも相当の数にのぼる。

たとえば東・北東アフリカでは、長年国境線をめぐって泥沼の戦闘が続いていたエチオピアとエリトリアの国交が正常化した（二〇一八年）。この突然の和平を主導したエチオピアのアビィ首相はノーベル平和賞を受賞した。しかし皮肉にも二〇二〇年には、かつて政権を共に構成したティグライ人民解放戦線とのあいだで、ティグライ内戦を引き起こした。西アフリカでは、マリ（二〇二〇年）、ギニア（二〇二一年)、ブルキナファソ(二〇二二年)と立て続けに軍部によるクーデターが起きて政権を転覆させた。南部アフリカでは、一九八〇年の独立以来、超長期の専制政治をおこなってきたジンバブエのムガベ大統領が二〇一七年軍部によって退陣させられた。またアフリカ最後の絶対君主国家といわれるスワジランドが、国王によって突如エスワティニに国名を改名した(二〇一八年)。

こうした事件以外にも国際的なイスラーム国(IS)やアル・カーイダなどイスラーム原理主義勢力の台頭に呼応して、東アフリカではアル・シャバーブ、西アフリカではボコ・ハラムなどの動きが活発化した。アル・シャバーブは、二〇一五年にケニア北部の大学を襲撃、一五〇人が犠牲となった。ボコ・ハラムはナイジェリア北部の学生寮を襲撃、女子学生二四〇人を拉致して国際的なニュースとなった。

アフリカにおける中国の存在感はいっそう高まり、アフリカにとっての最大の貿易相手国であり続けているほか、多額の融資をアフリカ諸国のインフラ整備のためにおこない、欧米からは「債務の罠」と批判されるようになった。たとえば、ジブチではGDPの四割ほどの債権を中国が有することになり、二〇一七年には中国軍の基地も建設された。ケニアでは、インド洋岸のモンバサからナイロビそして内陸部に至る標準軌鉄道の整備が、全工費の九割が中国からの融資によって進められ完成したものの、予定どおりの収益が上がらず赤字が続いている。

以上のような変化のほかに、アフリカ社会にとってもっとも大きな変化は、新型コロナウイルスによるパンデミックの影響とロシアのウクライナ侵攻による食糧とエネルギー価格の上昇に起因する物不足と物価急騰である。新型コロナウイルス感染症がWHOによってパンデミック認定されたときは、医療インフラが脆弱で衛生環境が悪く三密回避が困難なアフリカの貧困層を中心に悲劇的な予測もなされたものの、結果的には、二〇二二年七月時点でアフリカの感染者累計は一二〇〇万人、死者二五万人に抑えられていた。しかしアフリカ社会にとって、コロナ禍の意味は、こうした数字には表れない。なぜなら農村や乾燥地帯で暮らす圧倒的多数の住民は、そもそも医療機関を受診したり入院治療を受ける機会はほぼゼロであり、コロナも数ある（時に死に至る）体調不良として認識されていた。彼らにとって、より深刻な打撃となったのは、コロナ下、国家が国際機関の指導に従って導入した行動制限や種々の規制によって、それまで就いていた職を失ったり、職探しの機会さえ失ったことだ。これによって、彼らは生計の糧を奪われ、日々の食料を購入する術を断たれたのである。

それに輪をかけて、旱魃（特に深刻なのは北東アフリカ地域）が襲い、ロシアのウクライナ侵攻の直接的な影響を受けて、食料輸入が途絶えた。ただでさえ収入の道がか細くなったうえに、物価が急騰していった。ケニアの場合、コロナの時期だけで主要な食料品は二倍以上に跳ね上がった。給料はそのままか、人員整理によって無収入化した。

これがアフリカの多くの庶民にとってのコロナ禍の意味なのであった。国際的な支援も行き渡らず、自国政府によるセーフティネットは存在しないか、まったく機能していない。このような状況に直面した人びとが、生きるため、そしてよりよく生活するために活用したのが、政府や国際機関を頼ることなく、自前で助け合うセルフヘルプのしくみであった。アフリカ各地で、人びとがさまざまな創意工夫を凝らして、インフォーマルで微細な助け合いの網の目を創造している。アフリカ社会がこれまで困難な歴史のなかで築き上げ、洗練してきた多種多様な相互扶助のしくみが再創造されている。こうした営みを支えているのが、アフリカが作り出してきた、西洋近代型とは異なる、もうひとつの人間観や社会観であった。

こうしてみると、本書の改訂版が明らかにしたアフリカから学ぶさまざまなポイントの重要性は、ますます大きくなっているように思われる。

最後に本書改訂にあたって、初版を企画してくれた、世界思想社の中川大一さん、望月幸治さんの二人のアフリカ経験者だけでなく、今回は雑賀敦之さんという、編者とかつて熊野調査実習を共にした若い編集者も加わって楽しみながら本づくりを進めることができた。心から感謝しています。ありがとうございました。

二〇二二年一〇月二〇日　ケニア・マシュジャー・デイ（独立のために犠牲となった英雄を顕彰する祝日）の記念日に

松田素二

扉写真

第 1 部　屋根材のワラを運ぶ女性（伊谷樹一）

第 2 部　ストーンタウン（伊谷樹一）

第 3 部　ミルクを積み込む男たち（曽我　亨）

第 4 部　乾燥中のコーヒーを掃除する女性（伊谷樹一）

第 5 部　自習（伊谷樹一）

在来知
掛谷誠編　2002『アフリカ農耕民の世界——その在来性と変容』京都大学学術出版会。
掛谷誠・伊谷樹一編　2011『アフリカ地域研究と農村開発』京都大学学術出版会。
高村泰雄・重田眞義編　1998『アフリカ農業の諸問題』京都大学学術出版会。

助け合い
嶋田義仁・松田素二・和崎春日編　2001『アフリカの都市的世界』世界思想社。
松田素二　1996『都市を飼い慣らす——アフリカの都市人類学』河出書房新社。
松田素二　1999『抵抗する都市——ナイロビ移民の世界から』岩波書店。
松田素二　2022「西ケニアの村人にとってコロナ禍とは何か——共同・互助にみるアフリカ潜在力の可能性」落合雄彦編『アフリカ潜在力のカレイドスコープ』晃洋書房。

和解と共生
阿部利洋　2007『紛争後社会と向き合う——南アフリカ真実和解委員会』京都大学学術出版会。
阿部利洋　2008『真実委員会という選択——紛争後社会の再生のために』岩波書店。
武内進一　2002「正義と和解の実験——ルワンダにおけるガチャチャの試み」『アフリカレポート』34 号。
武内進一　2005「ガチャチャの開始——ルワンダにおける国民和解の現在」『アフリカレポート』41 号。
武内進一　2008「ルワンダのガチャチャ——その制度と農村社会にとっての意味」武内進一編『戦争と平和の間——紛争勃発後のアフリカと国際社会』アジア経済研究所。

結び
阿部利洋　2007『紛争後社会と向き合う——南アフリカ真実和解委員会』京都大学学術出版会。
イリバギザ，I. & S. アーウィン　2013『ゆるしへの道——ルワンダ虐殺から射してくる，ひとすじの光』原田葉子訳，女子パウロ会。
落合雄彦編　2011『アフリカの紛争解決と平和構築——シエラレオネの経験』昭和堂。
瀬谷ルミ子　2011『職業は武装解除』朝日新聞出版。
松田素二　2007「グローバル化時代の人文学——アフリカからの挑戦」紀平英作編『グローバル化時代の人文学——対話と寛容の知を求めて 上』京都大学学術出版会。

Turner, V. W. 1967 *The Forest of Symbols: Aspects of Ndembu Ritual,* Cornell University Press.

政治的動乱

遠藤貢　2015『崩壊国家と国際安全保障：ソマリアにみる新たな国家像の誕生』有斐閣。
武内進一編　2000『現代アフリカの紛争——歴史と主体』日本貿易振興会アジア経済研究所。
武内進一編　2008『戦争と平和の間——紛争勃発後のアフリカと国際社会』日本貿易振興機構アジア経済研究所。

経済の激動と開発援助

オロパデ，D.　2016『アフリカ希望の大陸——11 億人のエネルギーと創造性』松本裕訳，英治出版。
椿進　2021『超加速経済アフリカ——LEAPFROG で変わる未来のビジネス地図』東洋経済新報社。
峯陽一　1999『現代アフリカと開発経済学——市場経済の荒波のなかで』日本評論社。
峯陽一　2019『2100 年の世界地図——アフラシアの時代』岩波新書。
峯陽一　2023『開発協力のオーラル・ヒストリー——危機を超えて』東京大学出版会。

自然保護と地域住民

池谷和信編　2003『地球環境問題の人類学——自然資源へのヒューマンインパクト』世界思想社。
岩井雪乃　2017『ぼくの村がゾウに襲われるわけ。——野生動物と共存するってどんなこと？』合同出版。
西崎伸子　2009『抵抗と協働の野生動物保護——アフリカのワイルドライフ・マネージメントの現場から』昭和堂。
松田素二　2002「支配の技法としての森林保護——西ケニア・マラゴリの森における植林拒否の現場から」宮本正興・松田素二編『現代アフリカの社会変動——ことばと文化の動態観察』人文書院。
目黒紀夫　2014『さまよえる「共存」とマサイ——ケニアの野生動物保全の現場から』新泉社。

感染症

大塚吉兵衛編　2008『国際貢献——医療に携わる人たちのために』ヒョーロン・パブリッシャーズ。
Heymann, D. L. (ed.) 2008 *Control of Communicable Diseases Manual,* 19th ed., American Public Health Association.
Cook, G. C. and A. Zumla (eds.) 2009 *Manson's Tropical* Diseases, 22nd ed., Saunders.

ポピュラーアート
荻原和也　2014『ポップ・アフリカ 800――アフリカン・ミュージック・ディスク・ガイド』アルテスパブリッシング。
鈴木裕之　2000『ストリートの歌――現代アフリカの若者文化』世界思想社。
多摩アフリカセンター編　2007『アフリカン・ポップスの誘惑』春風社。
f-beat（アフリカのポピュラー音楽を広く紹介している日本語ウェブサイト）
http://www.asahi-net.or.jp/~xx3n-di/contents.html　2013 年 7 月 17 日閲覧
Seka Moke（アフリカン・ポップスのビデオ，とくにコンゴ系に関して，もっとも充実している YouTube のサイト。idamawatu の別名でも知られている）
http://www.youtube.com/user/idamawatu/videos　2013 年 9 月 25 日閲覧

ライフスタイル
「NHK スペシャル」取材班　2011『アフリカ――資本主義最後のフロンティア』新潮新書。
小川さやか　2011『都市を生きぬくための狡知――タンザニアの零細商人マチンガの民族誌』世界思想社。
羽渕一代・内藤直樹・岩佐光広編　2012『メディアのフィールドワーク――アフリカとケータイの未来』北樹出版。
平野克己　2013『経済大陸アフリカ――資源，食糧問題から開発政策まで』中公新書。
松本仁一　2008『アフリカ・レポート――壊れる国，生きる人々』岩波新書。

結婚と家族
エヴァンズ=プリチャード，E. E.　1985『ヌアー族の親族と結婚』長島信弘・向井元子訳，岩波書店。
椎野若菜　2008『結婚と死をめぐる女の民族誌――ケニア・ルオ社会の寡婦が男を選ぶとき』世界思想社。
中林伸浩　1991『国家を生きる社会――西ケニア・イスハの氏族』世織書房。
ラドクリフ=ブラウン，A. R.　2002『未開社会における構造と機能〔新版〕』青柳まちこ訳，新泉社。
和田正平　1988『性と結婚の民族学』同朋舎出版。

宗教生活
阿部年晴・小田亮・近藤英俊編　2007『呪術化するモダニティ――現代アフリカの宗教的実践から』風響社。

エヴァンズ=プリチャード，E. E.　2001『アザンデ人の世界――妖術・託宣・呪術』向井元子訳，みすず書房。

落合雄彦編　2009『スピリチュアル・アフリカ――多様なる宗教的実践の世界』晃洋書房。

Lienhardt, R. G. 1961 *Divinity and Experience: The Religion of the Dinka,* Clarendon Press.

堂。
孫暁剛　2012『遊牧と定住の人類学――ケニア・レンディーレ社会の持続と変容』昭和堂。
丸山淳子　2010『変化を生きぬくブッシュマン――開発政策と先住民運動のはざまで』世界思想社。

人類誕生
篠田謙一　2019『新版　日本人になった祖先たち――DNA が解明する多元的構造』NHK 出版。
中務真人・國松豊　2009「ナカリピテクスと後期中新世の類人猿進化」『霊長類研究』24 号。
ボイド，R. & J. B. シルク　2011『ヒトはどのように進化してきたか』松本晶子・小田亮監訳，ミネルヴァ書房。
Fleagle, J. G. 1999 *Primate Adaptation and Evolution,* Academic Press.
Wood, B. A. 2005 *Human Evolution: A very Short Introduction,* Oxford University Press.

古王国
コナー，G.　1993『熱帯アフリカの都市化と国家形成』近藤義郎・河合信和訳，河出書房新社。（アフリカ考古学を総覧するのに便利だが，誤りが多い）
竹沢尚一郎＆ママドゥ・シセ　2008「西アフリカ最古の王宮の発見」『アフリカ研究』73 号。
宮本正興・松田素二編　2018『改訂新版　新書アフリカ史』講談社現代新書。

奴隷交易
イアンニ，O.　1981『奴隷制と資本主義』神代修訳，大月書店。
小川了　2002『奴隷商人ソニエ――18 世紀フランスの奴隷交易とアフリカ社会』山川出版社。
デヴィドソン，B.　1963『ブラックマザー――アフリカ／試練の時代』内山敏訳，理論社。
マニックス，D. P.　1976『黒い積荷』土田とも訳，平凡社。

植民地支配と独立
栗本英世・井野瀬久美惠編　1999『植民地経験――人類学と歴史学からのアプローチ』人文書院。
島田周平　2019『物語　ナイジェリアの歴史――「アフリカの巨人」の実像』中公新書。
竹沢尚一郎　2001『表象の植民地帝国――近代フランスと人文諸科学』世界思想社。
永原陽子編　2009『「植民地責任」論――脱植民地化の比較史』青木書店。
松田素二　2003『呪医の末裔――東アフリカ・オデニョ一族の二十世紀』講談社。

アフリカを学ぶ人のための必読文献リスト

全　体

勝俣誠　2013『新・現代アフリカ入門――人々が変える大陸』岩波新書。

高尾具成　2013『サンダルで歩いたアフリカ大陸――特派員ルポ』岩波書店。

武内進一　2009『現代アフリカの紛争と国家――ポストコロニアル家産制国家とルワンダ・ジェノサイド』明石書店。

モヨ，D.　2010『援助じゃアフリカは発展しない』小浜裕久監訳，東洋経済新報社。

民族と文化

嶋田義仁・松田素二・和崎春日編　2001『アフリカの都市的世界』世界思想社。

宮本正興・松田素二編　2002『現代アフリカの社会変動――ことばと文化の動態観察』人文書院。

和田正平編　2001『現代アフリカの民族関係』明石書店。

言　語

梶茂樹・砂野幸稔編　2009『アフリカのことばと社会――多言語状況を生きるということ』三元社。

塩田勝彦編　2012『アフリカ諸語文法要覧』溪水社。

西江雅之　2009『アフリカのことば――アフリカ／言語ノート集成』河出書房新社。

米田信子・若狭基道・塩田勝彦・小森淳子・亀井伸孝　2011「アフリカ講座　アフリカの言語」『アフリカ研究』78号。

生態環境

伊谷純一郎　1996『森林彷徨』東京大学出版会。

掛谷誠・伊谷樹一編　2011『アフリカ地域研究と農村開発』京都大学学術出版会。

木村大治・北西功一編　2010『森棲みの生態誌――アフリカ熱帯林の人・自然・歴史1』京都大学学術出版会。

諏訪兼位　1997『裂ける大地　アフリカ大地溝帯の謎』講談社選書メチエ。

生　業

掛谷誠・伊谷樹一編　2011『アフリカ地域研究と農村開発』京都大学学術出版会。

木村大治・北西功一編　2010『森棲みの生態誌――アフリカ熱帯林の人・自然・歴史1』京都大学学術出版会。

佐川徹　2011『暴力と歓待の民族誌――東アフリカ牧畜社会の戦争と平和』昭和

主要民族	主要言語	実質的公用語
ハウサ 55.4%，ジェルマ・ソンガイ 21%，トゥアレグ 9.3%，フルベ 8.5%，カヌリ・マンガ 4.7%，その他 1.2%	ハウサ語，フルフルデ語	仏語
サハラウィ（ベルベル人，アラブ人）90%	アラビア語，ハッサニア語	アラビア語
モシ 40%超，その他約 60%（グルンシ，セヌフォ，ロビ，ボボ，マンデ系民族，フルベ）	モシ語，ジュラ語，ビサ語	仏語
フツ（バントゥー系）85%，ツチ（ハム系）14%，トゥワ（ピグミー系）1%，ヨーロッパ系，南アジア系	ルンディ語	仏語
フォン 39.2%，アジャ 15.2%，ヨルバ 12.3%，バリバ 9.2%，フルベ 7%，オタマリ 6.1%，ヨ・ロパ 4%，デンディ 2.5%，その他 1.6%（ヨーロッパ系を含む），不明 2.9%	フォン語，バリバ語	仏語
ツワナ 79%，カランガ 11%，ブッシュマン 3%，その他 7%（カラハリと白人を含む）	ツワナ語	英語
メリナ，ベツィレオ，ベツィミサラカ，ツィミヘティ，アンタイサカ，サカラヴァ，フランス系，インド系，クレオール，コモロ系	マダガスカル語	仏語
チェワ 32.6%，ロムウェ 17.6%，ヤオ 13.5%，ンゴニ 11.5%，トゥンブカ 8.8%，ニャンジャ 5.8%，セナ 3.6%，トンガ 2.1%，ンコンデ 1%，その他 3.5%	チェワ語	英語
マンデ系 50%（バンバラ，マリンケ，ソニンケ），フルベ 17%，ヴォルタ系（ドゴン，セヌフォ）12%，ソンガイ 6%，トゥアレグ／ハッサーニーヤ・アラブ 10%，その他 5%	バンバラ語，ソンガイ語，フルフルデ語，タマシェク語	仏語
アフリカ系（ズールー，コサ，ソトなど）79%，白人（オランダ系，イギリス系）9.6%，カラード 8.9%，インド系／アジア系 2.5%	ズールー語，コサ語，ソト語，アフリカーンス語	英語
ディンカ（約 38%），ヌエル（約 13%），ザンデ，その他	ジュバ・アラビア語，バリ語，ディンカ語	英語
アフリカ系 99.66%（マクア，ツォンガ，ロムウェ，セナ，その他），ヨーロッパ系 0.06%，ヨーロッパ系とアフリカ系の混血 0.2%，インド系 0.08%	マクア語，ロムウェ語，セナ語，ツワ語，ンダウ語	葡語
インド=モーリシャス系 68%，クレオール 27%，中国=モーリシャス系 3%，フランス=モーリシャス系 2%	モーリシャス語（クレオール）	仏語，英語
ハッサーニーヤ・アラブ系とアフリカ系の混血 40%，ハッサーニーヤ・アラブ系 30%，アフリカ系 30%	アラビア語，ハッサニア語，フルフルデ語，ソニンケ語	仏語
アラブ=ベルベル系 99%，その他 1%	アラビア語，ベルベル語	仏語
アラブ=ベルベル系 97%，その他 3%（ギリシャ系，マルタ系，イタリア系，エジプト系，パキスタン系，トルコ系，インド系，チュニジア系を含む）	アラビア語	アラビア語
ペレ 20.3%，バッサ 13.4%，グレボ 10%，ダン 8%，マ 7.9%，クル 6%，ロマ 5.1%，キシ 4.8%，ゴラ 4.4%，その他 20.1%	ペレ語，バッサ語，ダン語	英語
フツ（バントゥー系）84%，ツチ（ハム系）15%，トゥワ（ピグミー系）1%	ルワンダ語	仏語
ソト 99.7%，ヨーロッパ系，アジア系，その他 0.3%	ソト語	英語

国名	首都	人口(万人)	独立年	面積(km^2)	面積(日本との比較)	在留邦人数(人)	在日当該国人数(人)
ニジェール	ニアメ	2,421	1960	1,267,000		6	28
西サハラ	ラーユーン（エル＝アイウン）			266,000			
ブルキナファソ	ワガドゥグー	2,090	1960	274,200	（日本の約70%）	59	178
ブルンジ	ブジュンブラ	1,153	1962	27,800		6	31
ベナン	ポルトノボ	1,212	1960	112,622	（日本の約3分の1）	31	115
ボツワナ	ハボロネ	235	1966	582,000	（日本の約1.5倍）	38	60
マダガスカル	アンタナナリボ	2,843	1960	587,041	（日本の約1.6倍）	138	125
マラウイ	リロングウェ	1,913	1964	118,000	（ほぼ北海道＋九州）	99	132
マリ	バマコ	2,025	1960	1,240,000	（日本の約3.3倍）	15	217
南アフリカ	プレトリア	5,778	1994	1,220,000	（日本の約3.2倍）	1,505	942
南スーダン	ジュバ	1,106	2011	640,000	（日本の約1.7倍）	54	39
モザンビーク	マプト	3,036	1975	799,000	（日本の約2.1倍）	195	130
モーリシャス	ポートルイス	127	1968	2,045	（ほぼ東京都大）	56	80
モーリタニア	ヌアクショット	465	1960	1,030,000	（日本の約2.7倍）	18	22
モロッコ	ラバト	3,606	1956	446,000	（日本の約1.2倍）	350	637
リビア	トリポリ	687	1951	1,760,000	（日本の約4.6倍）	10	62
リベリア	モンロビア	518	1847	111,370	（日本の約3分の1）	5	45
ルワンダ	キガリ	1,263	1962	26,300		171	89
レソト	マセル	214	1966	30,000	（九州の約0.7倍）	9	17
						6,655	18,604

外務省の「国・地域（アフリカ）」（https://www.mofa.go.jp/mofaj/area/africa.html）をもとに作成。

主要民族は，UCLA のアフリカセンターの Country Profiles
（https://www.international.ucla.edu/africa/countries/23006）をもとに作成。

主要言語と実質的公用語は，Ethnologue（https://www.ethnologue.com/）を参考に小森淳子が作成。

「葡語」はポルトガル語，「西語」はスペイン語を示す。

主要民族	主要言語	実質的公用語
コンゴ 48%，サンゴ 20%，ンボチ 12%，テケ 17%，ヨーロッパ系／その他 3%	ムヌクトゥバ語，リンガラ語	仏語
モンゴ，ルバ，コンゴ（以上バントゥー系）とマンベトゥ=アザンデ（ハム系）の 4 民族で約 45%。200 以上の民族（バントゥー系が多数派）。	リンガラ語，コンゴ語，スワヒリ語，ルバ語	仏語
メスティーソ，アンゴレール（アンゴラ系奴隷の子孫），フォロス（解放奴隷の子孫），セルビセ（アンゴラ，モザンビーク，カーボベルデから来た契約労働者），トンガス（島で生まれたセルビセの子孫），ヨーロッパ系（主にポルトガル系）	フォロ語（クレオール）	葡語
アフリカ系 99.5%（ベンバ，トンガ，チェワ，ロズィ，ンセンガ，トゥンブカ，ンゴニ，ララ，カオンデ，ルンダ，その他アフリカ系を含む），その他 0.5%（ヨーロッパ系，アジア系，アメリカ系）	ベンバ語，トンガ語，ニャンジャ語，ロズィ語	英語
テムネ 35%，メンデ 31%，リンパ 8%，コノ 5%，クレオール 2%，マンディンカ 2%，ロケ 2%，その他 15%（最近のリベリア内戦の難民や少数のヨーロッパ系，レバノン系，パキスタン系，インド系を含む）	メンデ語，テムネ語，クリオ語（クレオール）	英語
ソマリ 60%，アファール 35%，その他 5%（フランス系，アラブ系，エチオピア系，イタリア系を含む）	アラビア語，ソマリ語，アファール語	仏語
アフリカ系 99.5%（ベンバ，トンガ，チェワ，ロズィ，ンセンガ，トゥンブカ，ンゴニ，ララ，カオンデ，ルンダ，その他アフリカ系を含む），その他 0.5%（ヨーロッパ系，アジア系，アメリカ系を含む）	ショナ語，ンデベレ語	英語
スーダン系アラブ約 70%，フール，ベジャ，ヌバ，フェラータ	アラビア語	英語
フランス系，アフリカ系，インド系，中国系，アラブ系の混血	セセルワ語（クレオール）	仏語，英語
ファン 85.7%，ブビ 6.5%，ンドウェ 3.6%，アンボン島民 1.6%，ブジェバ 1.1%，その他 1.4%	ファン語	西語，仏語
ウォロフ 43.3%，フルベ 23.8%，セレール 14.7%，ジョラ 3.7%，マンディンカ 3%，ソニンケ 1.1%，ヨーロッパ系／レバノン系 1%，その他 9.4%	ウォロフ語，フルフルデ語，ジョラ語，セレール語	仏語
ソマリ 85%，その他 15%（バントゥー系やアラブ系を含む）	ソマリ語，アラビア語	英語
大陸部：アフリカ系 99%（スクマ，ニャムウェジ，ハヤ，チャガなどバントゥー系 95%），その他 1%（アジア系，ヨーロッパ系，アラブ系） ザンジバル島：アラブ系，アフリカ系，アラブ系とアフリカ系の混血	スワヒリ語，スクマ語，チャガ語，ハヤ語，ハ語	英語
サラ 27.7%，アラブ系 12.3%，マヨ・ケビ 11.5%，ボルヌ 9%，マバ 8.7%，ハジュライ 6.7%，タンジル 6.5%，ゴラヌ 6.3%，フィトリ・バタ 4.7%，その他 6.4%	アラビア語，カネンブ語，サラ語，マバ語	仏語
バヤ 33%，バンダ 27%，ンバンザ 13%，サラ 10%，ンブーム 7%，バカ 4%，ヤコマ 4%，その他 2%	サンゴ語，バンダ語，バヤ語	仏語
アラブ 98%，ヨーロッパ系 1%，ユダヤ系その他 1%	アラビア語	アラビア語
アフリカ系 99%（37 民族。人口が多いのはエウェ 45%，ミナ，カブレ），ヨーロッパ系／シリア=レバノン系は 1%未満	エウェ語，カブレ語	仏語
250 以上の民族からなる。人口が多く政治的影響力をもっているのは，ハウサとフルベ 29%，ヨルバ 21%，イボ 18%，イジョ 10%，カヌリ 4%，イビビオ 3.5%，ティヴ 2.5%	ハウサ語，ヨルバ語，イボ語，カヌリ語，イジョ語	英語
アフリカ系 87.5%（オヴァンボ，カヴァンゴ，ダマラ，ヘレロなど），白人（ドイツ系，イギリス系，南ア系）6%，混血 6.5%	オヴァンボ語，コエコエ語，アフリカーンス語	英語

国名	首都	人口（万人）	独立年	面積（km^2）	面積（日本との比較）	在留邦人数（人）	在日当該国人数（人）
コンゴ共和国	ブラザビル	552	1960	342,000	（日本の約 0.9 倍）	12	25
コンゴ民主共和国	キンシャサ	8, 956	1960	2,345,000		98	495
サントメ・プリンシペ	サントメ	22	1975	1,001	（東京都の約半分）	0	3
ザンビア	ルサカ	1, 838	1964	752,610	（日本の約 2 倍）	109	132
シエラレオネ	フリータウン	314	1961	71,740		30	62
ジブチ	ジブチ	97	1977	23,200	（四国の約 1.3 倍）	27	13
ジンバブエ	ハラレ	1, 465	1980	390,000	（日本よりやや大きい）	116	215
スーダン	ハルツーム	4, 281	1956	1,880,000	（日本の約 5 倍）	134	230
セーシェル	ビクトリア	約 9. 8	1976	460	（ほぼ種子島大）	12	7
赤道ギニア	マラボ	140	1968	28,051	（四国の約 1.5 倍）	10	0
セネガル	ダカール	1, 674	1960	197,161	（日本の約半分）	193	1, 005
ソマリア	モガディシオ	1, 589	1960	638,000	（日本の約 1.8 倍）	5	18
タンザニア	ドドマ	6, 100	1961	945,000	（日本の約 2.5 倍）	195	433
チャド	ンジャメナ	1, 643	1960	1,284,000	（日本の約 3.4 倍）	5	4
中央アフリカ	バンギ	483	1960	623,000	（日本の約 1.7 倍）	1	14
チュニジア	チュニス	1, 194	1956	163,610	（日本の約 5 分の 2）	174	740
トーゴ	ロメ	828	1960	56,785		3	42
ナイジェリア	アブジャ	2 億 614	1960	923,773	（日本の約 2.5 倍）	145	3, 315
ナミビア	ウィントフック	254	1990	824,000	（日本の約 2.2 倍）	46	26

主要民族	主要言語	実質的公用語
アラブ=ベルベル系 99%，ヨーロッパ系 1%未満	アラビア語，ベルベル語	アラビア語
オヴィンブンドゥ 37%，ンブンドゥ 25%，コンゴ 13%，メスティーソ（ヨーロッパ系とアフリカ系の混血）2%，ヨーロッパ系 1%，その他 22%	キンブンドゥ語，ウンブンドゥ語，コンゴ語	葡語
ガンダ 16.9%，ンコレ 9.5%，ソガ 8.4%，キガ 6.9%，テソ 6.4%，ランゴ 6.1%，アチョリ 4.7%，ギス 4.6%，ルグバラ 4.2%，ニョロ 2.7%，その他 29.6%	ガンダ語，ランゴ語，ンコレ語，テソ語，ソガ語	英語
エジプト系 99.6%，その他 0.4%	アラビア語	アラビア語
アフリカ系 97%（スワジ，ズールー，トンガ，シャンガーン），ヨーロッパ系 3%	スワティ語	英語
オロモ 34.5%，アムハラ 26.9%，ソマリ 6.2%，ティグライ 6.1%，シダモ 4%，グラゲ 2.5%，ウォライタ 2.3%，ハディヤ 1.7%，アファール 1.7%，ガモ 1.5%，ゲデオ 1.3%，その他 11.5%	アムハラ語，オロモ語，ティグリニア語，グラゲ語	英語
ティグライ 55%，ティグレ 30%，サホ 4%，クナマ 2%，ラシャーイダ 2%，ビリン 2%，その他（アファール，バニー・アーミル，ナラ）5%	アラビア語，ティグリニア語	英語
アカン（アサンテ，ファンテなど）45.3%，モレ=ダバニ 15.2%，エウェ 11.7%，ガ=アダンベ 7.3%，グアン 4%，グルマ 3.6%，グルンシ 2.6%，マンデ=ブサンガ 1%，その他アフリカ系 1.4%，その他 7.8%	アカン語，エウェ語，ガ語，ダバニ語	英語
クレオール（ポルトガル系とアフリカ系の混血）71%，アフリカ系 28%，ヨーロッパ系 1%	クリオル語（クレオール）	葡語
4つの主要民族（ファン，プヌ，ンジェビ，オバンバ）を含むバントゥー系，その他アフリカ系，ヨーロッパ系	ファン語，ンジェビ語，プヌ語	仏語
カメルーン高地系 31%（バミレケ，バムンなど），赤道バントゥー系 19%（エウォンド，ブルなど），キルディ 11%，フルベ 10%，北西バントゥー系 8%（ドゥアラ，バッサなど），その他アフリカ系 20%，非アフリカ系 1%未満	エウォンド語，ブル語，フルフルデ語，バムン語	仏語，英語
アフリカ系 99%（マンディンカ 42%，フルベ 18%，ウォロフ 16%，ジョラ 10%，セラフリ 9%，その他 4%），非アフリカ系 1%	マンディンカ語，フルフルデ語，ウォロフ語	英語
フルベ 40%，マリンケ 30%，スス 20%，その他 10%	スス語，フルフルデ語，マンディンカ語，ロマ語	仏語
アフリカ系 99%（バランタ 30%，フルベ 20%，マンジャカ 14%，マリンケ 13%，パペウ 7%），ヨーロッパ系／ムラート（ポルトガル系とアフリカ系の混血）1%未満	クリオル語（クレオール），バランタ語	葡語
キクユ 22%，ルヒヤ 14%，ルオ 13%，カレンジン 12%，カンバ 11%，グシイ 6%，メル 6%，その他アフリカ系 15%，非アフリカ系（アジア系，ヨーロッパ系，アラブ系）1%	スワヒリ語，キクユ語，ルオ語，ルヒヤ語	英語
アカン系 42.1%（バウレなど），ヴォルタ系 17.6%（セヌフォなど），北マンデ系 16.5%（マンディンカなど），クルー系 11%（ベテなど），南東マンデ系 10%（ダンなど），その他 2.8%（レバノン人，フランス人を含む）	ジュラ語，バウレ語，ダン語，セヌフォ語	仏語
コモロ人（アフリカ系，マダガスカル系などの混血）	アラビア語，コモロ語	仏語

アフリカを学ぶ人のための国別データシート

国名	首都	人口（万人）	独立年	面積（km^2）	面積（日本との比較）	在留邦人数（人）	在日当該国人数（人）
アルジェリア	アルジェ	430	1962	2,380,000		77	379
アンゴラ	ルアンダ	3, 080	1975	1,247,000	（日本の約 3.3 倍）	34	46
ウガンダ	カンパラ	4, 427	1962	241,000	（ほぼ本州大）	235	794
エジプト	カイロ	1 億 233	1922	約 1,000,000	（日本の約 2.6 倍）	719	1, 933
エスワティニ	ムババネ	113	1968	17,000	（四国よりやや小さい）	16	6
エチオピア	アディスアベバ	1 億 1, 787		1,097,000	（日本の約 3 倍）	178	450
エリトリア	アスマラ	550	1993	117,600	（ほぼ北海道＋九州）	1	47
ガーナ	アクラ	3, 107	1957	238,537	（日本の約 3 分の 2）	267	2, 506
カーボベルデ	プライア	56	1975	4,033	（滋賀県程度）	3	14
ガボン	リーブルビル	228	1960	267,667	（日本の約 3 分の 2）	67	49
カメルーン	ヤウンデ	2, 654	1960	475,440	（日本の 1.26 倍）	77	1, 052
ガンビア	バンジュール	242	1965	11,300	（ほぼ岐阜県の面積）	8	98
ギニア	コナクリ	1, 350	1958	245,857	（本州とほぼ同じ）	55	469
ギニアビサウ	ビサオ	202	1973	36,125	（九州とほぼ同じ）	0	12
ケニア	ナイロビ	5, 377	1963	583,000	（日本の約 1.5 倍）	674	863
コートジボワール	ヤムスクロ	2, 638	1960	322,436	（日本の約 0.9 倍）	160	157
コモロ	モロニ	89	1975	2,236	（ほぼ東京都大）	4	1

ま行

や行

ら行

わ行

A to Z

な行

は行

た行

か行

さ行

索　引

あ行

重田眞義（しげた　まさよし）
京都大学大学院アジア・アフリカ地域研究研究科特任教授・名誉教授。農学博士。専門は農業人類学。おもな編著に『アフリカ農業の諸問題』（京都大学学術出版会）など。
(5-1)

平野（野元）美佐（ひらの／のもと　みさ）
京都大学大学院アジア・アフリカ地域研究研究科教員。博士（文学）。専門は文化人類学，都市人類学。おもな著書に『アフリカ都市の民族誌――カメルーンの「商人」バミレケのカネと故郷』（明石書店）など。(5-2)

阿部利洋（あべ　としひろ）
大谷大学社会学部教員。博士（文学）。専門は社会学。おもな著書に『紛争後社会と向き合う――南アフリカ真実和解委員会』（京都大学学術出版会），『真実委員会という選択――紛争後社会の再生のために』（岩波書店）。(5-3)

早川千晶（はやかわ ちあき）
ケニア在住，キベラスラムで孤児・困窮児童・貧困者の救済と生活向上，若者たちのエンパワメント，国際交流をおこなっている。キベラでマゴソスクール，モンバサで児童養護施設 Jumba la Watoto を運営する。(第 5 部コラム)

に「持続可能な戦争」『平和と和解の思想をたずねて』（大月書店），論文に「悪夢を感受し，「夢達」を甘受する――スーダン東南部における影の共同体」『アフェクトゥス――生の外側に触れる』（京都大学学術出版会）など。(3-1)

椎野若菜（しいの　わかな）
東京外国語大学アジア・アフリカ言語文化研究所教員。博士（社会人類学）。専門は社会人類学，東アフリカ民族誌。おもな著書に『結婚と死をめぐる女の民族誌――ケニア・ルオ社会の寡婦が男を選ぶとき』（世界思想社），編著に『「シングル」で生きる』（御茶の水書房）など。(3-3)

近藤英俊（こんどう　ひでとし）
関西外国語大学外国語学部教員。人類学博士（Ph. D）。専門は文化人類学。「偶然と必然を結ぶ妖術――アフリカにおける妖術的現実の存在様相」『現代世界の呪術』（春風社），共編著に『呪術化するモダニティ――現代アフリカの宗教実践から』（風響社）など。(3-4)

山本めゆ（やまもと　めゆ）
立命館大学文学部教員。博士（文学）。専門は社会学，アフリカ-アジア関係研究。おもな著作に『「名誉白人」の百年――南アフリカのアジア系住民をめぐるエスノ-人種ポリティクス』（新曜社）など。（第3部コラム）

松本尚之（まつもと ひさし）
横浜国立大学都市イノベーション研究院教員。博士（文学）。専門は文化人類学。おもな著書に『アフリカの王を生み出す人々――ポスト植民地時代の「首長位の復活」と非集権制社会』（明石書店），共編著に『アフリカで学ぶ文化人類学』（昭和堂）など。（第3部コラム）

遠藤　貢（えんどう　みつぎ）
東京大学大学院総合文化研究科教員。DPhil（南部アフリカ研究）。専門は現代アフリカ政治。おもな著書に『崩壊国家と国際安全保障――ソマリアにみる新たな国家像の誕生』（有斐閣）など。(4-1)

峯　陽一（みね　よういち）
同志社大学大学院グローバル・スタディーズ研究科教員。経済学修士。専門は人間の安全保障研究，アフリカ地域研究。おもな著書に『2100年の世界地図――アフラシアの時代』（岩波新書），『開発協力のオーラル・ヒストリー――危機を超えて』（東京大学出版会）など。(4-2)

岩井雪乃（いわい　ゆきの）
早稲田大学平山郁夫記念ボランティアセンター教員。博士（人間・環境学）。専門はアフリカ地域研究，環境社会学。おもな著書に『ぼくの村がゾウに襲われるわけ。――野生動物と共存するってどんなこと？』（合同出版）。(4-3)

嶋田雅曉（しまだ　まさあき）
長崎大学名誉教授。博士（医学）。専門は寄生虫学，熱帯医学。(4-4)

山極壽一（やまぎわ　じゅいち）
総合地球環境学研究所所長。理学博士。専門は霊長類学。おもな著書に『家族進化論』（東京大学出版会）など。（第4部コラム）

栗本英世（くりもと　えいせい）
大阪大学名誉教授。人間文化研究機構役員。専門は社会人類学。おもな著書に『民族紛争を生きる人びと』（世界思想社）など。（第4部コラム）

著者紹介（執筆順）

松田素二（まつだ　もとじ）
奥付の編者紹介に記載。（序，3-2，結び，第5部コラム）

松村圭一郎（まつむら　けいいちろう）
岡山大学文学部教員。博士（人間・環境学）。専門は文化人類学。おもな著書に『所有と分配の人類学』（世界思想社），『うしろめたさの人類学』（ミシマ社）など。（1-1）

小森淳子（こもり　じゅんこ）
大阪大学大学院人文学研究科教員。博士（文学）。専門はアフリカ言語学。おもな著書に『世界の言語シリーズ1　スワヒリ語』（大阪大学出版会）など。
（1-2）

伊谷樹一（いたに　じゅいち）
京都大学大学院アジア・アフリカ地域研究研究科教員。博士（農学）。専門は地域研究。おもな共編著に『アフリカ地域研究と農村開発』（京都大学学術出版会）など。（1-3）

曽我　亨（そが　とおる）
弘前大学人文社会科学部教員。理学博士。専門は生態人類学。共編著に『遊牧の思想』（昭和堂）など。（1-4）

飯田　卓（いいだ　たく）
国立民族学博物館教員。博士（人間・環境学）。専門は生態人類学。おもな著書に『海を生きる技術と知識の民族誌――マダガスカル漁撈社会の生態人類学』（世界思想社）など。
（第1部コラム）

中務真人（なかつかさ　まさと）
京都大学大学院理学研究科教員。博士（理学）。専門は自然人類学。おもな著書に「類人猿との分岐点」『ヒトの科学1　ヒトはどのようにしてつくられたか』（岩波書店）など。（2-1）

竹沢尚一郎（たけざわ　しょういちろう）
国立民族学博物館名誉教授。博士（民族学）。専門は，文化人類学，アフリカ史。おもな著書に『人類学的思考の歴史』『サバンナの河の民』（いずれも世界思想社）など。（2-2，第2部コラム）

宮本正興（みやもと　まさおき）
中部大学・大阪外国語大学名誉教授。専門はアフリカ地域研究（言語・文学・歴史）。おもな著書に『文化の解放と対話――アフリカ地域研究への言語文化論的アプローチ』（第三書館）など。（2-3）

津田みわ（つだ　みわ）
日本貿易振興機構アジア経済研究所主任研究員。法学修士。専門はケニア地域研究，政治学。おもな共編著に『ケニアを知るための55章』（明石書店），共著に『紛争と国家形成』（アジア経済研究所）など。（2-4）

岡崎　彰（おかざき　あきら）
元一橋大学大学院社会学研究科教員。Ph. D。専門は社会人類学。おもな著作